O Direito Fundamental à
**Identidade Genética na
Constituição Brasileira**

P499d   Petterle, Selma Rodrigues
        O direito fundamental à identidade genética na Constituição
brasileira / Selma Rodrigues Petterle. – Porto Alegre: Livraria
do Advogado Editora, 2007.
        192 p.; 23 cm.

        ISBN 85-7348-458-6

        1. Direito : Genética humana. 2. Direitos e garantias individuais.
3. Princípio da dignidade da pessoa humana. I. Título.

CDU – 34:575.08

Índices para o catálogo sistemático:

Direito : Genética humana
Direitos e garantias individuais
Princípio da dignidade da pessoa humana

(Bibliotecária responsável: Marta Roberto, CRB-10/652)

Selma Rodrigues Petterle

O Direito Fundamental à
Identidade Genética na
Constituição Brasileira

livraria
DO ADVOGADO
editora

Porto Alegre, 2007

© Selma Rodrigues Petterle, 2007

Capa, projeto gráfico e diagramação de
Livraria do Advogado Editora

Revisão
Betina Denardin Szabo

Direitos desta edição reservados por
Livraria do Advogado Editora Ltda.
Rua Riachuelo, 1338
90010-273 Porto Alegre RS
Fone/fax: 0800-51-7522
editora@livrariadoadvogado.com.br
www.doadvogado.com.br

Impresso no Brasil / Printed in Brazil

Dedico este livro ao
Duda, aos nossos filhos, Joana e Vicente,
e à Elena, minha mãe,
com todo amor que houver nessa vida.

Agradecimentos

À CAPES, Coordenação de Aperfeiçoamento de Pessoal de Nível Superior, pela bolsa de pesquisa.

Ao Professor Dr. Ingo Wolfgang Sarlet, pela segura e enriquecedora orientação da Dissertação de Mestrado ora publicada, quando obtive o título de Mestre em Direito pelo Programa de Pós-Graduação em Direito da Pontifícia Universidade Católica do Rio Grande do Sul. Incorreria em ingrata omissão se deixasse de destacar o seu competente e constante estímulo à pesquisa científica e de agradecer pela confiança em mim depositada.

Ao Professor Dr. Eugênio Facchini Neto e ao Professor Dr. Paulo Vinicius Sporleder de Souza, membros da Banca Examinadora, agradeço pela honestidade das críticas e por suas valiosas contribuições.

Lista de abreviaturas e siglas

ADN ou DNA	Ácido Desoxirribonucléico
CDHB	Convenção sobre os Direitos do Homem e da Biomedicina
CEDF	Carta Européia de Direitos Fundamentais
CF 88 ou CF	Constituição Federal de 1988 ou Constituição Federal
CNBS	Conselho Nacional de Biossegurança
CRP ou CP	Constituição da República Portuguesa ou Constituição Portuguesa
CTNBio	Comissão Técnica Nacional de Biossegurança
DIDGH	Declaração Internacional sobre Dados Genéticos Humanos
DNUCH	Declaração das Nações Unidas sobre a Clonagem Humana
DUBDH	Declaração Universal de Bioética e Direitos Humanos
DUGHDH	Declaração Universal sobre o Genoma Humano e os Direitos Humanos
FIV	Fertilização in vitro
HIV/SIDA	Human Immunodeficiency Vírus ou Síndrome da Imuno-Deficiência Adquirida
OMS	Organização Mundial da Saúde
ONU	Organização das Nações Unidas
PEC	Proposta de Emenda à Constituição
PGH	Projeto Genoma Humano
PL	Projeto de Lei
UNESCO	Organização das Nações Unidas para a Educação, a Ciência e a Cultura

Prefácio

A relação (genética!) entre os avanços no campo da Biotecnologia e o Direito já de há algum tempo tem ocupado um lugar de destaque no cenário jurídico internacional, seja no campo legislativo, seja na seara doutrinária e jurisprudencial. Embora a expressiva produção acadêmica já registrada, a rapidez com que novas técnicas e conhecimentos vão sendo desenvolvidos assegura, de outra parte, que também o Direito deva estar sempre atento às alterações introduzidas pela biomedicina e que sempre haja espaço para um outro olhar sobre a miríade de problemas relacionados com o impacto da biotecnologia sobre a vida das pessoas já nascidas e das que estão por nascer. No cerne das discussões jurídicas situam-se, também desta vez, a dignidade da pessoa humana e da vida, na condição de valor e princípio basilar do Estado constitucional e democrático de Direito e os direitos fundamentais que lhe são inerentes, revelando que se as técnicas que tanto podem vir a proteger, quanto violar determinados bens jurídicos fundamentais, são de fato novas, em causa estão valores já de há muito tempo incorporados à tradição jurídico-constitucional e ao próprio direito internacional dos direitos humanos (como é o caso da dignidade, vida, liberdade, intimidade, entre outros), que, de resto, também já vem se ocupando da matéria.

O trabalho que ora tenho a honra e alegria de prefaciar, de autoria da Advogada e Mestre em Direito Selma Rodrigues Petterle, consiste no texto revisto e atualizado da dissertação de mestrado apresentada pela autora perante banca examinadora por mim presidida, na condição de orientador, e composta, ainda, pelos ilustres Professores Eugênio Facchini Neto e Paulo Vinícius Sporleder de Souza, no Programa de Pós-Graduação em Direito (Mestrado e Doutorado) da Pontifícia Universidade Católica do Rio Grande do Sul. Para além dos méritos inquestionáveis do texto, que resultou de uma pesquisa séria e comprometida com os direitos fundamentais e a dignidade da pessoa humana, já iniciada quando da confecção, pela autora, de seu trabalho de conclusão de curso na graduação em Direito, que igualmente tive o privilégio de acompanhar em termos de orientação, que, de resto, iniciou ainda quando a autora atuava, como bolsista, em projeto de iniciação científica sobre o mesmo tema. Selma, que além de graduada e pós-graduada em Direito, possui também formação como engenheira agrônoma, é dessas pessoas que reúnem diversas qualidades dignas de nota, como é o caso, entre outras que tive a oportunidade de identificar ao longo dos anos como professor e orientador, da tenacidade, da lealdade, da honestidade científica e da humildade, sem deixar de ser firme nas suas posições, mantendo sempre o espírito crítico e cultivando uma postura também intelectual independente e firme. De tudo isso só poderia resultar um trabalho sério, bem-delimitado e calcado em farta e atualizada pesquisa, que cumpriu, com folga, as exigências para uma dissertação de mestrado digna da nota máxima que obteve.

Quanto ao conteúdo, que evidentemente não iremos aqui adiantar e comentar de modo pormenorizado, o texto, após apresentar alguns pressupostos de cunho mais técnico vinculados à seara da biotecnologia (evidenciando também um viés interdisciplinar), encontra o seu ponto alto na fundamentação e formatação dogmática do direito à identidade genética da pessoa humana no sistema constitucional brasileiro, destacando os seus contornos e dimensões essenciais, seja como direito formal e materialmente fundamental (e também direito da personalidade!), seja no que diz com a dupla dimensão objetiva e subjetiva e a dupla função negativa e positiva deste direito fundamental, bem como o significado desta qualificação em termos de possíveis efeitos concretos. Aliás, elegendo alguns tópicos problemáticos dentre os tantos passíveis de serem tratados, a autora logrou ter êxito também na identificação e discussão crítica, à luz dos pressupostos teóricos lançados, de problemas atuais e concretos postos pela biotecnologia e relativos ao seu impacto na esfera dos direitos fundamentais, de modo que o leitor poderá, também sob este aspecto, tirar real proveito da presente obra.

Por todo o exposto, mais uma vez está de parabéns a Livraria do Advogado Editora pela acolhida, em seu considerável e qualificado acervo, do presente trabalho, assim como está de parabéns a comunidade de leitores que se espera seja receptiva e se multiplique em futuras reedições. Para a autora, importa avançar na sua trajetória acadêmica e científica, ora iniciada com brilho, aprofundando suas pesquisas e lançando outros trabalhos.

Porto Alegre, outubro de 2006.

Prof. Dr. Ingo Wolfgang Sarlet

Sumário

Apresentação – *Paulo Vinicius Sporleder de Souza* 17

Introdução 19

1. Genoma Humano: noções conceituais preliminares, notícias sobre o projeto de pesquisa genoma humano e uma breve mirada sobre as principais tecnologias atualmente disponíveis 23

   1.1. Noções conceituais básicas: genoma humano, identidade genética e identidade pessoal 23

   1.2. Perspectivas abertas pelo Projeto Genoma Humano (PGH) 27

   1.3. Uma breve mirada sobre as principais tecnologias atualmente disponíveis . 31

      1.3.1. Os testes genéticos em humanos: conhecendo o genoma humano . . . 31

      1.3.2. As terapias gênicas como modos de intervenção no genoma humano . 34

      1.3.3. A questão da clonagem humana: métodos utilizados, finalidades e riscos 35

      1.3.4. A problemática posta pelo domínio das tecnologias de reprodução humana 39

2. Notícias sobre a evolução da proteção jurídica do genoma humano no plano internacional e comparado 43

   2.1. As quatro declarações internacionais: a Declaração Universal sobre o Genoma Humano e os Direitos Humanos, a Declaração Internacional sobre Dados Genéticos Humanos, a Declaração Universal de Bioética e Direitos Humanos e a Declaração das Nações Unidas sobre a Clonagem Humana 44

   2.2. A Convenção sobre os Direitos do Homem e da Biomedicina (CDHB) 51

   2.3. A Carta Européia de Direitos Fundamentais e a idéia da Constituição européia 55

   2.4. Constituição suíça e Constituição portuguesa: Exemplos do Direito Constitucional comparado 56

3. Compreensão da noção de dignidade da pessoa humana 61

   3.1. Dignidade da pessoa humana: algumas concepções filosóficas 63

      3.1.1. Dignidade em Kant 63

         3.1.1.1. A autonomia como fundamento da dignidade 63

         3.1.1.2. O homem como fim em si mesmo e jamais como mero meio . . 64

      3.1.2. As esferas da dignidade em Hegel 65

      3.1.3. Dignidade em Dworkin 72

      3.1.4. Dignidade em Habermas 75

         3.1.4.1. Dignidade da pessoa humana 75

         3.1.4.2. Dignidade da vida humana 77

3.1.5. Tomada de posição: uma aproximação necessária entre dimensões não excludentes 78

3.2. Dignidade da pessoa humana como conceito jurídico: na busca de uma síntese 81

3.2.1. Dignidade como norma jurídica fundamental no ordenamento jurídico-constitucional brasileiro 81

3.2.2. Significado e conteúdo do princípio da dignidade da pessoa humana . . 83

4. O direito fundamental à identidade genética na Constituição Federal de 1988: fundamentação e titularidade 89

4.1. Fundamentação constitucional do direito à identidade genética como direito fundamental: a Dignidade da pessoa humana e a cláusula geral implícita de tutela de todas as manifestações essenciais da personalidade humana 89

4.2. Fundamentação constitucional do direito à identidade genética como direito fundamental: os embriões humanos como titulares de direitos fundamentais 93

4.2.1. O *status* jurídico do embrião humano 93

4.2.2. A vida humana como bem jurídico fundamental autônomo 103

5. Significado e conteúdo do direito fundamental à identidade genética à luz de sua multifuncionalidade 109

5.1. A base biológica da identidade pessoal como bem jurídico fundamental . . 110

5.2. O âmbito de proteção (conteúdo) do direito fundamental à identidade genética 112

5.2.1. Os direitos fundamentais como direitos de defesa e como direito a prestações: noções gerais 112

5.2.2. Função defensiva do direito à identidade genética 113

5.2.3. O direito à identidade genética na sua dimensão prestacional: prestações fáticas 116

5.2.4. O direito à identidade genética na sua dimensão de prestação jurídica: o dever estatal de legislar, estabelecendo mecanismos garantidores da identidade genética 118

5.2.4.1. Irrepetibilidade da identidade genética: imposição legiferante quanto à clonagem humana reprodutiva 118

5.2.4.2. O problema posto pela clonagem não reprodutiva (terapêutica) . 123

5.2.4.3. Inviolabilidade da identidade genética: a problemática sob a perspectiva dos testes genéticos para conhecer o genoma humano 125

5.2.4.4. Inviolabilidade da identidade genética: a problemática sob a perspectiva das terapias gênicas para intervir no genoma humano 130

6. O direito fundamental à identidade genética e seus limites 135

6.1. Teoria dos limites dos direitos fundamentais: noções gerais 135

6.2. Limites aos limites dos direitos fundamentais: a reserva legal, a proteção do núcleo essencial e o princípio da proporcionalidade 138

6.3. Concretizações: o problema dos conflitos e tensões com outros bens fundamentais, à luz dos exemplos do direito à saúde, liberdade de investigação científica e do direito à propriedade industrial 147

6.4. Um dilema: o juiz e o legislador entre o excesso e a insuficiência de proteção . 160

6.5. A nova lei de biossegurança: alguns aspectos problemáticos 167

Considerações finais 175

Obras consultadas 181

Anexos 99
    A – Tabela de Assinaturas e Ratificações da Convenção sobre os Direitos do Homem e da Biomedicina e Protocolos Adicionais 189
    B – Projetos de Lei – Congresso Nacional 190
    C – Projetos de Lei – Reprodução Humana Assistida – Congresso Nacional 191
    D – Cariótipo Humano 192

Apresentação

O constante avanço proporcionado pela genética, além de benefícios, trouxe novos riscos à sociedade e, por via de conseqüência, novas interrogações ao direito. No plano do direito constitucional, algumas constituições estrangeiras já consagram (expressa ou implicitamente) o direito à identidade genética como um direito fundamental relacionado, sobretudo, às questões que envolvem as técnicas de engenharia genética, de clonagem, de reprodução assistida e análise genômica, e onde o genoma humano avulta como o seu principal alvo.

A dissertação de mestrado de Selma Rodrigues Petterle é uma contribuição muito valiosa para o direito constitucional brasileiro. Além de atual, relevante e até certo ponto inédita, preenche uma lacuna na literatura jurídico-constitucional pátria, tratando-se de consistente obra que visa dogmaticamente, a partir da noção de dignidade humana, fundamentar e explicitar o significado e o conteúdo do direito à identidade genética na Constituição Federal de 1988.

Enfim, o fato de entusiasmadamente ter lido o trabalho e participado da sua banca de avaliação – na qual a autora foi aprovada com nota máxima – é o credencial que me induz a indicar esta obra ao leitor brasileiro como uma ótima oportunidade para começar a desvendar o *direito à identidade genética*.

Porto Alegre, outubro de 2006.

Paulo Vinicius Sporleder de Souza

Introdução

Somos todos testemunhas das conquistas obtidas pelo homem nos últimos tempos. Os avanços tecnológicos foram de tal sorte expressivos a ponto das pesquisas – agora considerando o campo específico da genética – terem avançado até mesmo no sentido de obter a decodificação do genoma humano, tarefa que, até relativamente pouco tempo atrás, parecia inalcançável. Não só, mas especialmente no âmbito da realidade científica das pesquisas biomédicas, aprofunda-se a discussão a respeito dos benefícios e riscos das novas tecnologias para a pessoa humana. Esse tema assume contornos especiais quando é de conhecimento público que a pesquisa científica é cada vez mais dependente de recursos privados, senão integralmente financiada pelos mesmos, estando cada vez mais presente o risco de reduzir-se a pessoa a mero objeto, inclusive para fins notadamente comerciais e econômicos, violando-se de tal sorte a própria dignidade da pessoa, por definição incompatível com qualquer tipo de instrumentalização e/ou coisificação de qualquer ser humano.

Assim, se por um lado não se questiona que os avanços tecnológicos na seara da biomedicina, fruto do conhecimento obtido a partir do projeto genoma humano, trouxeram e ainda devem trazer valiosas contribuições à proteção da vida e dignidade humanas, por outro lado, essas mesmas descobertas representam, paradoxal e simultaneamente, reais ameaças à vida, à dignidade e aos direitos fundamentais em geral. É justamente também em virtude das ameaças e violações da vida e da dignidade da pessoa e dos direitos fundamentais, geradas pelas conquistas científicas, que se tem reconhecido o surgimento de novas gerações ou novas dimensões de direitos fundamentais.

O fato é que o sentido, as funções e especialmente a eficácia e efetividade dos direitos fundamentais (antigos ou novos) na era tecnológica ocupa lugar de inarredável destaque no âmbito da teoria jurídico-constitucional contemporânea. As ponderações ora tecidas constituem, em verdade, apenas uma pálida amostra das razões que indicam a evidente atualidade e a importância da opção temática efetuada, designadamente naquilo que diz com a fundamentação, análise das funções e dos limites daquilo que já se tem denominado de um Direito Fundamental à Identidade Genética da Pessoa Humana.

Quanto à metodologia empregada, alguns esclarecimentos são necessários: 1º) o método de abordagem foi predominantemente o raciocínio dedutivo, sem que isso signifique a exclusão do raciocínio indutivo, visto serem linhas argumentativas e formas complementares de construção do pensamento; 2º) como métodos auxiliares operacionais (método de procedimento) utilizou-se o histórico e o comparativo; com o método histórico colocou-se o objeto da pesquisa sob uma perspectiva histórico-evolutiva e com o método comparativo examinou-se duas experiências isoladas no plano do direito constitucional comparado; 3º) o método de interpretação jurídica foi o tópico-sistemático; 4º) quanto aos tipos e técnicas de pesquisa utilizou-se a pesquisa bibliográfica nacional e estrangeira, e, para além das fontes doutrinárias, foram analisados textos constitucionais e legais disponíveis, complementados com jurisprudência pertinente.

Tecidas essas considerações prévias, destaca-se que o objetivo geral desta dissertação é aprofundar o estudo sobre o perfil jurídico-constitucional do direito à identidade genética da pessoa humana na ordem constitucional pátria, especialmente fundamentando a consagração, ainda que implícita, de tal direito na Constituição de 1988, como manifestação e exigência do princípio da dignidade da pessoa humana e do direito fundamental à vida, além de traçar o seu conteúdo e alcance. Mais especificamente, o estudo objetiva: 1º) apresentar noções conceituais preliminares e demonstrar a diversidade de tecnologias atualmente disponíveis; 2º) analisar a evolução da proteção jurídica do genoma humano no plano internacional e comparado; 3º) fazer um estudo crítico-comparativo de algumas concepções filosóficas de dignidade humana, à guisa de uma compreensão da dignidade da pessoa humana como conceito jurídico; 4º) investigar a fundamentação constitucional do direito à identidade genética e analisar as questões concernentes à titularidade desse direito fundamental; 5º) estabelecer o significado e delimitar o âmbito de proteção do direito fundamental à identidade genética da pessoa humana, à luz de sua multifuncionalidade; e, por último, 6º) abordar criticamente as questões relativas aos limites do direito à identidade genética quando em rota de colisão com outros direitos fundamentais.

Assim, o problema central que norteia a presente pesquisa diz respeito à construção, no âmbito do ordenamento jurídico-constitucional brasileiro, de uma proteção efetiva à identidade genética da pessoa humana, como bem jurídico fundamental, que, por sua vez, desdobra-se em seis problemas, que compõem o fio condutor desta dissertação.

O primeiro problema que se coloca: frente aos avanços da biomedicina, aqui especialmente tratando das pesquisas genéticas decorrentes do projeto genoma humano, é possível afirmar que há impacto das novas tecnologias sobre os direitos fundamentais e que esses avanços podem representar uma ofensa à dignidade da pessoa humana? Neste sentido, o primeiro capítulo do estudo inicia com a abordagem de algumas noções conceituais preliminares, acerca do que é o genoma humano e qual o significado atribuído às expressões identidade genética e identidade pessoal. Examinados estes conceitos básicos, parte-se para o exame das perspectivas abertas pelo Projeto Genoma Humano, para, no momento subseqüente, oferecer uma breve mirada sobre as principais tecnologias atualmente disponíveis.

No segundo capítulo, à guisa de saber se há uma proteção jurídica contra tais ameaças aos direitos fundamentais, analisa-se a evolução da proteção jurídica do genoma humano no plano internacional e comparado. Examina-se, neste tópico, os exemplos de quatro Declarações Internacionais: a Declaração Universal sobre o Genoma Humano e os Direitos Humanos, a Declaração Internacional sobre Dados Genéticos Humanos, a Declaração Universal de Bioética e Direitos Humanos e a Declaração das Nações Unidas sobre a Clonagem Humana. Analisa-se, ainda, a Convenção sobre os Direitos do Homem e da Biomedicina, a Carta Européia de Direitos Fundamentais e a idéia de Constituição européia, bem como, no plano do Direito Constitucional comparado, os exemplos isolados da Constituição suíça e da Constituição portuguesa, dos quais emerge um traço comum: frente aos avanços decorrentes da genética aplicada às ciências da vida, há que definir normas que estejam em consonância com o respeito aos direitos fundamentais, com especial enfoque na dignidade da pessoa humana.

Segue-se, então, para um problema recorrente, tanto para os filósofos quanto para os juristas: o de saber o que é dignidade da pessoa humana. No terceiro capítulo do estudo busca-se, portanto, compreender a noção de dignidade da pessoa humana a partir de algumas concepções filosóficas de dignidade, quais sejam, as concepções de Kant, de Hegel, de Dworkin e de Habermas, para, no momento subseqüente, analisar a compreensão da dignidade da pessoa humana como um conceito jurídico.

No capítulo quarto enfrenta-se as questões concernentes à fundamentação do direito à identidade genética como direito fundamental na Constituição Federal de 1988, a partir do princípio da dignidade da pessoa humana, da cláusula geral implícita de tutela de todas as manifestações essenciais da personalidade humana e do direito fundamental à vida, bem como são examinados os aspectos relativos à titularidade.

Dando continuidade à pesquisa, parte-se, no quinto capítulo, ao delineamento do significado do direito fundamental à identidade genética, bem como à análise das questões relativas ao conteúdo deste direito fundamental, analisando tal âmbito de proteção sob o enfoque da multifuncionalidade dos direitos fundamentais, seja como direito de defesa contra o Estado e particulares, seja como direito a prestações estatais, fáticas e jurídicas, enfocando especificamente as tecnologias de clonagem humana, os testes genéticos para conhecer o genoma humano e as terapias gênicas para intervir no genoma humano.

Por fim, no sexto capítulo, quanto à problemática dos limites do direito fundamental à identidade genética, quando em rota de colisão com outros direitos fundamentais, além de noções gerais acerca da teoria dos limites dos direitos fundamentais, examina-se, também, a questão concernente aos limites dos limites dos direitos fundamentais, especialmente a proteção da reserva legal, do núcleo essencial e o princípio da proporcionalidade. Concretiza-se o problema desses conflitos e tensões com outros bens fundamentais à luz de alguns exemplos: direito à saúde, liberdade de investigação científica e propriedade industrial. Ao final, no que tange às atividades do juiz e do legislador, são tecidas algumas reflexões críticas acerca do excesso e da insuficiência de proteção do direito fundamental à identidade genética da pessoa humana no ordenamento jurídico-constitucional brasileiro.

1. Genoma Humano: noções conceituais preliminares, notícias sobre o projeto de pesquisa genoma humano e uma breve mirada sobre as principais tecnologias atualmente disponíveis

Iniciar-se-á este estudo abordando, preliminarmente, noções conceituais básicas relativas ao genoma humano, bem como as questões concernentes ao significado atribuído às expressões "identidade genética" e "identidade pessoal", na certeza de que tais acordos semânticos são indispensáveis à exposição da temática a enfrentar. Posteriormente, apresentar-se-á um panorama geral das perspectivas abertas no âmbito das pesquisas decorrentes do projeto genoma humano e, no intuito de ilustrar possíveis situações práticas, oferecer-se-á uma breve mirada sobre as principais tecnologias atualmente disponíveis.

1.1. NOÇÕES CONCEITUAIS BÁSICAS: genoma humano, identidade genética e identidade pessoal

Transcorridos 52 anos da publicação do modelo da dupla hélice, a partir do qual desenvolveram-se inúmeros estudos sobre o genoma humano, não resta dúvida acerca da crescente complexidade agregada, especialmente pela marcante influência desses novos conhecimentos na visão que se tem do humano, realidade que não pode restar à margem do direito.[1]

O que é o genoma humano? Não há como apontar um caminho sem ao menos examinar algumas noções básicas nessa seara do conhecimento. Os organismos vivos, e aqui nos interessam especificamente os seres humanos, apresentam características mensuráveis, ou peculiaridades individuais, que geralmente são visíveis a olho (a exemplo da

---

[1] BERGEL, Salvador Darío, titular da Cátedra UNESCO de Bioética, da Universidade de Buenos Aires, no prólogo da obra CASABONA, Carlos Maria. *Genética y Derecho*. Buenos Aires: Astrea, 2003.

cor dos olhos) ou que poderão exigir testes especiais para sua verificação (a exemplo do tipo sangüíneo), características estas denominadas de fenótipo. Estas características exteriores resultam da carga genética, ou da constituição genética que cada indivíduo aporta, denominada de genótipo. De tal sorte, a aparência do indivíduo (seu fenótipo) é o resultado final de sua carga genética (seu genótipo). Não obstante essas características fenotípicas serem consideradas relativamente incólumes, ou não afetadas por condições ambientais normais, importante frisar que os genes estabelecem os limites dentro dos quais o ambiente pode modificar o fenótipo.[2]

No que tange ao genótipo, cumpre destacar que o gene é a unidade de informação hereditária do indivíduo (física e funcional), e que o ácido desoxirribonucléico (ADN) é a substância que constitui tais genes. Freqüentemente comparada à forma de uma escada torcida em torno de um eixo imaginário, a molécula de ADN contém toda informação genética relativa ao ser vivo, informação que está distribuída ao longo dos cromossomos. Cada espécie tem um número característico de cromossomos, estruturas situadas no núcleo de uma célula e que armazenam bem como transmitem informações genéticas, sendo a estrutura física portadora dos genes.[3] A possibilidade de variação[4] de um indivíduo para o outro, dentro da espécie humana, que conta com 23 pares de cromossomos, existe graças ao grau de maleabilidade do genoma humano (conjunto de informação genética contida nos 46 cromossomos), permitindo o desenho de novas combinações[5] de genes.

Destaque-se, pela relevância, as funções desempenhadas pelo ADN no que tange aos seres vivos: é a base da herança genética recebida dos progenitores (metade do pai e metade da mãe); individualiza (os indivíduos de cada espécie são geneticamente distintos uns dos

---

[2] STANSFIELD, William D. *Genética, Resumo da Teoria e 500 Problemas Resolvidos*. Tradução de Orlando Águeda. São Paulo: McGraw-Hill do Brasil, 1974, p. 26. Título original: [Schaum's Outline of Theory and Problems of GENETICS]. Afirma o autor que "fenótipo é o resultado dos produtos dos genes que se expressam em um determinado meio ambiente", e "todos os genes que um indivíduo possui constitui seu genótipo". Quanto à influência do meio, o autor apresenta o exemplo dos coelhos da raça Himalaia, que, em ambiente normal, têm extremidades pretas (focinho, patas, orelhas, cauda), o que não se apresenta quando criados em temperaturas extremamente altas (ficam inteiramente brancos), pois o gene para o padrão de cor determina uma enzima que é sensível à luz, ficando inativa, o que resulta em perda da pigmentação quando sob temperaturas muito elevadas.

[3] MARTINEZ, Stella Maris. *Manipulación Genética y Derecho Penal*. Buenos Aires: Editorial Universidad, 1994, p. 33, a partir do Breve Glossário de Biotecnologia, *El Correo de la Unesco*, mar. 1987, p. 34.

[4] SILVA, Reinaldo Pereira e. *Introdução ao Biodireito:* Investigações Político-Jurídicas sobre o Estatuto da Concepção Humana. São Paulo: LTr, 2002, p. 28. Segundo o autor, é numericamente insignificante a possibilidade de que dois zigotos venham a reunir os mesmos genes, na ordem de 1/1 seguido de 9.000 (nove mil) zeros.

[5] MARTINEZ, Stella Maris. *Manipulación Genética y Derecho Penal*. Buenos Aires: Editorial Universidad, 1994, p. 31.

outros) e é a base molecular para a evolução da espécie (a transmissão da herança genética aos descendentes nem sempre é idêntica: há espaço para mutações genéticas). Por todo o exposto, chega-se à afirmativa de que o genoma humano é todo o conjunto formado por esse ADN, ou, dito de outra forma, o conjunto do material genético contido nos cromossomos de uma célula, ou, ainda, a informação "sobre cada indivíduo, sobre sua família biológica e sobre a espécie a que pertence".[6]

Neste contexto, e a fim de afastar confusões conceituais, é preciso conferir significado à expressão "identidade genética", como utilizada neste estudo. O que é "identidade genética"? Iniciar-se-á essa busca a partir de diversos documentos internacionais, especialmente aquele significado que seria atribuído pelo anteprojeto da Declaração Universal sobre o Genoma Humano e os Direitos Humanos (DUGHDH), no sentido de que "o genoma humano de cada indivíduo representa a sua identidade genética própria", o que significa dizer que a identidade genética corresponde ao genoma de cada ser humano. Advirta-se, entretanto, que os receios de uma leitura reducionista levaram à exclusão da parte final da última redação do art. 2º da DUGHDH.[7] Cabe ainda mencionar, no plano internacional, a Recomendação 934 (Resolução da Assembléia Parlamentar do Conselho da Europa – 1982), relativa à engenharia genética, que estabeleceu um "direito a um patrimônio genético não manipulado".

No direito português, em sede de revisão constitucional, o termo identidade genética foi acolhido, não podendo o intérprete, a partir de então, deixar de dar sentido útil ao mesmo, havendo quem sustente que "a reivindicação de um direito à identidade genética aponta para que o genoma seja não só inviolável como também irrepetível, seja basicamente fruto do acaso e não da heterodeterminação".[8]

Para efeito deste estudo, esclareça-se, o termo identidade genética está focalizado no indivíduo; na identidade genética do indivíduo como base biológica de sua identidade pessoal. Nesse sentido, a

---

[6] ROMEO CASABONA, Carlos Maria. *Genética y Derecho*. Buenos Aires: Astrea, 2003, p. 2 a 4.

[7] LOUREIRO, João Carlos Gonçalves. O Direito à Identidade Genética do Ser Humano. In: *Portugal-Brasil Ano 2000*. (Edição do Boletim da Faculdade de Direito de Coimbra). Coimbra: Editora Coimbra, 1999, p. 287-288. Conforme LOUREIRO, a redação final do artigo 2º da Declaração Universal Sobre o Genoma Humano e os Direitos Humanos (DUGHDH), aqui transcrita, acabou por excluir este ponto, e ainda alterou a alínea b), onde constava anteriormente que "la personalidad de un individuo no se puede reducir a sus meras características genéticas", estabelecendo, em contrapartida que "esta dignidad impone que no se reduzca a los individuos a sus características genéticas y se respete su carácter único y su diversidad". Quanto à recomendação 934, estabelece que "les droits à la vie et à la garantie humaine garantis par les articles 2 et 3 de la Convention Européenne des Droits de l'Homme impliquent les droits d'héritier de caractéristique génétiques n'ayant subi aucune manipulation".

[8] LOUREIRO, João Carlos Gonçalves. O Direito à Identidade Genética do Ser Humano. In: *Portugal-Brasil Ano 2000*. Op. cit., p. 290.

identidade genética corresponde ao genoma de cada ser humano, individualmente considerado.[9] Sob este prisma, significa dizer que identidade genética é sinônimo de individualidade genética, permanecendo resguardadas, portanto, as diferenças de cada um.

Quanto aos possíveis riscos de uma leitura reducionista, importante ressaltar que a identidade pessoal não se resume à identidade genética. A identidade pessoal é noção bem mais abrangente, tendo dois componentes, um referencial biológico, que é o código genético do indivíduo (identidade genética), e um referencial social, este construído ao longo da vida, na relação com os outros.

Nesse mesmo sentido, a doutrina refere-se às duas dimensões do direito à identidade pessoal: uma dimensão individual, que torna cada pessoa humana um ser único, original e irrepetível, diversidade esta que enriquece a humanidade, "integrando o núcleo da respectiva dignidade o respeito pelo caráter único e diverso de seus elementos genéticos";[10] e uma dimensão relativa da identidade pessoal, que compreende justamente a idéia de relação com as outras pessoas, ou seja, toda a construção da história pessoal, noção bem mais complexa e abrangente.[11]

Quanto ao complexo processo de construção da identidade pessoal, remete-se o leitor ao Capítulo 3, e destaca-se, por ora, que acontece por via social, através de uma trama de relações mútuas de reconhecimento recíproco. O universo relacional, se assim podemos falar, amplia-se *pari passu*, primeiramente no ambiente familiar, com os laços afetivos circunscritos no âmbito doméstico. Na medida em que os horizontes das relações interpessoais alargam-se, extravasando primeiramente ao ambiente escolar, e, posteriormente, ao âmbito profissional, estabelece-se, ao longo da vida, um leque, ou melhor, uma teia de relações, que são referenciais essenciais da pessoa humana.

[9] SILVA, Reinaldo Pereira e. *Introdução ao Biodireito:* Investigações Político-Jurídicas sobre o Estatuto da Concepção Humana. São Paulo: LTr, 2002, p. 29-30. Adverte o autor que o genoma humano formado na concepção, após a fusão do pronúcleo do gameta de origem materna (óvulo) com o pronúcleo do gameta de origem paterna (espermatozóide), nos fornece não apenas as informações sobre aquele indivíduo, mas também sobre os seus ascendentes biológicos, e sobre sua espécie. Quanto à estrutura do genoma humano (46 cromossomos, cada um composto de uma longa cadeia de DNA, cada uma delas se apresentando sob a forma de hélice dupla, com 3 bilhões de pares de base nitrogenadas, agrupadas em diferentes combinações, configurando os aminoácidos, que reunidos dão lugar às proteínas) o autor utiliza a imagem gráfica proposta por Carlos Maria Romeo Casabona, afirmando que "caso se considerassem letras as bases nitrogenadas, os aminoácidos seriam as palavras, e as proteínas as frases. O genoma humano completo daria lugar a uma 'biblioteca de duzentos volumes de mil páginas cada um; no entanto, num idioma ainda desconhecido'".

[10] OTERO, Paulo. *Personalidade e Identidade Pessoal e Genética do ser Humano:* um Perfil Constitucional da Bioética. Coimbra: Almedina, 1999, p. 66 e ss.

[11] BARBAS, Stela Marcos de Almeida Neves. *Direito ao Patrimônio Genético.* Coimbra: Almedina, 1998, p. 196. Igualmente considerando que a identidade pessoal não se resume à identidade genética, destacando a essencial contribuição do meio.

Assim sendo, imprescindível enfatizar que a referência a um direito fundamental à identidade genética da pessoa humana, como desenvolvido no quinto capítulo, visa salvaguardar a constituição genética individual (a identidade genética única e irrepetível de cada ser humano) enquanto base biológica de sua identidade pessoal, esta em constante construção, no âmbito das relações interpessoais. Tal reforço de proteção, considerando a identidade genética como bem jurídico fundamental, busca justamente evitar as leituras reducionistas, notadamente à luz dos novos conhecimentos científicos aportados pelo projeto genoma humano, que será examinado a seguir.

1.2. PERSPECTIVAS ABERTAS PELO PROJETO GENOMA HUMANO (PGH)

O projeto genoma humano (PGH) iniciou formalmente[12] nos Estados Unidos, em 1990, para se desenvolver ao longo de aproximadamente 15 anos (até 2005), e tem como meta traçar a cartografia do código genético humano: conhecer os genes, mapeando-os e associando-os a determinadas enfermidades.[13] Tendo conhecimento dessas informações, estaríamos aptos a prever, evitar, tratar, enfim, a combater efetivamente as doenças. Os cientistas, em virtude de tecnologias de informática cada vez mais velozes e eficazes, aportadas pela contribuição da iniciativa privada ao PGH, têm conseguido acelerar esse processo de seqüenciamento de genes, obtendo resultados parciais em prazos inferiores àqueles inicialmente previstos.[14]

A título exemplificativo dos esforços empreendidos no âmbito dessas pesquisas, dá-se destaque aos diversos programas institucionais de apoio ao PGH, dentre eles os desenvolvidos pelos Institutos Nacionais de Saúde e o Departamento de Energia dos Estados Unidos, com comprometimento orçamentário de grande monta (3 a 5 % dos orçamentos anuais para tais pesquisas) para promover programas de estudo sobre aspectos éticos, legais e sociais do projeto, bem como, no

---

12 ROMEO CASABONA, Carlos Maria. *Genética y Derecho*. Buenos Aires: Astrea, 2003, p. 4. Casabona relata os antecedentes ao início oficial, já na década de 1980, sob a iniciativa institucional do Departamento de Energia dos Estados Unidos, inicialmente para estudo do efeito das radiações sobre os genes humanos, cujos resultados, para lá de promissores em termos de saúde pública (especialmente as pesquisas sobre câncer), impulsionaram o rumo das investigações no âmbito da medicina, agregando outros países e institutos nacionais de saúde.

13 PASSOS-BUENO, Maria Rita. O Projeto Genoma Humano. In: *Bioética*, v. 5, n. 2, p. 145, 1997.

14 ROMEO CASABONA, Carlos Maria. *Genética y Derecho*. Op. cit., p. 5 e 7. O autor destaca a contribuição da iniciativa privada no que tange ao encurtamento dos prazos inicialmente previstos e, ainda, um projeto internacional de antropologia, paralelo ao PGH, o Projeto de Diversidade do Genoma Humano, cujo objetivo é "... el estudio de la variedad y riqueza genética de la totalidad de la especie humana y demostrar así la diversidad de la humanidad al mismo tiempo que su estrecha unidad".

âmbito da União Européia, os programas destinados ao mesmo fim, a exemplo do Sexto Programa Marco (2002-2006) que destinou mais de 2 bilhões de Euros ao objetivo de ajudar a Europa a explorar mais concretamente os resultados relativos aos genomas dos organismos vivos, em benefício da saúde pública e em reforço à competitividade da indústria européia de biotecnologia.[15]

O audacioso objetivo do PGH, qual seja, a revelação dos segredos contidos no corpo humano, com o conseqüente avanço da medicina, a diminuição do sofrimento humano e aumento na quantidade e qualidade de vida, indiscutivelmente, atende a um enorme, antigo e buscado anseio da humanidade, que não pode ser esquecido: o elixir da longa vida.

Entretanto, para o homem expulso do paraíso por escolher conhecer do bem e do mal, a felicidade nunca será perfeita. A expansão do conhecimento científico, especialmente nesta área da ciência, se por um lado abre uma possibilidade, ainda imensurável, de bem estar, por outro, a posse dessas preciosas informações e da técnica na mão de poucos indivíduos já estão acarretando a abertura de uma problemática ética e moral de grande magnitude, seja no plano individual, social ou político. Comentando os desafios postos pelo projeto para conhecer o genoma humano, Honnefelder[16] aponta que "faz parte do desafio ao saber o desafio de também *compreender* o saber adquirido".

Para citar apenas alguns aspectos, a discussão quanto à intimidade, quanto ao diagnostico pré-natal e a interrupção da gravidez, quanto aos critérios, riscos e benefícios da experimentação genética, quanto aos modos de intervenção do genoma humano e possíveis efeitos sobre gerações futuras, os riscos de eugenia, o uso de verbas públicas em terapias gênicas de alto custo, as questões de patenteabilidade, os limites à pesquisa científica, dentre outros, o que exige, pela complexidade, uma abordagem interdisciplinar e transdisciplinar que possa assegurar o uso adequado da biotecnologia aplicada à medicina.[17]

---

[15] Decisão 1513/2002/CE do Parlamento Europeu e do Conselho, relativa ao sexto programa marco da Comunidade Européia, que destinou verbas para ações, investigações e desenvolvimento tecnológico, com duração prevista de 4 anos (01/01/2003 a 31/12/2006), com o objetivo de contribuir para a criação do Espaço Europeu de Investigação e inovação (2002-2006), ao qual foi destinado um total de 17.500 milhões de euros (ou 17 bilhões de euros), dos quais 13.345 milhões de euros (13 bilhões de euros) à integração e fortalecimento do Espaço Europeu de Investigação, com oito prioridades temáticas, a primeira delas referente às ciências da vida, genoma e biotecnologia aplicada à saúde, com 2.255 milhões de euros (mais de 2 bilhões de euros) como o objetivo de ajudar a Europa a explorar os resultados relativos aos genomas dos organismos vivos, mais concretamente em benefício da saúde pública, bem como reforçar a competitividade da indústria européia de biotecnologia. Disponível em: http://europa.eu.int/scadplus/leg/es/lvb/i23012.htm. Acesso em: 12 ago. 2005.

[16] HONNEFELDER, Ludger. Perspectivas da Tecnologia Genética: um Desafio para a Ética. Tradução de Peter Naumann. In: SOUZA, Draiton Gonzaga de.; ERDTMANN, Bernardo (Orgs.). *Ética e Genética II*. Porto Alegre: EDIPUCRS, 2003, p. 17. Título original: [Perspektiven der Gentechnik: Herausfrderung der ethik?].

[17] CLOTET, Joaquim. Bioética com Ética Aplicada e Genética. In: *Bioética*, v. 5, n. 2, p. 176, 1997.

A meta inequívoca de luta contra doenças humanas deixou de ser inquestionável, isso porque as técnicas disponíveis extrapolaram o objetivo da cura de enfermidades e do alívio do sofrimento humano, representando meios de poder inteiramente novos. Jonas,[18] já supondo que os mecanismos genéticos seriam integralmente analisados e que a escritura humana seria inteiramente decifrada, afirmou, há mais de uma década, que os novos caminhos trilhados na seara da biotecnologia (no sentido de tomarmos as rédeas da nossa própria evolução, reelaborando a constituição humana) atingem questões cruciais da existência humana, da integridade da imagem do homem e da dignidade da pessoa, que estão a exigir profundas reflexões.

Annas,[19] que aborda a problemática decorrente do conhecimento obtido sob enfoques que operam na ordem individual, na social e na da espécie, enfatiza, nas questões individuais, as perturbações que essas informações poderiam provocar no indivíduo, quanto às relações com seus possíveis empregadores, e, ainda, quanto ao interesse das companhias seguradoras. No âmbito social, refere-se às questões concernentes à repartição dos recursos públicos, ao percentual do orçamento aplicado no projeto, às decisões quanto às prioridades em pesquisa científica, à questão da disponibilidade da informação e à conseqüente questão das patentes dos produtos resultantes dessas pesquisas. Ainda nos aspectos sociais, se o acesso seria universal ou estaria disponível somente àqueles que podem pagar por essa tecnologia. Quanto às prioridades em recursos, questiona-se quanto à legitimidade de aplicar quantias no diagnóstico e tratamento de doenças genéticas, havendo outros problemas sociais que provocam doenças, tais como pobreza, dependência de drogas, falta de habitação, educação deficiente, ausência de assistência médica. Por derradeiro, quanto à problemática da espécie, Annas[20] afirma que as novas tecnologias poderão, também,

---

[18] JONAS, Hans. *Técnica, Medicina y Ética. Sobre la Práctica del Principio de Responsabilidad.* Traducción de Carlos Fortea Gil. 1.ed. Barcelona: Paidós, 1997, p. 13 e 31. Título original: [Technik, Medizin und Ethik. Zur Praxis des Prinzips Verantwortung]. Tecendo algumas considerações sobre o progresso, JONAS salienta que a moderna tecnologia posta à disposição do homem não é, como a princípio poderíamos pensar, uma possibilidade que poderia ser exercida, se quiséssemos. Afirma o autor que a moderna técnica é um processo complexo, com impulso próprio, com leis de movimentos que buscam sempre, e infatigavelmente, um estágio superior, estando superada aquela visão tradicional de técnica como ferramenta ou como habilidade, alertando que é preciso "poner el galope tecnológico bajo control extratecnológico", p. 19 e 39.

[19] ANNAS, George J. O Projecto de Genoma Humano em Perspectiva: Enfrentar o Passado para Proteger o Futuro. In: CAPLAN, Arthur L. *Quando a Medicina Enlouqueceu. A Bioética e o Holocausto.* Tradução de Zaira Miranda. Lisboa: Instituto Piaget, 1997, p. 336-337. Título original: [When Medicine Went Mad].

[20] Idem, p. 342. O autor apresenta interessante retórica desenvolvida no Congresso dos EUA, mais precisamente no gabinete de avaliação tecnológica, ao discutir as considerações sociais e éticas do projeto genoma humano, valendo sua transcrição: "o acasalamento humano que procede sem a utilização de dados genéticos acerca dos riscos da transmissão de doenças resultará em taxas de mortalidade e custos médicos mais elevados do que se os portadores dos

modificar a nossa maneira de pensar, sob o risco de procedermos a uma leitura equivocadamente reducionista do ser humano, reconceitualizando-o como se fosse um mapa,[21] cujos fragmentos estariam todos dispostos em locais predeterminados, um arranjo já conhecido.[22] Essas interpretações reducionistas seriam degradantes do próprio ser humano e poderiam mudar nossa própria perspectiva, já que poderíamos virar produtos sujeitos ao controle de qualidade. Caso aceitássemos essa redução, pergunta-se: o que seria considerado uma anomalia? Qual seria o padrão de normalidade genética? Qual seria a variação que a sociedade toleraria? Tais questões também subjazem ao pensamento de Mathieu,[23] condenando igualmente o reducionismo genético, já que o pleno conhecimento do genoma de cada indivíduo[24] não é um espelho da realidade e do destino de cada pessoa.

Em termos de saúde pública, é ilusória a promessa de que muitos sofrimentos humanos seriam diminuídos, ou até mesmo evitados, em virtude dos avanços trazidos pela biomedicina. Na prática, são vãs promessas, perceptíveis a partir do fosso existente entre as terapêuticas até então desenvolvidas pela atual (e dispendiosa) medicina de ponta e a disponibilidade real das mesmas à população, o que demonstra existir apreciável distância entre discurso e prática, notadamente em sociedades carentes de recursos. Em que pese a discrepância apontada, não há como desprezar os possíveis benefícios à saúde humana, que, na sua maior parte, projetam-se também sob a perspectiva do direito fundamental à saúde, como abordado no sexto capítulo.[25]

Os argumentos levantados nos levam à convicção de que o mais ambicioso projeto de genética realizado pelo homem, permeado de interesses econômicos, clama pela necessidade de um debate público responsável e, talvez, seja o maior desafio posto pela ciência à socie-

---

genes potencialmente nocivos forem alertados para o seu estado e incentivados a acasalar com não portadores ou a utilizar outras estratégias de reprodução", p. 338. Segundo o autor, subjaz a questão do despiste genético em embriões humanos, e ainda da forma mais perversa, porque estes testes não seriam exigidos, seriam reivindicados como parte dos direitos, a exemplo do Admirável Mundo Novo de Huxley.

[21] Ver Anexo D.

[22] SCHOOYANS, Michel. *Dominando a Vida, Manipulando os Homens*. Tradução de Augusta Garcia Dorea. 2.ed. São Paulo: IBRASA, 1993, p. 16. Título original: [Maîtrise de la vie, domination des hommes]. Segue na mesma linha de raciocínio, afirmando que vivemos hoje a violência biomédica ou genética, acrescida da violência ideológica, que nos fornece uma visão distorcida da realidade, e que, para "legitimar" a violência biomédica, se tapeará a opinião fazendo acreditar que se trata de "novos direitos do homem" e de "promoção do desenvolvimento".

[23] MATHIEU, Bertrand. *Génome Humain et Droits Fondamentaux*. Paris: Econômica, 2000, p. 36.

[24] BARBAS, Stela Marcos de Almeida Neves. *Direito ao Patrimônio Genético*. Coimbra: Almedina, 1998, p. 204. Ao abrir as portas para prever o futuro e alterar essa rota, a descoberta do genoma poderá representar um poderoso instrumento de discriminação social.

[25] Capítulo 6°, especialmente item 6.3.

dade.[26] No intuito de ilustrar possíveis situações práticas a enfrentar, oferecer-se-á, na continuidade deste estudo, uma amostra das tecnologias atualmente disponíveis.

1.3. UMA BREVE MIRADA SOBRE AS PRINCIPAIS TECNOLOGIAS ATUALMENTE DISPONÍVEIS

1.3.1. Os testes genéticos em humanos: conhecendo o genoma humano

As pesquisas avançam rumo ao conhecimento, em profundidade, do genoma humano. Os testes genéticos para análise do DNA nos permitirão conhecer os detalhes da constituição genética de cada pessoa, e constituem a mais importante aplicação prática do conhecimento sobre o genoma humano.[27]

Essa nova fronteira do conhecimento, vislumbrada em sua face positiva, sem dúvida abrirá inimagináveis perspectivas para prevenção e tratamento de doenças. Todavia, em que pese estes inegáveis avanços, não há como deixar de refletir quanto aos aspectos negativos agregados ao seu bojo.[28]

---

[26] ANNAS, George J. O Projecto de Genoma Humano em Perspectiva: Enfrentar o Passado para Proteger o Futuro. In: CAPLAN, Arthur L. *Quando a Medicina Enlouqueceu. A Bioética e o Holocausto.* Tradução de Zaira Miranda. Lisboa: Instituto Piaget, 1997, p. 330. Título original: [When Medicine Went Mad]. Em que pese a impossibilidade de que aconteça, nos Estados Unidos da América, algo semelhante às experiências médicas nazistas, afirma que não há com negar a existência de forças sociais que poderiam ameaçar os direitos dos "geneticamente menos perfeitos", fruto desse modelo americano de busca incessante de eficiência, de progresso, deixando entrever, ainda que implicitamente, um objetivo de reduzir as deficiências genéticas na população.

[27] ZATZ, Mayana. Genética e Ética. In: Clonagem Humana: Questões Jurídicas. *Revista CEJ*, Brasília, n. 16, p. 24 e ss, mar. 2002.

[28] MORAES, Maria Celina Bodin de. *Danos à Pessoa Humana*: uma leitura civil-constitucional dos danos morais. Rio de Janeiro: Renovar, 2003, p. 61, 95 e 96. Sobre as novas tecnologias e a necessidade de limites, a autora afirma que as novas questões postas pelas manipulações genéticas, pela reprodução assistida, pela energia nuclear, pelas agressões ao meio-ambiente, pelo desenvolvimento da cibernética, configuram "situações-problema" cujos limites não poderão ser decididos internamente, estabelecidos pelos próprios biólogos, físicos ou médicos, mas deverão ser resultantes de escolhas ético-político-jurídicas da sociedade". Refere que "as maiores perplexidades em torno do tema dizem respeito ao extraordinário desenvolvimento da biotecnologia e suas conseqüências sobre a esfera psicofísica do ser humano. Assim, por exemplo, no âmbito do que começa a se configurar como um novo ramo, o do "biodireito", ainda sem regulamentação jurídica adequada, estão problemas decorrentes da reprodução assistida – como a procriação *pós-mortem* e o congelamento de embriões – , da privacidade dos dados genéticos, da experimentação em seres humanos, dos atos de disposição sobre o próprio corpo, da mudança de sexo, acontecimentos plenamente factíveis desde a aquisição, cada vez mais veloz, das tecnologias necessárias. Tais problemas, também designados como demandas relativas a direitos humanos de quarta geração, apresentam alguns efeitos especialmente assustadores, decorrentes da possibilidade de manipulação – para clonagem, por exemplo – do patrimônio genético dos seres humanos".

O Direito Fundamental à Identidade Genética
na Constituição Brasileira

Assim, parece ao menos ilustrativo apresentar ao leitor um panorama de possíveis situações concretas a enfrentar, especialmente no que tange aos testes genéticos, se realizados em pessoas clinicamente normais. Deste modo, ressalte-se um aspecto positivo: a possibilidade de identificar casais de risco, constatando mutações patogênicas assintomáticas, pode, por exemplo, prevenir o nascimento de novos afetados, o que seria um grande avanço, especialmente em se tratando de doenças graves e sem qualquer tipo de tratamento. De outra banda, planejar a prole e evitar determinados nascimentos abriria inúmeras outras questões, deixando em aberto a discussão quanto aos limites da interferência humana. Além disso, há que ressaltar que estas pessoas testadas são portadoras de mutações, mas permanecerão assintomáticas durante sua vida, assim sendo, o risco consiste em vir a ter descendentes afetados. Há, ainda, a situação dos denominados testes genéticos preditivos,[29] ou seja, aqueles que predizem situações futuras. Podemos citar, ainda, uma outra situação, qual seja, a das pessoas com o risco concreto de serem afetadas, no futuro, por doenças tratáveis (como alguns tipos de câncer).

Esta é uma questão existencial inafastável e sempre atual nas reflexões humanas: a face positiva e negativa do conhecimento, assim como a irrecuperabilidade do desconhecimento. Parece inexorável que o ser humano tenha que sofrer, hoje, sofrimentos novos que, no passado, nunca foi compelido a sofrer (porque desconhecia), como, por exemplo, as seqüelas decorrentes do conhecimento de uma doença que terá no futuro, especialmente se inexistir tratamento eficaz, e, mais especialmente ainda, se for jovem. Como lidar com esta informação nova? Será que esta nova medicina preditiva, que emerge, não está a exigir uma capacidade acima do suportável? Não há uma resposta única.[30] Se traduzida na possibilidade de evitar a transmissão de doenças, tal informação será benéfica. Para algumas pessoas, por outro lado, tal informação poderá carrear uma carga de sofrimento quase insuportável. No âmbito doutrinário há quem sustente como razoável o reconhecimento do direito inalienável de ignorar o resultado dos testes genéticos preditivos. As reflexões sobre o tema vão muito mais além: o direito de não saber, ou o direito a ter um futuro aberto, notadamente em se tratando de doenças sem tratamento.[31] Sem dúvida parece

---

29 ZATZ, Mayana. Genética e Ética. In: Clonagem Humana: Questões Jurídicas. *Revista CEJ*, Brasília, n. 16, p. 23 e ss, mar. 2002. Sustentando que mais complexa ainda é a situação dos "portadores de mutações ainda assintomáticos, mas com risco de vir a ser afetados por doenças de manifestação tardia ainda sem tratamento e, além disso, podendo transmitir a mutação para seus descendentes", especialmente porque nestes casos os testes seriam preditivos.

30 ANDORNO, Roberto. *La Bioéthique et la Dignité de la Personne*. Collection Médecine et Société. Paris: Presse Universitaires de France, 1997, p. 96.

31 LOUREIRO, João Carlos Gonçalves. O Direito à Identidade Genética do Ser Humano. In: *Portugal-Brasil Ano 2000*. (Edição do Boletim da Faculdade de Direito de Coimbra). Coimbra: Editora Coimbra, 1999, p. 321.

oportuna a reflexão sobre "o não saber" (contingência) e "o não querer saber" (como ato de vontade).

Surgem vozes inclusive levantando a questão dos testes genéticos em relação a terceiros: seria possível admitir uma análise prévia do genoma do contratante ou do pretendente? Enquanto Andorno[32] sustenta a inadmissibilidade dos testes genéticos prévios, com relação a terceiros (salvo em circunstâncias especiais, e por motivos de segurança), Casabona[33] sustenta restrições, muito embora reconhecendo que há legítimos interesses de terceiros (familiares biológicos), e, inclusive, interesse do Estado, no que se refere a políticas públicas para prevenção de enfermidades.

Outra questão que se apresenta atualíssima diz respeito ao diagnóstico pré-natal, uma espécie de teste genético utilizado para diagnosticar enfermidades no feto antes do seu nascimento. Há quem se posicione[34] no sentido de que o norte orientador do diagnóstico pré-natal é a sua realização apenas em benefício do paciente, não admitindo testes para discriminar o embrião (ou o feto), por ser portador de patologia genética.

Relativamente ao diagnóstico positivo de patologia genética em embrião ou feto, apenas para exemplificar as novas perspectivas abertas pelo desenvolvimento da biomedicina, menciona-se[35] a possibilidade atual de prevenir a ambigüidade genital em meninas recém-nascidas, evitando futuras cirurgias corretivas, evitando erros de registro civil e confusões do gênero, isso através de tratamento não invasivo: o fornecimento medicamentos à gestante (e conseqüentemente ao feto).

Isso tudo demonstra que seria um retrocesso pretender estancar o avanço da ciência, já que o conhecimento científico pode e deve ser empregado em direção da proteção do ser humano. Indubitavelmente, este é o fundamento norteador da inesgotável questão a ser debatida, qual seja, estabelecer os limites para aplicação dos conhecimentos científicos adquiridos. Até aqui abordamos os testes genéticos para conhecer o genoma humano. Após conhecê-lo, em termos gerais, há que analisar os modos de atuar sobre o genoma humano.

---

[32] ANDORNO, Roberto. *La Bioéthique et la Dignité de la Personne.* Collection Médecine et Société. Paris: Presse Universitaires de France, 1997, p. 97. Traz exemplos concretos: no interesse do trabalhador, admite os testes prévios se for para verificar uma maior predisposição pessoal a risco presente no ambiente de trabalho (ex: alergia a determinado produto), admitindo ainda como razoável o teste genético para detectar uma predisposição ao infarto de miocárdio, em se tratando da seleção de pilotos de avião.

[33] ROMEO CASABONA, Carlos Maria. *Genética y Derecho.* Buenos Aires: Astrea, 2003, p. 11.

[34] BRANDÃO, Dernival da Silva. O Embrião e os Direitos Humanos. O Aborto Terapêutico. In: PENTEADO, Jaques de C.; DIP, Ricardo Henry Marques (Orgs.). *A Vida dos Direitos Humanos:* Bioética Médica e Jurídica. Porto Alegre: Sergio Fabris, 1999, p. 30.

[35] VERRESCHI, Ieda Therezinha do Nascimento. As Síndromes: Matar ou Curar? In: PENTEADO, Jaques de C.; DIP, Ricardo Henry Marques (Orgs.). *A Vida dos Direitos Humanos:* Bioética Médica e Jurídica. Porto Alegre: Sergio Fabris, 1999, p. 107.

1.3.2. As terapias gênicas como modos de intervenção no genoma humano

O desenvolvimento da engenharia genética, que muito tem contribuído para a descoberta de novas técnicas terapêuticas, deixa entrever mudanças no panorama até então conhecido, qual seja, o do genoma humano de cada indivíduo como fruto do acaso. No futuro será possível prevenir e curar doenças adicionando ou suprimindo[36] genes, modificando ou substituindo genes, tarefas incogitáveis até o surgimento das novas técnicas de engenharia genética.

Dentro da "trilogia conhecer, prever e mudar"[37] o genoma humano, a questão relativa à identidade genética está focalizada na palavra mudança, que será levada a cabo através da terapia gênica, cuja técnica consiste na modificação do ADN contido nas células do paciente. Esta técnica, que busca prevenir ou tratar doenças genéticas atacando diretamente a causa, poderá ser efetivada em dois tipos distintos de células: as células somáticas e as células germinais, que se diferenciam pela capacidade destas últimas de transmitirem a informação genética aos descendentes.

A terapia gênica de células somáticas, realizada ainda experimentalmente, não provoca alterações no material genético a ser transmitido aos descendentes, sendo, por tais razões, geralmente aceita. Segundo Nardi,[38] as doenças mais pesquisadas são algumas formas de câncer e os vetores mais utilizados nestas terapias são os retrovírus. Entretanto, a autora ressalta que as pesquisas atravessam dificuldades, tanto pela reduzida expressão do gene terapêutico nas células alteradas quanto pelo desaparecimento precoce do organismo, o que tem encaminhado

---

[36] NARDI, Nance Beyer. Terapia Gênica: Princípios. In: SOUZA, Draiton Gonzaga de.; ERDTMANN, Bernardo (Orgs.). *Ética e Genética II*. Porto Alegre: EDIPUCRS, 2003, p. 144-145. "A terapia gênica idealmente visaria a substituir um gene defeituoso por um gene normal. A remoção de um gene do organismo é, entretanto, algo muito difícil de ser realizado e desnecessário na maioria das vezes. Assim, os procedimentos envolvem em geral a introdução do gene de interesse, que deve ser completamente conhecido. O gene é "transportado" por um vetor, uma molécula de DNA ou RNA (outra forma de material genético) que contém outros elementos genéticos importantes para a manutenção e expressão do gene de interesse. As formas de transferência deste vetor contendo o gene são muito variadas". Refere a autora que algumas formas utilizam vírus (retrovírus, adenovírus, por exemplo), outras incluem injeção direta do gene, outras utilizam "princípios físicos (biolística, eletroporação) ou ainda químicos (lipofecção) ", processos que demandam acompanhamento constante e avaliação, para verificar a "manutenção de expressão do gene nas células transformadas e correção da doença".

[37] LOUREIRO, João Carlos Gonçalves. O Direito à Identidade Genética do Ser Humano. Op. cit., p. 291.

[38] NARDI, Nance Beyer. Terapia Gênica: Princípios. Op. cit., p. 144-145. A autora refere que "é importante definir se é mais apropriado introduzir o gene diretamente no organismo (*in vivo*) ou se, alternativamente, células são retiradas do indivíduo, modificadas e depois reintroduzidas (*ex vivo*) ". "Uma fase de estudos pré-clínicos, onde células são estudadas *in vitro* e a experimentação é feita em animais, é seguida por um longo período de estudos clínicos, divididos em fases (I, II e III). Atualmente, a grande maioria dos estudos clínicos estão sendo realizados nos E.U.A. e em países da Europa, e cerca de 70% encontram-se em fase I".

as pesquisas para além da terapia de células somáticas (como as células-tronco de indivíduos adultos).

A terapia gênica de células germinais provoca grandes controvérsias, havendo dois focos de discussão, o primeiro centralizado nos efeitos dessas modificações nas gerações futuras, ainda desconhecidos, e, o segundo, pelos estreitos vínculos desta técnica com a eugenia. A polêmica se estabelece porque a manipulação de células germinativas (gametas sexuais e células totipotentes dos embriões) interfere na constituição genética individual. A problemática que a terapia gênica em células germinativas suscita é bastante complexa porque, por vezes, não são muito claros os limites que separam a terapia gênica do melhoramento genético.

Da legitimidade da medicina preventiva à ilegitimidade da eugenia, sem qualquer fim terapêutico, é preciso definir rumos. Ocorre que, em virtude dos diferentes conceitos de saúde e normalidade, essa delimitação de fronteiras pode ser de difícil detecção.

1.3.3. A questão da clonagem humana: métodos utilizados, finalidades e riscos

Imprescindível noticiarmos alguns experimentos com clonagem.[39] Neste contexto, o nascimento da ovelha Dolly[40] é um marco significativo na história do homem, não pelo ineditismo da técnica empregada, mas pelo primeiro sucesso na clonagem de um mamífero.[41]

A interferência humana nos processos reprodutivos naturais chegou a ponto de tornar despicienda a reprodução sexual dos animais superiores, do homem inclusive. A possibilidade real de duplicar o ser humano poderá concretizar-se através de diferentes métodos, que vão da divisão de células embrionárias totipotentes à transferência nuclear.

---

[39] GOLDIM, José Roberto. *Clonagem:* Aspectos Biológicos e Éticos. Disponível em: http://www.ufrgs.br/HCPA/gppg/clone.htm. Acesso em: 15 out. 2002. As bases teóricas para os experimentos de clonagem hoje realizados foram lançadas em 1902, por Hans Spemann, que, posteriormente, em 1935, ganhou prêmio Nobel por suas pesquisas em desenvolvimento embrionário, trabalhando especificamente com divisão de embriões de salamandra. A segunda técnica, de substituição do núcleo, também foi proposta teoricamente por Spemann, em 1938, porém o primeiro experimento bem sucedido aconteceu somente em 1952, quando Briggs e King clonaram rãs fazendo a troca do núcleo. Relata, ainda, diversos fatos não esclarecidos quanto à ovelha Dolly.

[40] *Revista Nature,* 27 fev. 1997. O método aplicado para produção da ovelha Dolly foi o da transferência nuclear, que consiste inserção do núcleo de uma célula mamária em óvulo anucleado de uma outra ovelha e posterior implantação em terceira ovelha, daí dizer-se que Dolly é uma ovelha com três mães.

[41] O primeiro experimento de clonagem com vertebrados aconteceu em 1952, com rãs, e após, nos anos 70, quando obteve-se uma coleção de sapos.

Há três métodos de clonagem:[42] a clonagem por divisão de embriões[43] (*embryo splitting*), a clonagem por transferência de núcleo[44] e uma variante desta, denominada de paraclonagem.[45]

Quais as finalidades da clonagem? Pelos métodos até então empregados, é possível afirmar que a clonagem reprodutiva em animais, como alternativa a maior fonte de diversidade genética ao longo das gerações, que é a reprodução sexual, pelo menos até agora, teve

---

[42] PAREJA, Enrique Iáñez. *Qué es la Clonación?* Disponível em: http://www.ugr/~eianez/Biotecnologia/biotecno.htm. Acesso em: 26 set. 2002.

[43] A clonagem por divisão de embriões é uma forma artificial de produzir gêmeos, à semelhança do que ocorre com gêmeos univitelinos. A *"embryo splitting"* vem sendo aplicada com sucesso em bovinos e já se obteve sucesso em ratos, em ovinos, e, mais recentemente, em macacos *Rhesus* (Science 287:317-319). Alguns polêmicos experimentos de divisão de embriões já foram realizados em humanos, em 1993, por Hall y Stillman, que utilizaram um zigoto inviável que não seria implantado, e, posteriormente, por Paul Gindooff, da Universidade G. Washington, utilizando embriões anômalos.

[44] PAREJA, Enrique Iáñez. *Qué es la Clonación?* Disponível em: http://www.ugr/~eianez/Biotecnologia/biotecno.htm. Acesso em: 26 set. 2002. É aquela em que há transferência do núcleo de célula de indivíduo adulto já nascido para óvulo ou zigoto anucleado, ou seja, retira-se previamente o núcleo de um óvulo e implanta-se o núcleo proveniente do ser clonado. O indivíduo que resulta é quase idêntico ao doador do núcleo, pois, além de mutações, o óvulo receptor contribui com o DNA mitocondrial. Este método foi aplicado a diversas espécies, sendo a ovelha Dolly o exemplar mais popular. Em outubro de 97 nasceu Cumulina, o primeiro rato clônico obtido por transferência nuclear, que já possibilitou inclusive a observação de uma progênie normal, notadamente pelo curto ciclo de vida dos ratos, fator extremamente vantajoso para quem pretende avançar rapidamente nos estudos. Uma equipe japonesa já anunciou a clonagem de ratos a partir de células do rabo dos mesmos (Nature Genetics 22: 127-128). A clonagem por transferência de núcleo já foi utilizada em gado bovino (Science 282:2095-2098 e Nature 392:113), em caprinos e, no ano de 2000, foram obtidos 5 porcos, por dupla transferência de núcleo (subgrupos de três e dois leitões, clones entre si), chamados de Millie, Christa, Alexis, Carrel e Dotcom (Nature 407:86-90), estes com a finalidade de obter órgãos para xenotransplantes. O grupo Wakayama apresentou uma proposta de protocolo universal para clonagem em ratos, com as seguintes diretrizes: transferência de núcleo por microinjeção; cultivo *in vitro* até a fase precedente à implantação; estabelecimento de cultivos estáveis das células-mãe (o genoma do doador do núcleo estaria imortalizado); cultivos estáveis estes que serviriam para terapias celulares, para clonagem reprodutiva, para manipulações genéticas, enfim, para estudo das complexas funções desempenhadas pelos gens; e, por último, para a combinação da clonagem reprodutiva com a manipulação genética (produção de indivíduos clônicos transgênicos).

[45] A paraclonagem é uma variante da clonagem por transferência de núcleo, com algumas peculiaridades que merecem ser destacadas, especialmente pela proveniência tanto do núcleo doador quanto da célula receptora. Nesse caso, há inserção do núcleo de uma célula embrionária de 3 a 4 dias (ou do núcleo de uma célula fetal) em óvulo anucleado. Ou ainda: a mesma inserção, em zigoto anucleado. Qual a procedência do núcleo doador? É retirado de células totipotentes de embrião ou de células fetais cultivadas. Tais núcleos são transferidos para óvulo não fecundado anucleado, ou para óvulo fecundado (zigoto) eliminado do pronucleo. Ressalta o autor que o óvulo receptor sempre aporta mitocôndrias, e, no caso do óvulo fecundado (zigoto), aporta algo do espermatozóide. Neste processo, se perde uma geração, pois o embrião que doa o núcleo é destruído. Assim, o indivíduo nascido se pareceria com o embrião destruído. Nos anos 80 já se produziu paraclones de ovelhas e de vacas, em 1996 duas ovelhas, chamadas Megan e Morag, foram produzidas por transferência de núcleos de embriões (Nature 380: 64-66). Em macacos *Rhesus* também já se aplicou tal técnica, com sucesso. Em julho de 1997 foi produzida Polly, uma ovelha paraclônica produtora de fator IX de coagulação humana, com núcleo doador de fibroblastos fetais (Science 278:2130-2133). Em 1999, houve clonagem de dezenas de ratões, utilizando núcleos de células-mãe, o que demonstrou ser possível utilizar não somente os núcleos de células frescas, como também o de células cultivadas.

finalidades bem específicas, quais sejam, avançar nos conhecimento de biomedicina, estudar modelos de enfermidades, para produção de medicamentos e órgãos em xenotransplantes (com o risco de liberar vírus na população humana), para produção de proteínas terapêuticas (exemplo: ovelha clônica e transgênica que produz leite com alfa-1-antitripsina, para alimentar enfermos de enfisema pulmonar congênita), para rápida propagação de animais de alta qualidade (produção de carne, leite e outros), para aumentar a população de animais em extinção (panda gigante e o Gaur, um bovino selvagem asiático); para ressuscitar espécie já extintas (tigre da tasmânia). Em síntese, para melhoria da alimentação, da saúde, enfim, melhoria da qualidade de vida humana.

Quais seriam as finalidades da clonagem em humanos? Jonas[46] apresenta a engenhosa, mas evidentemente questionável, lista de Leon Kass destas possíveis aplicações:[47] para criar réplicas de excelência, seja pela genialidade ou pela beleza de determinados indivíduos; para evitar a loteria da reprodução sexual, criando somente réplicas de indivíduos sadios; para criar população de sujeitos com a mesma herança genética, incrementando os estudos sobre a importância relativa do entorno; como alternativa de reprodução aos casais estéreis; para proporcionar a escolha de um filho com o genótipo desejado (de si mesmo, do cônjuge, de um ente familiar já falecido, por exemplo); para escolher o sexo do futuro filho; para produção de alguns sujeitos com finalidades específicas, como no caso de guerra; para criação de cópia reserva, no caso da necessidade de transplante de órgãos, e, por último, por derradeiro, por mera curiosidade.

Segundo Pareja,[48] que trabalha com biologia molecular, a clonagem em humanos teria finalidade reprodutiva ou terapêutica: em reprodução humana, poderíamos obter gêmeos idênticos, separados no tempo, bem como melhorar os resultados da fertilização *in vitro* em mulheres com baixa resposta à estimulação dos ovários; a clonagem poderia ser utilizada como técnica de reprodução assistida excepcional. Seria ainda possível utilizar a paraclonagem para eliminar algumas doenças mitocondriais que geram cegueira ou epilepsia, transferindo o núcleo do embrião para outro óvulo, isso, é claro, se incrementados os estudos.

---

46 JONAS, Hans. *Técnica, Medicina y Ética. Sobre la Práctica del Principio de Responsabilidad.* Traducción de Carlos Fortea Gil. Barcelona: Paidós, 1997, p. 123-124. Título original: [Technik, Medizin und Ethik. Zur Praxis des Prinzips Verantwortung].

47 SILVA, Reinaldo Pereira e. *Introdução ao Biodireito:* Investigações Político-Jurídicas sobre o Estatuto da Concepção Humana. São Paulo: LTr, 2002, p. 76. Arrolando basicamente as mesmas finalidades, com base no relatório da Comissão Nacional de Ética em Reprodução humana (EUA – Naber Report – 1994).

48 PAREJA, Enrique Iáñez. *Qué es la Clonación?* Disponível em: http://www.ugr/~eianez/Biotecnologia/biotecno.htm. Acesso em: 26 set. 2002.

E quais seriam os riscos da clonagem humana com finalidade reprodutiva? Vários problemas da clonagem reprodutiva são visíveis hoje, isso a partir dos modelos animais: baixíssima taxa de êxitos, menor sobrevida, maior propensão a doenças, baixa fertilidade, efeitos anômalos nos descendentes e a idade do clone. Ao que as pesquisas indicam, a idade do clone é a idade da célula somática que doa o núcleo, muito embora não se tenha observado o mesmo em bezerros clonados, o que demonstra ser questão ainda em aberto, e, quem sabe, até dependente do modelo animal utilizado. Para além destas questões já conhecidas, não há como mensurar o número de mutações que este núcleo transferido aporta e, mais ainda, não é possível avaliar como se comportarão os "genes que sofrem uma expressão diferente de acordo com a origem parental" (genes de *imprinting*).[49] [50]

Filósofos e juristas também têm se posicionado contrariamente[51] à clonagem humana reprodutiva, isso porque além dos já mencionados riscos, tal duplicação[52] (proibida inclusive nos países de legislações permissivas) reduz o homem ao status de coisa fabricada. Neste contexto, sustenta-se[53] que atirar os dados ao acaso, produzindo um genótipo novo e desconhecido de todos, é condição prévia de liberdade, o que será examinado no capítulo quinto.[54]

Quanto à clonagem humana não reprodutiva (com finalidades terapêuticas), muito embora as perspectivas sejam no sentido de salvar muitas vidas humanas, bem como curar doenças para as quais não

---

[49] ZATZ, Mayana. Genética e Ética. In: Clonagem Humana: Questões Jurídicas, *Revista CEJ*, Brasília, n. 16, p. 23, mar. 2002. Segundo a autora, existe um processo normal de silenciamento de alguns genes, processo este que é determinado ora pela origem paterna, ora pela origem materna. "Se, por um erro genético, uma criança receber duas cópias de um só genitor e nenhuma do outro terá duas cópias não-funcionais para esta região e isto causará uma doença genética. Podemos citar como exemplos a Síndrome de Prader-Willi ou a Síndrome de Angelman que podem ser causadas se uma pessoa receber duas cópias do cromossomo 15 de um só genitor (dissemia uniparental), o que ocorreria no caso de uma clonagem".

[50] SILVA, Reinaldo Pereira e. *Introdução ao Biodireito:* Investigações Político-Jurídicas sobre o Estatuto da Concepção Humana. São Paulo: LTr, 2002, p. 72, igualmente referindo os problemas do *imprinting*, sob a ótica de um nova técnica (redução cromossômica), especialmente se utilizada em casais homossexuais femininos e em autofertilização do óvulo. Do experimento de Orly Kaplan (Universidade Monash/Melbourne – julho/2001) : células somáticas de um rato foram isoladas e reduzidas à metade, a semelhança do que ocorre na meiose; óvulos de ratazanas foram fertilizados *in vitro* com essas células somáticas reduzidas e geraram embriões. Com este experimento, entendeu a equipe ter provado a "possibilidade de fecundar óvulos sem o concurso imediato de espermatozóide".

[51] LOUREIRO, João Carlos Gonçalves. O Direito à Identidade Genética do Ser Humano. In: *Portugal-Brasil Ano 2000*. (Edição do Boletim da Faculdade de Direito de Coimbra). Coimbra: Editora Coimbra, 1999, p. 326.

[52] ANDORNO, Roberto. *La Bioéthique et la Dignité de la Personne*. Collection Médecine et Société. Paris: Presse Universitaires de France, 1997, p. 91.

[53] JONAS, Hans. *Técnica, Medicina y Ética. Sobre la Práctica del Principio de Responsabilidad.* Traducción de Carlos Fortea Gil. Barcelona: Paidós, 1997, p. 127. Título original: [Technik, Medizin und Ethik. Zur Praxis des Prinzips Verantwortung].

[54] Capítulo 5º, item 5.2.4.1.

existe qualquer tratamento, aprofunda-se toda a discussão acerca do *status* jurídico dos embriões humanos (inclusive dos embriões humanos produzidos por clonagem), que constituem a "matéria-prima" básica para a continuidade dessas pesquisas, temática que será igualmente examinada no capítulo quinto.[55] Ressalta-se, por ora, que mesmo os grupos favoráveis à clonagem não reprodutiva (terapêutica) em humanos comportam um amplo espectro de graduação: dos francamente favoráveis à clonagem não reprodutiva aos favoráveis com restrições.

Quanto aos aspectos legislativos, cumpre informar que, no Brasil, atualmente, há legislação infraconstitucional[56] vedando expressamente a clonagem humana, a Lei de Biossegurança (Lei 11.105/05), e permitindo o uso de células-tronco embrionárias para pesquisa e terapia, nos termos do art. 5º,[57] que já é objeto da Ação Direta de Inconstitucionalidade de nº 3510,[58] tramitando perante o Supremo Tribunal Federal.

1.3.4. A problemática posta pelo domínio das tecnologias de reprodução humana

Às tecnologias já examinadas (disponíveis ou em vias de serem disponibilizadas) acrescente-se, ainda, um fato que não pode ser negligenciado: a fecundação extra-uterina e as problemáticas postas pela assistência médica à procriação. Frente às evidências fáticas, não há como negar que o embrião, que no passado habitava somente o corpo da mãe, hoje, anda em laboratório, sob os cuidados e interesses de terceiros.

Em apertada síntese, e, ressalte-se, apenas a título exemplificativo, esses são os problemas[59] trazidos à baila pela assistência médica à

---

[55] Capítulo 5º, item 5.2.4.2.

[56] Art. 6º, inciso IV, da Lei 11.105/05, publicada em 28/03/2005: "Art. 6º Fica proibido: (...) III – engenharia genética em célula germinal humana, zigoto humano e embrião humano; IV – clonagem humana;

[57] Art. 5º da Lei 11.105/05. É permitida, para fins de pesquisa e terapia, a utilização de células-tronco embrionárias obtidas de embriões humanos produzidos por fertilização *in vitro* e não utilizados no respectivo procedimento, atendidas as seguintes condições: I – sejam embriões inviáveis; ou II – sejam embriões congelados há 3 (três) anos ou mais, na data da publicação desta Lei, ou que, já congelados na data da publicação desta Lei, depois de completarem 3 (três) anos, contados a partir da data de congelamento.

[58] Além da ADI 3510, questionando o uso de células-tronco retiradas de embriões humanos para fins de pesquisa e terapia, permitido pelo artigo 5º da Lei 11.105, tramita, ainda, a ADI 3526, contra vários dispositivos da Lei nº 11.105, relativamente a normas de segurança e mecanismos de fiscalização de atividades que envolvam organismos geneticamente modificados (OGMs) e seus derivados.

[59] As tecnologias empregadas no campo da reprodução humana assistida ilustram uma pálida amostra da necessidade de reforçar a proteção jurídica do embrião. Para uma visão panorâmica nos notáveis esforços empreendidos no campo da assistência médica à procriação, justamente para driblar as dificuldades reprodutivas do casal e atender ao legítimo anseio humano de gerar filhos, bem como uma amostra das novas problemáticas postas pela reprodução humana

reprodução: o acesso às técnicas seria restrito a casais heterossexuais, ou seria amplo, abrangendo, para além destes, os casais homossexuais e os projetos monoparentais? Em havendo a participação de terceiros estranhos ao projeto parental, seja doando gametas ou embriões, seja emprestando o útero, como solucionar as questões concernentes às regras de filiação? O critério até então preponderante, da paternidade biológica, deverá prevalecer, ou não? Estão em colapso os conceitos de filiação materna e paterna até então existentes? Deverá prevalecer a regra do anonimato dos doadores? Qual o papel da verdade biológica e da verdade afetiva nas procriações assistidas? O que fazer dos embriões excedentes da FIV, aqueles que não foram e não serão implantados? Por que existem esses excedentes? É possível negligenciar o baixo percentual de integridade embrionária, pós-congelamento, dado conhecido no meio científico? Qual será o futuro dos embriões não implantados e órfãos de qualquer projeto parental? Como proceder no caso de falecimento de um dos solicitantes do projeto parental, ou de um dos doadores? É admissível a inseminação artificial e a fertilização *in vitro pos mortem*? Quais os limites para associação das técnicas de procriação assistida com o diagnóstico pré-natal?

Traçando uma linha do que foi abordado até o presente momento, imperioso destacar os pontos de passagem do raciocínio desenvolvido. Primeiramente foram tecidas algumas considerações preliminares acerca de aspectos conceituais e terminológicos, mais especificamente quanto à conceituação do que é o genoma humano bem como as relativas ao significado atribuído à expressão identidade genética, enquanto base biológica da identidade pessoal. No segundo momento deste estudo procurou-se ilustrar a questão no plano fático, trazendo algumas situações práticas que indicam, no nosso entendimento, a necessidade da construção de uma proteção jurídico-constitucional do genoma humano individual de cada pessoa humana, o que tem sido denominado pelo doutrina como um direito à identidade genética da pessoa humana, bem como a necessidade de reforçar a proteção jurídica do embrião humano.

Tecidas essas considerações preliminares sobre o tema (quanto aos aspectos terminológicos e quanto aos objetivos e perspectivas abertas pelo Projeto Genoma Humano) e ilustrado concretamente o problema, parte-se, agora, ao exame da evolução da proteção jurídica do genoma humano.

---

assistida, vide as obras de LEITE, Eduardo de Oliveira. *Procriações Artificiais e o Direito:* Aspectos Médicos, Religiosos, Psicológicos, Éticos e Jurídicos. São Paulo: Editora Revista dos Tribunais, 1995, especialmente págs. 44, 66 e 201; BRAUNER, Maria Claudia Crespo. *Direito, Sexualidade e Reprodução Humana:* Conquistas Médicas e o Debate Bioético. Rio de Janeiro: Renovar, 2003, p. 49, 59, 65; e SILVA, Reinaldo Pereira e. *Introdução ao Biodireito:* Investigações Político-Jurídicas sobre o Estatuto da Concepção Humana. São Paulo: LTr, 2002, p. 51, 53, 56.

A problemática, no plano ético-moral e jurídico, advinda da expansão desta nova fronteira do conhecimento e as suas conseqüências sobre o indivíduo, tem dividido a sociedade civil e a comunidade científica. Em que pese a divisão, urge frisar um traço comum que emerge dos diversos textos que serão examinados a seguir: o de que a comunidade internacional compartilha severas preocupações com os avanços decorrentes da genética aplicada às ciências da vida, e que busca definir regras especialmente no que diz com a proteção jurídica do genoma humano.

2. Notícias sobre a evolução da proteção jurídica do genoma humano no plano internacional e comparado

Como referências no âmbito internacional, no que tange à proteção jurídica do genoma humano, há a Declaração Universal sobre o Genoma Humano e os Direitos Humanos (UNESCO-97), a Declaração Internacional sobre Dados Genéticos Humanos (UNESCO-2003), a Declaração Universal de Bioética e Direitos Humanos (UNESCO-2005), a Declaração das Nações Unidas sobre a Clonagem Humana (ONU-2005) e, ainda, no âmbito da comunidade européia, além da Convenção dos Direitos do Homem e da Biomedicina (1997), a Carta de Direitos Fundamentais da União Européia (2000), esta vedando expressamente a clonagem humana, e a idéia da Constituição européia.

Tais instrumentos representam, indubitavelmente, um grande avanço em termos de consenso no âmbito internacional, salvo com relação à clonagem humana não reprodutiva (terapêutica), tendo em vista que a soma dos votos contrários e abstenções, no caso da recentemente aprovada Declaração das Nações Unidas sobre a Clonagem Humana (ONU-2005), supera os votos favoráveis. Como exemplos isolados do direito constitucional há a Constituição suíça e a Constituição portuguesa.

É relevante mencionar que, muito embora o entendimento predominante no Supremo Tribunal Federal seja o de que os tratados internacionais têm hierarquia legal,[60] os tratados internacionais sobre direitos humanos, se firmados e regularmente incorporados, têm hie-

---

[60] Quanto à incorporação dos tratados e sua hierarquia no ordenamento jurídico-constitucional brasileiro, o entendimento predominante no Supremo Tribunal Federal (consolidado a partir do julgamento do RE nº 80.004, da década de 70) é de que os tratados internacionais, se regularmente incorporados (celebração, Decreto Legislativo e Decreto do Executivo), têm hierarquia legal, paridade esta que foi e tem sido severamente criticada pela doutrina, isso ao longo de anos, notadamente no que tange aos tratados internacionais que versem sobre direitos humanos.

rarquia constitucional[61] [62] [63] no Brasil, servindo, no mínimo, como parâmetro hermenêutico.

2.1. AS QUATRO DECLARAÇÕES INTERNACIONAIS:
A Declaração Universal sobre o Genoma Humano e os Direitos Humanos, a Declaração Internacional sobre Dados Genéticos Humanos, a Declaração Universal de Bioética e Direitos Humanos e a Declaração das Nações Unidas sobre a Clonagem Humana

A Declaração Universal sobre o Genoma Humano e os Direitos Humanos (DUGHDH-1997) foi adotada pela 29ª Conferência Geral da UNESCO, em 1997, e estabeleceu os princípios básicos relacionados à pesquisa em genética e aplicação de resultados. Em linhas gerais, a DUGHDH reafirmou o princípio da Dignidade Humana, declarando: que o genoma humano constitui a base da unidade fundamental de todos os membros da família humana bem como de sua inerente dignidade e diversidade, e que, num sentido simbólico, é o patrimônio da humanidade,[64] que a todo indivíduo é devido respeito à sua dignidade, independentemente de suas características genéticas, que

---

[61] CF 88, art. 5°, § 2°: os direitos e garantias expressos nesta Constituição não excluem outros decorrentes do regime e dos princípios por ela adotados, ou dos tratados internacionais em que a República Federativa do Brasil seja parte.

[62] CF 88, art. 5°, § 3°: os tratados e convenções internacionais sobre direitos humanos que forem aprovados, em cada Casa do Congresso Nacional, em dois turnos, por três quintos dos votos dos respectivos membros, serão equivalentes às emendas constitucionais (inserido pela Emenda Constitucional de n° 45, de dezembro de 2004).

[63] SARLET, Ingo Wolfgang. *Os Direitos Fundamentais, a Reforma do Judiciário e os Tratados Internacionais de Direitos Humanos.* (No prelo). Publicação prevista em estudos a Celso de Albuquerque Mello. O autor examina o problema referente à incorporação e à hierarquia dos tratados internacionais em matéria de direitos humanos antes e depois da Emenda Constitucional n° 45. Destaca inicialmente as quatro teses doutrinárias sobre a hierarquia dos tratados sobre direitos humanos (hierarquia supraconstitucional; constitucional; supralegal, mas infraconstitucional; paridade entre lei e tratado), sustentando que "a tese da equiparação (por força do disposto no art. 5°, § 2°, da CF) entre os direitos fundamentais localizados em tratados internacionais e os com sede na Constituição formal é a que mais se harmoniza com a especial dignidade jurídica e axiológica dos direitos fundamentais na ordem jurídica interna e internacional, constituindo, ademais, pressuposto indispensável à construção e consolidação de um autêntico direito constitucional internacional dos direitos humanos, resultado da interpenetração cada vez maior entre os direitos fundamentais constitucionais e os direitos humanos dos instrumentos jurídicos internacionais".
De outra banda, afirma que o problema toma outra dimensão após a Emenda Constitucional n° 45, que acrescentou o § 3° do art. 5° à CF 88, estabelecendo um procedimento reforçado quanto à "forma de incorporação ao direito interno dos tratados em matéria de direitos humanos, que, interpretada em sintonia com o artigo 5°, § 2°, pode ser compreendida como assegurando – *em princípio e em sendo adotado tal procedimento* – a condição de direitos formal e materialmente constitucionais (e fundamentais) aos direitos consagrados no plano das convenções internacionais", em que pese os diversos pontos controvertidos a enfrentar.

[64] Art. 1° da DUGHDH.

esta dignidade torna imperativa a não redução dos indivíduos às suas características genéticas e ao respeito à sua singularidade e diversidade[65] e, ainda, que o genoma humano em seu estado natural não deve ser objeto de transações financeiras.[66]

Declarou, ainda, no que tange aos direitos dos indivíduos, que a pesquisa, tratamento ou diagnóstico que afetem o genoma humano devem ser realizados apenas após avaliação rigorosa e prévia dos riscos e benefícios, com consentimento prévio e na forma da lei, e que o indivíduo tem o direito de decidir se quer, ou não, ser informado sobre os resultados da análise genética.[67] Ainda, que nenhum indivíduo deve ser submetido a discriminação com base em características genéticas[68] e que os dados genéticos são confidenciais,[69] admitindo, excepcionalmente e na forma da lei, algumas restrições aos princípios do consentimento e da confidencialidade, isso por razões consideradas imperativas no âmbito do direito internacional público e da legislação internacional sobre direitos humanos.[70]

Quanto às pesquisas sobre o genoma humano, reafirmou a liberdade de pesquisa científica, devendo prevalecer o respeito aos direitos humanos, às liberdades fundamentais e à dignidade humana[71] e, ainda, que os benefícios desses avanços devem ser disponibilizados a todos.[72] Quanto à clonagem, afirmou que não deve ser permitida, por ser contrária à dignidade humana, conclamando os Estados e as Organizações Internacionais a cooperar na identificação de tais práticas e a tomar, em nível nacional ou internacional, as medidas necessárias para assegurar o respeito aos princípios estabelecidos na Declaração.[73]

Tamanha é a abrangência e o alcance do instrumento declaratório,[74] que a UNESCO adotou um sistema voltado para o acompanhamento da implementação da DUGHDH. Estabeleceu que o Comitê Internacional de Bioética da UNESCO deve contribuir para a disseminação dos princípios estabelecidos na Declaração e para a futura análise das questões decorrentes de sua aplicação e da evolução das

---

[65] Art. 2º, *a* e *b*, da DUGHDH.

[66] Art. 4º da DUGHDH.

[67] Art. 5º, *a*, *b* e *c*, da DUGHDH.

[68] Art. 6º da DUGHDH.

[69] Art. 7º da DUGHDH.

[70] Art. 9º da DUGHDH.

[71] Art. 10 da DUGHDH.

[72] Art. 12 da DUGHDH.

[73] Art. 11 da DUGHDH.

[74] ROMEO CASABONA, Carlos Maria. *Genética y Derecho*. Buenos Aires: Astrea, 2003, p. 48. O autor assinala o propósito inicial, manifestado durante os trabalhos preparatórios da Declaração, de conversão do instrumento declaratório em convênio internacional, com o efeito de força obrigatória para aqueles Estados que assinassem a ratificação.

tecnologias em questão, elaborando recomendações, dirigidas à Conferência Geral, particularmente identificando práticas que possam ser contrárias à dignidade humana, tais como intervenções em células germinais.[75] As diretrizes implementadas pela Resolução[76] da Conferência Geral da Unesco buscam identificar não apenas as tarefas que caibam aos diferentes atores na implementação da declaração, como também identificar algumas modalidades de ações para se efetivar a concretização da DUGHDH.

A Declaração Internacional sobre Dados Genéticos Humanos[77] (DIDGH-2003), nas disposições de caráter geral, reafirmou os princípios consagrados na Declaração Universal sobre o Genoma Humano e os principios da igualdade, justiça, solidariedade e responsabilidade, assim como o respeito à dignidade humana, aos direitos humanos e às libertades fundamentais, especialmente a liberdade de pensamento e de expressão, aqui comprendida a liberdade de investigação, e a privacidade e segurança da pessoa, em que deve basear-se toda coleta, tratamento, utilização e conservação de dados genéticos humanos.[78] Estabeleceu uma série de definições,[79] e, no que tange à identidade da pessoa,[80] reconheceu que cada indivíduo tem uma configuração genética característica, não devendo, entretanto, a identidade da pessoa ser reduzida a características genéticas, eis que há uma complexa influência de fatores educacionais, ambientais e pessoais, bem como dos laços afetivos, sociais, espirituais e culturais dessa pessoa com outros seres humanos, o que conduz a uma dimensão da liberdade. Afirmou a singularidade[81] dos dados genéticos humanos e a necessidade de prestar a devida atenção ao caráter sensível desses dados, instituindo-se um nível adequado de proteção de tais dados, bem como às amostras biológicas. Estabeleceu que as finalidades[82] das coletas de dados serão somente as estipuladas na Declaração e que, por imperativos éticos, devem ser aplicados procedimentos[83] transparentes e éticamente aceitáveis para coleta, tratamento, utilização e conservação de dados genéticos humanos, conclamando os Estados a fomentarem uma série ações. No

---

[75] Art. 24 da DUGHDH.

[76] 30ª sessão – 1999.

[77] Aprovada, por unanimidade, na 32ª sessão da Conferência Geral da UNESCO, em 16/10/2003.

[78] Art. 1º, *a*, *b* e *c*, sobre os objetivos e alcance da DIDGH.

[79] Art. 2º, I a XV, sobre o significado dos termos empregados na DIDGH.

[80] Art. 3º da DIDGH.

[81] Art. 4º da DIDGH.

[82] Art. 5º da DIDGH. Para diagnóstico e assistência sanitária; para investigação médica e outras formas de investigação científica, compreendidos os estudos epidemiológicos, em especial os de genética das populações, dentre outros; para medicina forense e para quaisquer outros fins compatíveis com a Declaração Universal do Genoma Humano e Direitos Humanos e Direito Internacional relativo aos Direitos Humanos.

[83] Art. 6º, *a*, *b*, *c* e *d*, da DIDGH.

que tange à não-discriminação e não estigmatização,[84] preconizou que dever-se-ia fazer todo o possível para que tais dados não sejam utilizados como forma de discriminação, violadoras de direitos humanos, de liberdades fundamentais ou da dignidade da pessoa humana, da familia, de grupo ou de comunidades, ressaltando, a esse respeito, uma devida atenção às interpretações dos estudos de genética das populações e de genética do comportamento. Na parte especial, tratou sobre a temática das coletas,[85] bem como do direito de decidir ser informado,[86] ou não, sobre os resultados das investigações, com a ressalva de que tal dispositivo não se aplica às investigações sobre dados irreversivelmente dissociados de pessoas identificáveis, nem mesmo a dados que não permitam tirar conclusões particulares sobre as pessoas que tenham participado em tais investigações, isso em linhas gerais.

A Declaração Universal de Bioética e Direitos Humanos[87] (DUBDH-2005), após uma série de considerandos, declara que tem por escopo tratar das questões éticas relacionadas à medicina, às ciências da vida e às tecnologias aplicadas aos seres humanos, levando em conta suas dimensões sociais, legais e ambientais. É dirigida aos Estados e, ainda, oferece orientação para decisões ou práticas de indivíduos, grupos, comunidades, instituições e empresas públicas e privadas.[88] Quantos aos seus oito objetivos, são, em síntese, os seguintes:[89] 1º) prover uma estrutura universal de princípios orientadores, para que os Estados possam formular legislação e políticas públicas nessa seara; 2º) orientar as ações dos indivíduos e da coletividade; 3º) promover o respeito pela dignidade humana e proteger os direitos humanos, assegurando o respeito pela vida dos seres humanos e pelas liberdades fundamentais; 4º) reconhecer a importância da liberdade da

---

[84] Art. 7º, *a* e *b*, da DIDGH.

[85] Art. 8º, *a*, *b*, *c* e *d*, da DIDGH, sobre o consentimento. Art. 9º a), b) e c) da DIDGH sobre a revogação do consentimento.

[86] Art. 10 da DIDGH, sobre o direito a ser informado, ou não, sobre os resultados das investigações, com ressalvas. Ainda: artigo 11 (assessoramento genético), artigo 12 (sobre coletas de amostras biológicas para fins forenses) artigo 13 (sobre o acesso aos próprios dados), artigo 14 (privacidade e confidencialidade dos dados), artigo 15 (medidas necesarias à segurança desses dados), artigos 16 e 17 (sobre a modificação da finalidade da coleta dos dados), artigo 18 (sobre a regulamentação da circulação dos dados e amostras e sobre cooperação internacional, art. 19 (quanto ao aproveitamento compartilhado dos benefícios com a sociedade em seu conjunto), artigo 20 (sobre a possibilidade de que o Estado supervisione e seja o gestor desses dados), artigos 20 e 21 (sobre a destruição dos dados e sobre o cruzamento dos mesmos), dentre outros dispositivos de promoção e de aplicação da Declaração Internacional sobre dados genéticos humanos.

[87] Proclamada e adotada na 33ª sessão da Conferência Geral da UNESCO, em Paris, dia 24/06/2005. A tradução preliminar e livre da Declaração, aqui apresentada em português, está sob a responsabilidade da Cátedra UNESCO de Bioética da UnB e foi realizada por Mauro Machado do Prado e Ana Tapajós, com a revisão de Volnei Garrafa. Disponível em: http://www.sbbioetica.org.br/dub/Declaração%20Universal%20Bioética%20Agosto.doc. Acesso em: 20 dez. 2005.

[88] Art. 1º, *a* e *b*, da DUBDH.

[89] Art. 2º, I a VIII, da DUBDH.

O Direito Fundamental à Identidade Genética
na Constituição Brasileira

pesquisa científica e os benefícios resultantes dos desenvolvimentos científicos e tecnológicos, evidenciando, ao mesmo tempo, a necessidade de que tais pesquisas e desenvolvimentos ocorram conforme os princípios éticos dispostos nesta Declaração; 5º) promover o diálogo multidisciplinar e pluralístico sobre questões bioéticas entre todos os interessados e na sociedade como um todo; 6º) promover o acesso eqüitativo aos desenvolvimentos médicos, científicos e tecnológicos, assim como a maior circulação (e compartilhamento dos benefícios) do conhecimento relativo a tais desenvolvimentos, com particular atenção às necessidades de países em desenvolvimento; 7º) salvaguardar e promover os interesses das gerações presentes e futuras; e 8º) ressaltar a importância da biodiversidade e sua conservação como uma preocupação comum da humanidade.

Quanto aos princípios que devem nortear os Estados, estas são as diretrizes: respeitar a dignidade humana, os diretos humanos e as liberdades fundamentais;[90] maximizar os benefícios diretos e indiretos e minimizar os possíveis danos aos paciente envolvidos em pesquisas;[91] respeitar a autonomia dos indivíduos para tomar decisões, precedida de consentimento prévio, livre e esclarecido,[92] com especial proteção às pessoas sem capacidade para consentir;[93] respeitar a vulnerabilidade humana, protegendo a integridade pessoal;[94] respeitar a privacidade dos indivíduos e a confidencialidade das informações pessoais;[95] respeitar a igualdade fundamental entre todos os seres humanos em termos de dignidade e de direitos;[96] não discriminar e não estigmatizar indivíduo ou grupos, eis que constitui violação à dignidade humana, aos direitos humanos e liberdades fundamentais;[97] respeitar a diversidade cultural e o pluralismo sem violar a dignidade humana, os direitos humanos e as liberdades fundamentais;[98] estimular a solidariedade entre os seres humanos e a cooperação internacional;[99] ter a promoção da saúde e o desenvolvimento social como objetivo central

[90] Art. 3º, *a* e *b*, da DUBDH.

[91] Art. 4º da DUBDH.

[92] Art. 5º, art. 6º, *a*, *b* e *c*, da DUBDH.

[93] Art. 7º, *a* e *b*, da DUBDH. O parâmetro é o melhor interesse da pessoa envolvida e visando benefício direto de sua saúde. Pesquisas sem potencial benefício direto à saúde só devem ser realizadas excepcionalmente, com a maior restrição, expondo o indivíduo apenas a risco e desconforto mínimos e quando se espera que a pesquisa contribua com o benefício à saúde de outros indivíduos na mesma categoria, sendo sujeitas às condições prescritas por lei e compatíveis com a proteção dos direitos humanos do indivíduo. A recusa de tais pessoas em participar de pesquisas deve ser respeitada.

[94] Art. 8º da DUBDH.

[95] Art. 9º da DUBDH.

[96] Art. 10 da DUBDH.

[97] Art. 11 da DUBDH.

[98] Art. 12 da DUBDH.

[99] Art. 13 da DUBDH.

dos governos e demais setores da sociedade, já que usufruir do mais alto padrão de saúde atingível é um dos direitos fundamentais de todo ser humano, sem distinção de raça, religião, convicção política, condição econômica ou social;[100] compartilhar os benefícios resultantes de qualquer pesquisa científica e suas aplicações com a sociedade como um todo e especialmente com países em desenvolvimento, sob o alerta de que benefícios não devem constituir indução inadequada para estimular a participação em pesquisa;[101] considerar o impacto das ciências da vida nas gerações futuras, inclusive sobre sua constituição genética, protegendo-as;[102] e, por fim, proteger o meio ambiente, a biosfera e a biodiversidade.[103]

No que se refere à aplicação dos princípios, e especialmente ao discurso e tomada de decisão, há que se promover um debate público pluralista, inclusive em comitês de ética independentes e multidisciplinares, sendo igualmente relevante promover avaliação e gerenciamento adequado dos riscos decorrentes de novas tecnologias aplicadas às ciências da vida.[104] Tratando especificamente do problema das atividades desenvolvidas, financiadas ou conduzidas em diferentes Estados, recomenda-se que as instituições públicas e privadas, bem como os profissionais a ela associados, devam empreender esforços para assegurar a observância dessa Declaração.[105]

---

[100] Art. 14, *a* e *b*, da DUBDH. Para tanto, nos termos da declaração, o progresso da ciência e da tecnologia deve ampliar: (i) o acesso a cuidados de saúde de qualidade e a medicamentos essenciais, incluindo especialmente aqueles para a saúde de mulheres e crianças, porque a saúde é essencial à vida em si e deve ser considerada como um bem social e humano; (ii) o acesso a nutrição adequada e água de boa qualidade; (iii) a melhoria das condições de vida e do meio ambiente; (iv) a eliminação da marginalização e da exclusão de indivíduos por qualquer que seja o motivo; e a redução da pobreza e do analfabetismo.

[101] Art. 15, *a* e *b*, da DUBDH. Para dar efeito a esse princípio, os benefícios podem assumir quaisquer das seguintes formas: (i) ajuda especial e sustentável e reconhecimento das pessoas e grupos que tenham participado de uma pesquisa; (ii) acesso a cuidados de saúde de qualidade; (iii) oferta de novas modalidades diagnósticas e terapêuticas ou de produtos resultantes da pesquisa; (iv) apoio a serviços de saúde; (v) acesso ao conhecimento científico e tecnológico; (vi) facilidades para geração de capacidade em pesquisa; e (vii) outras formas de benefício coerentes com os princípios dispostos na presente Declaração.

[102] Art. 16 da DUBDH.

[103] Art. 17 da DUBDH. Devida atenção deve ser dada à inter-relação de seres humanos e outras formas de vida, à importância do acesso e utilização adequada de recursos biológicos e genéticos, ao respeito pelo conhecimento tradicional e ao papel dos seres humanos na proteção do meio ambiente, da biosfera e da biodiversidade.

[104] Art. 18, 19 e 20 da DUBDH.

[105] Art. 21 da DUBDH. Quanto às práticas transnacionais, eis alguns balizadores: 1°) quando a pesquisa for empreendida ou conduzida em um ou mais Estado (s) hospedeiro (s) e financiada por fonte de outro Estado, tal pesquisa deve ser objeto de um nível adequado de revisão ética tanto no (s) Estado (s) hospedeiro (s) quanto no Estado no qual o financiador está localizado; 2°) pesquisa transnacional em saúde deve responder às necessidades dos países hospedeiros e deve ser reconhecida sua importância na contribuição para a redução de problemas de saúde globais urgentes; 3°) na negociação de acordos para pesquisa, devem ser estabelecidos os termos da colaboração e a concordância sobre os benefícios da pesquisa com igual participação de ambas as partes; 4°) os Estados devem tomar medidas adequadas, em níveis nacional e internacional, para

Reforça-se que os Estados devem tomar todas as medidas de caráter legislativo e administrativo que forem adequadas à implementação dos princípios proclamados, inclusive com ações nas esferas da educação, formação e informação ao público, implementando o estudo da bioética em todos os níveis.[106] Os Estados, mediante acordos bilaterais e multilaterais de cooperação científica e cultural, devem promover a disseminação da informação científica e o compartilhamento do conhecimento científico e tecnológico, especialmente como relação aos países em desenvolvimento.[107] Por derradeiro, a UNESCO encarregar-se-á de promover e disseminar os princípios contidos no instrumento declaratório, que deverá ser interpretado na sua totalidade, admitindo-se, mediante lei, limitações à aplicação dos princípios.[108]

A Declaração das Nações Unidas sobre a Clonagem Humana[109] foi aprovada na Assembléia Geral[110] de 08 de março de 2005, com setenta e um (71) votos-favoráveis,[111] trinta e cinco (35) votos contrários[112] (dentre este o do Brasil) [113] e quarenta e três (43) abstenções.[114]

---

combater o bioterrorismo, o tráfico ilícito de órgãos, tecidos e amostras, recursos genéticos e materiais genéticos.

[106] Art. 22 e 23 da DUBDH.

[107] Art. 24 da DUBDH.

[108] Art. 25, 26 e 27 da DUBDH.

[109] Resolução nº 59/280 da ONU, aprovada em 08 de março de 2005, pela a Assembléia Geral, na 82ª sessão plenária. Disponível em: http://0-www.un.org.portia.nesl.edu/Depts/dhl/resgui-de/r59op.htm. Acesso em: 15 jan. 2006.

[110] A sexta Comissão, encarregada dos trabalhos preparatórios para a redação final do projeto de declaração, apresentou, em fevereiro de 2005, um relatório com a atuação do grupo de trabalho e com a conclusão de que, frente à acirrada controvérsia, decidiu apresentar três anexos (anexo I, e emendas em anexos II e III). Os anexos foram apreciados separadamente e, no exame da totalidade do projeto, em sua forma emendada, houve 71 votos a favor, 35 votos contra e 43 abstenções.

[111] Votos a favor: Albania, Alemania, Andorra, Antigua y Barbuda, Arabia Saudita, Australia, Austria, Bangladesh, Belice, Bolivia, Bosnia y Herzegovina, Brunei Darussalam, Burundi, Chile, Comoras, Costa Rica, Croacia, Ecuador, El Salvador, Emiratos Árabes Unidos, Eritrea, Eslovaquia, Eslovenia, Estados Unidos de América, Etiopía, ex República Yugoslava de Macedonia, Federación de Rusia, Filipinas, Gambia, Georgia, Granada, Guatemala, Guyana, Haití, Honduras, Hungría, Irlanda, Islas Marshall, Italia, Kazajstán, Kenya, Kirguistán, Lesotho, Liechtenstein, Madagascar, Malta, Marruecos, Mauricio, México, Micronésia (Estados Federados de), Mónaco, Nicaragua, Nigeria, Panamá, Papua Nueva Guinea, Paraguay, Perú, Portugal, Qatar, República Democrática del Congo, República Unida de Tanzanía, Rwanda, Saint Kitts y Nevis, San Marino, Santa Lucía, Sudán, Suriname, Suiza, Timor Leste, Uganda, Uzbekistán. Disponível em: http://documents-dds-ny.un.org/doc/UNDOC/GEN/N05/249/43/pdf/N0524943.pdf?OpenE lement. Acesso em: 15 jan. 2006.

[112] Votos en contra: Belarús, Bélgica, Brasil, Bulgaria, Camboya, Canadá, China, Chipre, Colombia, Cuba, Dinamarca, Estonia, Finlandia, Francia, Grecia, India, Islandia, Jamaica, Japón, Letonia, Lituania, Luxemburgo, Noruega, Nueva Zelandia, Países Bajos, Polonia, Reino Unido de Gran Bretaña e Irlanda del Norte, República Checa, República de Corea, República Popular Democrática de Corea, Singapur, Suecia, Tailandia, Tonga, Venezuela (República Bolivariana de). Disponível em: http://documents-dds-ny.un.org/doc/UNDOC/GEN/N05/249/43/pdf/N0524943.pdf?OpenElement. Acesso em: 15 jan. 2006.

[113] "Brasil rechaça tratado contra a clonagem. O Brasil decidiu votar contra a declaração da ONU que proíbe todo o tipo de clonagem, reprodutiva ou terapêutica, voltada para às pesquisas com células tronco (...) Explicando o voto, o representante brasileiro Vergniaud Elyseu Filho

Após recordarem a Declaração Universal sobre o Genoma Humano e os Direitos Humanos (e, em particular, o seu art. 11, no sentido de que não devem ser permitidas as práticas que sejam contrárias à dignidade humana, como a clonagem com finalidade de reprodução de seres humanos), enfatizando estarem conscientes da problemática posta pelos avanços científicos, bem como convencidos da necessidade de prevenir os possíveis perigos da clonagem humana para a dignidade humana, declararam, por maioria, o seguinte:

a) que os Estados Membros haverão de adotar todas as medidas necessárias para proteger adequadamente a vida humana, na aplicação das ciências biológicas;

b) que os Estados Membros haverão de proibir todas as formas de clonagem humana na medida em que sejam incompatíveis com a dignidade humana e a proteção da vida humana;

c) que os Estados Membros haverão de adotar as medidas necessárias para o fim de proibir a aplicação das técnicas de engenharia genética que possam ser contrarias à dignidade humana;

d) que os Estados Membros haverão de adotar medidas para impedir a exploração da mulher, na aplicação das ciências biológicas;

e) que os Estados Membros haverão de promulgar e aplicar sem demora a legislação nacional para pôr em prática todos os itens anteriores ("a" até "d");

f) que os Estados Membros haverão ademais de levar em conta, em seus financiamentos às investigações médicas, incluídas as ciências biológicas, questões prementes de alcance mundial como HIV/SIDA, a tuberculose e a malária, que afetam particularmente os países em desenvolvimento.

2.2. A CONVENÇÃO SOBRE OS DIREITOS DO HOMEM E DA BIOMEDICINA (CDHB)

A Convenção sobre os Direitos do Homem e da Biomedicina[115] (CDHB-1997) é particularmente importante porque diversos países, de

afirmou que deveria haver mais informações científicas e debates antes da decisão final sobre os méritos da clonagem terapêutica, destacando que a votação deixou explícita "a grande divisão hoje existente na comunidade internacional sobre esse importante assunto científico". Disponível em: http://www.onu-brasil.org.br/view_news.php?id=1889. Acesso em: 15 jan. 2006.

[114] Abstenciones: Argelia, Argentina, Armenia, Azerbaiyán, Bahamas, Bahrein, Barbados, Botswana, Burkina Faso, Congo, Djibouti, Egipto, España, Ghana, Indonesia, Irán (República Islámica del), Iraq, Jordania, Kuwait, Líbano, Malasia, Maldivas, Malí, Mongolia, Namibia, Nepal, Níger, Omán, Pakistán, República Árabe Siria, República de Moldova, Rumania, Senegal, Serbia y Montenegro, Sierra Leona, Sri Lanka, Sudáfrica, Túnez, Turquía, Ucrania, Uruguay, Yemen, Zimbabwe. Disponível em: http://documents-dds-ny.un.org/doc/UN-DOC/GEN/N05/249/43/pdf/N0524943.pdf?OpenElement. Acesso em: 15 jan. 2006.

[115] Adotada pelo Comitê de Ministros do Conselho da Europa, em novembro de 1996, e assinada em Oviedo, em abril de 1997, vigorando a partir de dezembro de 1999, com 32 assinaturas e 19

culturas bem distintas, assinaram a Convenção e deverão ajustar suas legislações internas para efetivá-la.[116]

Quanto à mudança de rumo, durante o processo de elaboração da Convenção, enfatiza-se[117] o sentimento de uma necessidade: não limitar o conteúdo da convenção à mera declaração de alguns princípios gerais, adentrando especificamente em algumas matérias de importância capital. Não obstante isso, foram afastadas matérias altamente controvertidas, a exemplo da experimentação com embriões humanos.

Em linhas gerais, as partes convencionaram que protegerão a dignidade e a identidade de todos os seres humanos e que garantirão a todas as pessoas, sem discriminação, o respeito pela sua integridade e pelos outros direitos e liberdades fundamentais face às aplicações da biologia e da medicina, bem como deverão tomar as medidas necessárias, no direito interno, para efetivar o disposto na Convenção.[118] A CDHB reafirmou o primado do ser humano sobre os interesses exclusivos da sociedade ou da ciência,[119] traçou diretrizes no sentido da igualdade de acesso aos cuidados de saúde,[120] bem como consagrou o princípio do consentimento, estabelecendo uma série de medidas protetivas aos que não tenham capacidade para tanto.[121] Tratando especificamente de informações relativas à saúde, declarou que toda pessoa tem direito ao respeito da vida privada, tendo o direito de conhecer toda a informação recolhida sobre sua saúde, bem como ser respeitada quanto à vontade de não ser informada.[122]

No que tange ao genoma humano, estabeleceu que qualquer forma de discriminação contra uma pessoa, em razão do seu patrimônio genético, é proibida.[123] [124] Limitou os testes preditivos de doenças

---

ratificações, dentre elas Bulgária, Croácia, Cyprus, República Tcheca, Dinamarca, Estônia, Georgia, Grécia, Hungria, Islândia, Lituânia, Moldova, Portugal, Romênia, San Marino, Eslováquia, Eslovênia, Espanha, Turquia. Disponível em: http://conventions.coe.int. Acesso em: out. 2005. (Ver Anexo A).

[116] HARICHAUX, Michèle. La Protection des Libertés et Droits Corporels. Paris: Montchrestien, 1997, p. 4.

[117] ROMEO CASABONA, Carlos Maria. Genética y Derecho. Buenos Aires: Astrea, 2003, p. 51 e 59.

[118] Art. 1° da CDHB.

[119] Art. 2° da CDHB.

[120] Art. 3° da CDHB.

[121] Arts. 5°, 6°, 7°, 8° e 9° da CDHB.

[122] Art. 10 da CDHB.

[123] Art. 11 da CDHB.

[124] SILVA, Paula Martinho da. Convenção dos Direitos do Homem e da Biomedicina (Anotada). Lisboa: Cosmos, 1997, p. 51. Reconhecendo os notáveis avanços no que tange ao conhecimento da "cartografia do genoma humano" e os benefícios dos testes genéticos em matéria de saúde, entretanto destacando uma possível utilização perversa dos mesmos, se transformados em instrumentos de discriminação e de seleção. De qualquer forma, esclarece que se trata de um rechaço às discriminações injustificadas, "não se aplicando às medidas de "discriminação positiva" que possam ser postas em prática com vista a restabelecer um certo equilíbrio em favor das pessoas desfavorecidas em função do seu patrimônio genético".

genéticas, ou os que sirvam para identificar pessoa portadora de gene responsável por uma doença, apenas para fins médicos e sob reserva de aconselhamento genético adequado.[125] [126] Admitiu intervenções no genoma humano, desde que restritas a finalidades terapêuticas, preventivas ou de diagnóstico, e, também, desde que não introduzam modificações no genoma de qualquer descendente.[127] [128] Condenou a seleção do sexo na assistência médica à procriação, salvo para evitar doença grave ligada ao sexo.[129] [130]

Estabeleceu que a investigação científica deverá ser efetuada livremente, sob as reservas do disposto na Convenção de Biomedicina e em outras disposições legais que assegurem a proteção do ser humano,[131] e estabeleceu, ainda, uma série de proteções às pessoas submetidas a uma investigação científica[132] (falta de alternativa, avaliação de riscos, informação, consentimento, aprovação prévia pela enti-

---

[125] Art. 12 da CDHB.

[126] SILVA, Paula Martinho da. *Convenção dos Direitos do Homem e da Biomedicina (Anotada).* Lisboa: Cosmos, 1997, p. 52-53. Refere a autora que atualmente é possível diagnosticar, com precisão, alguns genes responsáveis por doenças graves ou, ainda, o diagnóstico de uma predisposição a doenças, mas enfatiza, especialmente quanto ao último caso, que o simples fato de se detectar um gene específico para uma doença não significa que se possa determinar as conseqüências futuras sobre a pessoa testada, isso porque há influência de vários fatores externos (alimentação, tabagismo, modo de vida) em jogo. Os testes preditivos podem ser críticos no que tange ao diagnóstico de "doenças de desenvolvimento tardio para as quais ainda não existe tratamento na actualidade", podendo criar, inclusive, "uma nova categoria de indivíduos que não estão presentemente doentes, mas que têm razões para esperar desenvolver determinada doença", o que poderá acobertar novas formas de discriminação. Quanto à faceta ambivalente desses testes preditivos, aponta que tanto podem auxiliar na diminuição das doenças profissionais quanto podem ser usados para justificar práticas discriminatórias por parte dos empregadores.

[127] Art. 13 da CDHB.

[128] SILVA, Paula Martinho da. *Convenção dos Direitos do Homem e da Biomedicina (Anotada).* Op. cit., p. 54-55. "A terapia germinal é, pelas suas conseqüências futuras, a que mais apreensões oferece do ponto de vista ético. Esta terapia é proibida em legislações de alguns países como a Suécia, e assim tem entendido igualmente o Conselho da Europa (Recomendação nos 934 e 1100). No entanto, estas proibições têm fundamento sobretudo porque o actual estado do conhecimento científico não oferece condições de segurança e probabilidades de êxito. Tem também aqui o seu peso, a questão de saber se o recurso a esta técnica não colidirá com o eventual direito que as gerações futuras terão em herdar um patrimônio genético não manipulado". Destaca que a terapia gênica de células somáticas está ainda em fase experimental, e que devem ser respeitadas as normas relativas às investigações científicas (art. 15 e seguintes da Convenção), pondo em relevo que "embora as intervenções com o objectivo de modificação do genoma da descendência sejam interditas pela Convenção, de acordo com o relatório explicativo podem ser admitidas excepções, dentre elas a que incidir em espermatozóides ou óvulos destinados à fecundação se for efectuada *in vitro* e com a aprovação de um comitê de ética de outra instância competente e aquelas intervenções que, tendo um fim somático, tenham como efeito secundário não pretendido o de afectar a linha germinal (...) ".

[129] Art. 14 da CDHB.

[130] SILVA, Paula Martinho da. Op. cit., p. 55. Para a autora, a proibição da seleção do sexo deve-se à inadmissibilidade de "selecção de vidas humanas em função de características (sexo, características físicas).

[131] Art. 15 da CDHB.

[132] Art. 16 da CDHB.

dade competente), inclusive àquelas que não tenham capacidade para consentir[133] (aqui agregando especialmente o benefício direto e real, dentre outras). Proibiu expressamente a criação de embriões humanos para fins de investigação, e, quando a investigação em embriões *in vitro* for admitida pela lei, afirmou que esta deverá assegurar uma proteção adequada ao embrião.[134] [135]

Tratou da coleta de órgãos e tecidos *pos mortem* e de doadores vivos para fins de transplante,[136] condenando fontes de lucro a partir do corpo humano e suas partes.[137] Estabeleceu que os convenentes deverão assegurar uma proteção jurisdicional apropriada, a fim de prevenir ou fazer cessar, em curto prazo, uma violação ilícita dos direitos e princípios estabelecidos na Convenção.[138]

Lebreton[139] sintetiza afirmando que o respeito ao indivíduo se traduz, na Convenção de Oviedo, a partir de três princípios retores: exigência de consentimento, direito à informação e não instrumentalização do corpo humano. Acrescenta que há interdição à constituição de embriões para fins de pesquisa, bem como à clonagem de seres humanos, isto a partir do protocolo adicional de 12/01/98, tecendo severas críticas à timidez da Convenção no que se refere às pesquisas utilizando embriões *in vitro*, autorizadas com a fluida condição de que a lei estabeleça uma proteção adequada.

Quanto aos Protocolos adicionais, até o presente momento são três: o que proíbe a clonagem[140] (12/01/98), o relativo ao transplante de órgãos e tecidos de origem humana[141] (24/01/02) e o relativo à Inves-

---

[133] Art. 17 da CDHB.

[134] Art. 18 da CDHB.

[135] SILVA, Paula Martinho da. Op. cit., p. 64. "Este artigo não toma posição sobre a admissibilidade do princípio da experimentação em embriões *in vitro*. No entanto, é interdita a constituição de embriões humanos para fins experimentais. Uma vez admitida a investigação em embriões na lei nacional de cada estado, esta deverá assegurar uma proteção adequada ao embrião", destacando que no que tange à experimentação em embriões há legislações das mais díspares, como a inglesa e a alemã.

[136] Arts. 19 e 20 da CDHB.

[137] Art. 21 da CDHB.

[138] Art. 23 da CDHB.

[139] LEBRETON, Gilles. *Libertes Publiques & Droits de L'Homme*. 5.ed. Paris: Dalloz, 2001, p. 245.

[140] Protocolo adicional à Convenção para a Proteção dos Direitos do Homem e da Dignidade do Ser Humano Face às Aplicações da Biologia e da Medicina, que proíbe a clonagem de seres humanos. Os signatários, após uma série de considerandos, acordaram nos seguintes aspectos, dentre outros: 1) é proibida qualquer intervenção cuja finalidade seja a de criar um ser humano geneticamente idêntico a outro ser humano, vivo ou morto. 2) Na acepção do presente artigo, a expressão ser humano «geneticamente idêntico» a outro ser humano significa um ser humano que tem em comum com outro o mesmo conjunto de genes nucleares (art. 1). Disponível em: http://conventions.coe.int. Acesso em: 14 out. 2005. (Ver Anexo A).

[141] Este protocolo foi assinado em Estrasburgo, dia 24/01/2002, e não está em vigor, já que necessita no mínimo 5 ratificações, das quais 4 devem ser de Países-Membros do Conselho Europeu. Disponível em: http://conventions.coe.int. Acesso em: 14 out. 2005. (Ver Anexo A).

tigação Biomédica[142] (25/01/05) e, ainda o Relatório relativo à proteção do embrião humano *in vitro* (19/06/03), preparatório a futuro protocolo sobre esta matéria.

2.3. A CARTA EUROPÉIA DE DIREITOS FUNDAMENTAIS E A IDÉIA DA CONSTITUIÇÃO EUROPÉIA

A proclamação da Carta Européia de Direitos Fundamentais, em 7 de dezembro de 2000, na cidade de Nice, muito embora ainda não tenha caráter juridicamente vinculante,[143] parece confirmar uma tendência evolutiva no sentido de se obter, no âmbito da União Européia, um sistema autônomo de proteção das liberdades, isso porque reafirmou, em 54 artigos (organizados em 6 capítulos: dignidade, liberdade, igualdade, solidariedade, cidadania e justiça), o que já estava assegurado na Convenção Européia dos Direitos do Homem (1950), tendo acrescentado às disposições o reconhecimento de novos direitos, como o direito à integridade física e mental em face da medicina e da biologia, proibindo a clonagem humana reprodutiva e as práticas de eugenia,[144] dentre outros direitos, não deixando dúvidas quanto à intenção de adotar um texto amplo e completo, a contemplar as necessidades atuais.[145] No panorama da União Européia, anteriormente à mencionada Carta de Direitos Fundamentais, já se vislumbrava algumas iniciativas do Parlamento Europeu nos domínios da biomedicina, especialmente na Resolução de 16/03/89, que descortinou a

[142] Este protocolo foi assinado em Estrasburgo, dia 25/01/2005, e não está em vigor, já que necessita no mínimo 5 ratificações, das quais 4 devem ser de Países-Membros. Disponível em: http://conventions.coe.int. Acesso em: 14 out. 2005. (Ver Anexo A).

[143] Dos 25 Estados-Membros da União Européia, treze (13) já ratificaram a Constituição européia, dois por referendo (Luxemburgo e Espanha) e onze por via parlamentar (Alemanha, Áustria, Chipre, Grécia, Hungria, Itália, Letônia, Lituânia, Malta, Eslovénia e Eslováquia). Rejeitaram a Constituição européia: Holanda e França (referendo popular na Holanda: rejeição do tratado por 62% dos eleitores holandeses, em junho de 2005; referendo popular na França: rejeição da Constituição européia por 55% dos franceses, em maio de 2005. Ainda sem definição, dez (10) Estados-Membros: Bélgica, Suécia, Finlândia, Dinamarca, Polônia, Portugal, República Tcheca, Irlanda, Reino Unido, Estônia. Disponível em: http://www.europarl.eu.int/news/public/focus_page/008-975-255-9-37-901-20050819FCS00974-12-09-2005-2005/default_pt.htm. Acesso em: 10 out. 2005.

[144] Artigo 3 da CEDF (artigo II – 63 da Constituição européia) : Direito à integridade do ser humano.
1. Todas as pessoas têm direito ao respeito pela sua integridade física e mental.
2. No domínio da medicina e da biologia, devem ser respeitados, em particular:
a) o consentimento livre e esclarecido da pessoa, nos termos da lei,
b) a proibição das práticas eugênicas, nomeadamente das que têm por finalidade a seleção das pessoas,
c) a proibição de transformar o corpo humano ou as suas partes, enquanto tais, numa fonte de lucro,
d) a proibição da clonagem reprodutiva dos seres humanos.

[145] LEBRETON, Gilles. *Libertes Publiques & Droits de L'Homme*. 5.ed. Paris: Dalloz, 2001, p. 244.

discussão acerca do genoma humano e problemáticas daí decorrentes, e na Resolução de 11/03/97, defendendo a proibição da clonagem humana e recomendando o bloqueio de ajudas financeiras comunitárias, bem como a adoção de regras fundadas no respeito à dignidade humana, e, por fim, na Diretiva 98/44/CE de 06/07/98, que trata das intervenções biotecnológicas e da não patenteabilidade do processo de clonagem humana, dentre outros aspectos.[146]

2.4. CONSTITUIÇÃO SUÍÇA E CONSTITUIÇÃO PORTUGUESA: exemplos do direito constitucional comparado

Em que pese problemática estar hoje posta em termos de direitos fundamentais, o que indubitavelmente justificaria tratamento constitucional compatível com essa nova realidade da biomedicina, isso ainda não foi adotado, salvo em alguns casos isolados, que veremos a seguir.

No âmbito constitucional, a Suíça foi pioneira em estabelecer limites aos avanços da genética, isso no ano de 1992. Romeo Casabona[147] refere alterações posteriores a 92, quando as normas constitucionais concernentes à temática passaram a constar especificamente nos artigos 118, 119 e 120 da Constituição da Confederação Helvética, que tratam da proteção da saúde, da procriação medicamente assistida e da engenharia genética no âmbito humano, dos transplantes e da engenharia genética no âmbito não-humano, enquanto matérias reservadas à competência legislativa da Confederação, isso "sem pré-julgar sua natureza ou não de direitos fundamentais", tecendo severas críticas à falta de definição da natureza jurídica dessas normas, bem como destacando a impropriedade de uma regulação tão detalhada e tão excessivamente proibitiva, matéria que entende ser mais apropriada ao direito sancionador.

A norma constante no art. 119 da Constituição suíça declara que o ser humano deve ser protegido contra os abusos em matéria de procriação medicamente assistida e de engenharia genética,[148] bem como determina que a Confederação legisle quanto à utilização do patrimônio germinal e genético humano, assegurando a proteção da dignidade humana, da personalidade e da família,[149] orientada particu-

---

[146] OTERO, Paulo. *Personalidade e Identidade Pessoal e Genética do ser Humano:* um Perfil Constitucional da Bioética. Coimbra: Almedina, 1999, p. 99 e ss.

[147] ROMEO CASABONA, Carlos Maria. *Genética y Derecho.* Buenos Aires: Astrea, 2003, p. 18. O artigo 24, introduzido em 1992, é no sentido de que o material genético de uma pessoa não poderá ser analisado, registrado ou revelado sem o seu prévio consentimento, salvo quando expressamente a lei autorize ou imponha.

[148] Art. 119, parte 1.

[149] Art. 119, parte 2.

larmente pelos seguintes princípios: proibição de qualquer forma de clonagem e de intervenção no patrimônio genético dos gametas e dos embriões humanos;[150] inadmissibilidade da fusão entre o patrimônio genético humano e não-humano;[151] admissibilidade do recurso às técnicas de reprodução assistida somente nos casos em que a infertilidade não possa ser excluída ou no caso de perigo de transmissão de doenças graves, e não para escolha de determinadas características ou para fins de investigação; somente admite a fecundação de óvulos humanos fora do corpo da mulher nos casos e condições previstas em lei; determina a implantação de todos os óvulos fecundados fora do corpo da mulher,[152] proíbe a doação de embriões e todas as formas de maternidade de substituição;[153] não permite o comércio de material germinal humano e nem mesmo dos produtos do embrião,[154] admite a investigação do patrimônio genético de uma pessoa somente com o consentimento desta ou em virtude de lei,[155] declarando que toda pessoa terá acesso aos dados relativos aos seus ascendentes.[156]

No direito português, em sede de revisão constitucional, o termo identidade genética foi acolhido, apontando para que o genoma seja não só inviolável como também irrepetível, seja basicamente fruto do acaso e não da heterodeterminação, revelando o substrato fundamental da identidade pessoal, enquanto expressão da dignidade do ser humano. A Constituição da República Portuguesa igualmente inovou quando, a partir da revisão constitucional de 1997, consagrou expressamente a garantia da dignidade pessoal e da identidade genética do ser humano, introduzida no art. 26 da Constituição da República Portuguesa (CRP).[157] Neste contexto, cabe transcrever as palavras de Otero:[158]

---

[150] Art. 119, parte 2, *a*.

[151] Art. 119, parte 2, *b*.

[152] Art. 119 da Constituição suíça, parte 2, *c*.

[153] Art. 119 da Constituição suíça, parte 2, *d*.

[154] Art. 119 da Constituição suíça, parte 2, *e*.

[155] Art. 119 da Constituição suíça, parte 2, *f*.

[156] Art. 119 da Constituição suíça, parte 2, *g*.

[157] Artigo 26 da CRP (Outros direitos pessoais).
"1. A todos são reconhecidos os direitos à identidade pessoal, ao desenvolvimento da personalidade, à capacidade civil, à cidadania, ao bom nome e reputação, à imagem, à palavra, à reserva da intimidade da vida privada e familiar e à protecção legal contra quaisquer formas de discriminação.
2. A lei estabelecerá garantias efectivas contra a obtenção e utilização abusivas, ou contrárias à dignidade humana, de informações relativas às pessoas e famílias.
3. A lei garantirá a dignidade pessoal e a identidade genética do ser humano, nomeadamente na criação, desenvolvimento e utilização das tecnologias e na experimentação científica.
4. A privação da cidadania e as restrições à capacidade civil só podem efectuar-se nos casos e termos previstos na lei, não podendo ter como fundamento motivos políticos."
[158] OTERO, Paulo. *Personalidade e Identidade Pessoal e Genética do ser Humano*. Op. cit., p. 85.

O patrimônio genético de cada indivíduo, constituindo um meio de identificação da pessoa física, passou a ser objecto de uma tutela constitucional autónoma, configurando-se a identidade genética humana como um bem jurídico-constitucional que integra a actual "consciência jurídica comunitária".

No mesmo sentido as lições de Andrade,[159] para quem a revisão constitucional portuguesa, de 1997

Trouxe sobretudo a afirmação expressa do direito ao desenvolvimento da personalidade, a garantia da dignidade pessoal e da identidade genética do ser humano, bem como os direitos processuais a uma tutela judicial efectiva e célere – uma reafirmação de aspectos fundamentais do estatuto jurídico da humanidade nos tempos de hoje.

Por derradeiro, abstraídas as questões de conteúdo, não há como deixar de reconhecer que esses dois textos constitucionais constituem as primeiras referências no âmbito de um direito à identidade genética do ser humano, configurando o *núcleo de un derecho constitucional de la biomedicina.*[160]

Como já manifestado anteriormente, urge frisar o traço comum que emerge de todos os textos colacionados: o de que a comunidade internacional compartilha severas preocupações com os avanços decorrentes da genética aplicada às ciências da vida, e que, indubitavelmente, busca-se definir normas que estejam em consonância com o respeito aos direitos dos homens.[161]

No complexo contexto apresentado agrega-se, ainda, a questão de enfrentar o problema da titularidade dos direitos fundamentais. No plano científico, o dilema atual consiste em determinar qual o momento em que o fruto da concepção (o embrião) começa a ser pessoa, afetada de dignidade. Há quem reclame plena proteção jurídica ao embrião desde a concepção, considerando-o como sujeito de direitos, e, no extremo oposto, há quem sustente que o embrião não é pessoa, e que, como não é sujeito de direitos, teria apenas meros interesses a serem protegidos.

Acredita-se que seria de eficácia muito restrita estabelecer uma proteção jurídico-constitucional da identidade genética da pessoa humana (enquanto base biológica da identidade pessoal), sem que a abrangência dessa proteção fosse desde a concepção.[162]

---

[159] ANDRADE, José Carlos Vieira de. *Os Direitos Fundamentais na Constituição Portuguesa de 1976.* 2.ed. Coimbra: Almedina, 2001, p. 8.

[160] ROMEO CASABONA, Carlos Maria. *Genética y Derecho.* Buenos Aires: Astrea, 2003, p. 19.

[161] OTERO, Paulo. *Personalidade e Identidade Pessoal e Genética do ser Humano.* Op. cit., p. 96.

[162] ANDORNO, Roberto. *La Bioéthique et la Dignité de la Personne.* Collection Médecine et Société. Paris: Presse Universitaires de France, 1997, p. 93. O questionamento do autor é o seguinte: "quelle serait l'efficacité d'une protection générale de l'identité humaine si elle venait à être livrée à son propre sort lorsque elle est plus faible?". E mais, que a passagem sub-reptícia à vida humana produzida aporta riscos cada vez maiores de eugenia, especialmente porque os embriões fecundados *in vitro* estão mais sujeitos à lógica da eficácia que os embriões concebidos naturalmente, p. 64, 77 e 78.

A partir do exposto, coloca-se um problema recorrente tanto para os filósofos quanto para os juristas: a noção de dignidade da pessoa humana pode ser aplicada ao embrião humano, ou não? No intuito de trazer algumas luzes à discussão travada no plano jurídico, serão examinados, na continuidade deste estudo, alguns fundamentos filosóficos da dignidade da pessoa humana, sem os quais não se lograria obter uma fundamentação jurídico-constitucional consistente. Esclareça-se que a análise estará centrada em quatro concepções diversas de dignidade, quais sejam, as clássicas contribuições de Kant e de Hegel e, contemporaneamente, as concepções de Dworkin e de Habermas que, dentre outras, muito têm influenciado os juristas. Ressalte-se que estas concepções filosóficas da dignidade da pessoa humana não são excludentes e devem ser conhecidas pelos operadores do direito, isso não somente à guisa de uma tomada de posição, mas especialmente para uma compreensão jurídica da dignidade da pessoa humana, notadamente no que tange a decisões cruciais em matéria de direitos fundamentais.

3. Compreensão da noção de dignidade da pessoa humana

Preliminarmente, cumpre enfatizar que a idéia da dignidade como valor intrínseco da pessoa humana tem sido pensada e reconstruída ao longo da história dos homens, isso desde os filósofos da antigüidade clássica, passando pelos aportes dos pensadores da idade média, especialmente impregnados do ideário cristão, cuja evolução histórica, nos períodos subseqüentes, apontou a racionalidade inerente ao ser humano como parâmetro norteador.

Tais esclarecimentos prévios são imprescindíveis porque se realizou, neste estudo, um brusco corte, partindo da concepção de dignidade de Immanuel Kant que, de certa forma, completou "o processo de secularização da dignidade, que, de vez por todas, abandonou suas vestes sacrais".[163]

O exame dos fundamentos filosóficos da dignidade da pessoa humana está centralizado, neste trabalho, em quatro concepções de dignidade: a concepção de Immanuel Kant, a concepção de Georg Wilhelm Friedrich Hegel, a concepção de Ronald Dworkin e a concepção de Jürgen Habermas.

Há que apresentar uma justificativa, ainda que sucinta, da opção pelos mencionados autores. Reitera-se que nosso ponto de partida é a concepção kantiana de dignidade porque Kant, abrindo outros caminhos, culminou o processo de secularização da dignidade, buscando o seu fundamento na autonomia da vontade do ser humano, como ser racional, o que, por si só, já explica a marcante influência da matriz kantiana no pensamento contemporâneo ocidental.[164]

---

[163] SARLET, Ingo Wolfgang. *Dignidade da Pessoa Humana e Direitos Fundamentais na Constituição Federal de 1988.* 3.ed. rev. atual. ampl. Porto Alegre: Livraria do Advogado, 2004, p. 32.

[164] STARCK, Christian. "El Estatuto Moral del Embrión". *Revista Derecho y Genoma Humano* n. 15, p. 145-147, 2001. O autor refere que "la dignidad inherente a los seres humanos *se aplica ya al embrión*" e que "el concebido, y no sólo el nacido, es definido por Kant categóricamente como persona, como um ser dotado de libertad"; MIRANDA, Jorge. *Manual de Direito Constitucional.* 3.ed. rev. atual. Coimbra: Editora Coimbra, 2000, tomo IV, p. 183-184, no sentido de que a dignidade pressupõe racionalidade e autonomia; LOUREIRO, João Carlos Gonçalves. O Direito à Identidade Genética do Ser Humano. In: *Portugal-Brasil Ano 2000.* (Edição do Boletim da Faculdade de Direito de Coimbra), Coimbra: Editora Coimbra, 1999, p. 281. A dignidade humana é "o valor intrínseco, originariamente reconhecido a cada ser humano, fundado na sua autono-

Ocorre que, à guisa de uma perspectivação mais abrangente, não há como deixar de examinar outras ricas e complexas concepções filosóficas de dignidade que, embora não deixem de acolher elementos centrais do pensamento de Kant, têm incluído outros aspectos nas suas respectivas leituras, como é o caso, entre outros, de Canotilho,[165] Haberle,[166] Kloepfer,[167] Sarlet.[168] Neste contexto é que se insere o aporte filosófico de Hegel e, contemporaneamente, o aporte de Habermas, filósofos que, cada um a seu tempo,[169] avançaram no sentido de ampliar a compreensão da dignidade da pessoa humana. Hegel vislumbrou o reconhecimento recíproco como fundamento da dignidade, notadamente no âmbito das instituições sociais da família, da sociedade civil e do Estado, enquanto Habermas aprimorou o debate em torno do caráter intersubjetivo da dignidade, colocando em destaque a sua dimensão comunicativa.

Buscando ampliar os horizontes da análise, agregou-se, ainda, a concepção de dignidade de Ronald Dworkin, que, juntamente com Jürgen Habermas, tem enfrentado especificamente as controvérsias em

---

mia ética e que alicerça uma obrigação geral de respeito da pessoa, traduzida num feixe de deveres e de direitos correlativos"; DWORKIN, Ronald. *El Dominio de la Vida. Una Discusión Acerca del Aborto, la Eutanasia y la Libertad Individual.* Tradução de Ricardo Caracciolo e Victor Ferreres. 1ª reimp. Barcelona: Ariel, 1998, p. 309; SILVA, José Afonso da. "A Dignidade da Pessoa Humana como Valor Supremo da Democracia". *Revista de Direito Administrativo*, n. 212, p. 90, abr.-jun. 1998; ROCHA, Cármen Lúcia Antunes. "O Princípio da Dignidade da Pessoa Humana e a Exclusão Social". *Revista Interesse Público*, n. 4, p. 27, 1999; SILVA, Reinaldo Pereira e. *Introdução ao Biodireito:* Investigações Político-Jurídicas sobre o Estatuto da Concepção Humana. São Paulo: LTr, 2002, p. 192. Leciona o autor que o reconhecimento da dignidade de cada pessoa humana repousa no fato da pessoa ter "a potencialidade de se determinar, por intermédio da razão, para a ação da liberdade"; MORAES, Maria Celina Bodin de. *Danos à Pessoa Humana*: uma Leitura Civil-Constitucional dos Danos Morais. Rio de Janeiro: Renovar, 2003. p. 81.

[165] CANOTILHO, José Joaquim Gomes. *Direito Constitucional e Teoria da Constituição.* 7.ed. Coimbra: Almedina, 2004, p. 225-226. Referindo que "a dignidade da pessoa humana exprime a abertura da República à idéia de comunidade constitucional inclusiva pautada pelo multiculturalismo mundividencial, religioso ou filosófico".

[166] HÄBERLE, Peter. A Dignidade como Fundamento da Comunidade Estatal. Tradução de Rita Dostal Zanini. In: SARLET, Ingo Wolfgang (Org.). *Dimensões da Dignidade:* Ensaios de Filosofia do Direito e Direito Constitucional. Porto Alegre: Livraria do Advogado, 2005, p. 123 e ss.

[167] KLOEPFER, Michael. Vida e Dignidade da Pessoa Humana. Tradução de Rita Dostal Zanini. In: SARLET, Ingo Wolfgang (Org.). *Dimensões da Dignidade:* Ensaios de Filosofia do Direito e Direito Constitucional. Porto Alegre: Livraria do Advogado, 2005, p. 182 e ss.

[168] SARLET, Ingo Wolfgang. *Dignidade da Pessoa Humana e Direitos Fundamentais na Constituição Federal de 1988.* 3.ed. rev. atual. ampl. Porto Alegre: Livraria do Advogado, 2004, p. 36 e 59. SARLET, Ingo Wolfgang. As Dimensões da Dignidade da Pessoa Humana: Construindo uma Compreensão Jurídico-Constitucional Necessária e Possível. In: SARLET, Ingo Wolfgang (Org.). *Dimensões da Dignidade:* Ensaios de Filosofia do Direito e Direito Constitucional. Porto Alegre: Livraria do Advogado, 2005, p. 22 e ss.

[169] HEGEL, Georg Wilhelm Friedrich. *Princípios da Filosofia do Direito.* Tradução de Orlando Vitorino. São Paulo: Martins Fontes 1997. Título original: [Grundlinien der Philosophie der Rechts], no prefácio, p. XXXVII: "A missão da filosofia está em conceber o que é, porque o que é a razão. No que se refere aos indivíduos, cada um é filho do seu tempo; assim também para a filosofia que, no pensamento, pensa o seu tempo".

torno das novas possibilidades abertas pela engenharia genética. De tal sorte, antes de examinar especificamente o debate travado na seara da biomedicina (o que será analisado no capítulo seguinte), há que apresentar as concepções de dignidade destes dois filósofos da atualidade, pensadores cujas contribuições são essenciais à presente pesquisa.

Ressalte-se que essas concepções de dignidade, muito embora diversas, não guardam entre si uma relação de mútua exclusão, ensejando, aliás, um rico e fértil elo de complementaridade, como será examinado a seguir, especialmente no que tange à compreensão jurídica da dignidade humana no âmbito das novas tecnologias da biomedicina.

3.1. DIGNIDADE DA PESSOA HUMANA:
algumas concepções filosóficas

3.1.1. Dignidade em Kant

3.1.1.1. A autonomia como fundamento da dignidade

Para Immanuel Kant,[170] o fundamento da dignidade humana repousa na autonomia do ser humano, na condição de ser racional. Quanto ao significado dessa autonomia da vontade, sob a perspectiva kantiana, deve ser entendida como "faculdade de se determinar a si mesmo a agir em conformidade com a representação de certas leis", capacidade esta encontrada apenas nos seres racionais.

Neste contexto é que se destaca o imperativo categórico da ética kantiana, isso como critério norteador dos seres racionais, que é o seguinte: "Age apenas segundo uma máxima tal que possas ao mesmo tempo querer que ela se torne lei universal",[171] ou, dito de outra forma, "Age como se a máxima da tua acção se devesse tornar, pela tua vontade, em *lei universal da natureza*".[172]

Interessante notar que, a partir do critério racionalidade, o autor refere-se aos seres irracionais como coisas às quais confere um valor relativo, como meios, enquanto, por outro lado, refere-se aos seres racionais como pessoas, impregnadas de dignidade, notadamente "porque a sua natureza os distingue já como fins em si mesmos, quer

---

[170] KANT, Immanuel. *Fundamentação da Metafísica dos Costumes*. Lisboa: Edições 70, 1986, p. 79 e 67.

[171] Idem, p. 59.

[172] Idem, p. 59-60. O autor trabalha com os exemplos práticos do suicídio, da tomada de empréstimo com promessa enganosa de pagar posteriormente, bem como com o exemplo do ócio, como vontades que não podem ser universalizadas. Destaca, em p. 62, que "Temos que *poder querer* que uma máxima da nossa acção se transforme em lei universal: é este o cânone pelo qual a julgamos moralmente em geral".

dizer como algo que não pode ser empregado como simples meio e que, por conseguinte, limita nessa medida todo o arbítrio (e é um objeto de respeito)".[173]

3.1.1.2. O homem como fim em si mesmo e jamais como mero meio

Sob os referenciais anteriormente mencionados, Kant[174] afirma que o homem (e de uma maneira geral todo ser racional) *"existe* como fim em si mesmo, *não só como meio* para o uso arbitrário desta ou daquela vontade". No plano prático, então, o agir humano, seja em relação a si próprio, seja em relação aos outros, tem como parâmetro norteador a idéia de humanidade simultaneamente como fim e jamais como simples meio. Eis o imperativo prático kantiano: "Age de tal maneira que uses a humanidade, tanto na tua pessoa como na pessoa de qualquer outro, sempre e simultaneamente como fim e nunca simplesmente como meio".[175]

Sobre a formulação do homem como fim em si mesmo merece relevo a seguinte questão: o que significa tratar a pessoa simultaneamente como fim e o que significaria tratá-la como mero meio? Para Weber,[176]

> Tratar a humanidade na sua pessoa como fim implica tratar o ser humano ou os seres racionais como fins. Humanidade implica distintas capacidades, como a de agir por meio de princípios incondicionais; a de exercer a liberdade; e de agir de modo não-imediato; a de entender o mundo.

Parte-se de alguns exemplos para ilustrar a questão: tratar o outro como simples meio significa manipular o outro, ou seja, o outro não pode consentir, ou, dito de outra forma, significa impedir o consentimento do outro, já que não fica aberta uma porta para o reconhecimento do ato (é o caso da falsa promessa). O ponto distintivo é que se admite a possibilidade de usar o outro como meio, desde que ele possa dar o seu consentimento, a exemplo do carteiro que leva a carta ao seu destino: não nos valemos dele "simplesmente" como meio (o carteiro não somente conhece a sua função como também consente com a nossa intenção). Conclui-se que "tratar, portanto, alguém como fim significa colocar a humanidade no desenvolvimento da ação como fim. Há um conteúdo formal *a priori* que é a humanidade".[177]

---

[173] KANT, Immanuel. *Fundamentação da Metafísica dos Costumes.* Lisboa: Edições 70, 1986, p. 68.

[174] Ibidem.

[175] Idem, p. 69. Em p. 81, adverte que "o fim aqui não deverá ser concebido como um fim a alcançar, *mas sim* como fim *independente*, portanto só de maneira negativa; quer dizer: nunca se deverá agir contra ele, e não deve ser avaliado nunca como simples meio, mas sempre simultaneamente como fim em todo o querer".

[176] WEBER, Thadeu. *Ética e Filosofia Política:* Hegel e o Formalismo Kantiano. Porto Alegre: EDIPUCRS, 1999, p. 39.

[177] Idem, p. 40.

À guisa de uma síntese, há que se tecer uma consideração acerca da concepção kantiana de dignidade: esta dimensão é ontológica porque atrelada "à concepção da dignidade como uma qualidade intrínseca da pessoa humana",[178] cujo núcleo está na vontade autônoma e no direito de autodeterminação que a pessoa, abstratamente considerada, tem. Significa, então, a capacidade que o homem tem de pensar uma ação e, a partir da sua vontade autônoma, outorgar-se a sua própria lei.

Por derradeiro, e em que pese as críticas à concepção kantiana de dignidade (especialmente no sentido da dependência somente do critério da racionalidade[179] e da autofinalidade, configurando, quem sabe, uma deficiente proteção justamente daqueles mais carecedores da mesma, a exemplo dos deficientes mentais), destaque-se que o legado kantiano de dignidade está "no sentido de que a dignidade da pessoa humana, esta (pessoa) considerada como fim, e não mero meio, repudia toda e qualquer espécie de coisificação e instrumentalização do ser humano".[180]

Para além do relevante aporte kantiano, é preciso investigar caminhos diversos, ampliando os horizontes da investigação para outros aportes filosóficos igualmente essenciais, especialmente no que diz com a proteção e promoção jurídica da dignidade humana. Neste contexto, urge examinar uma perspectiva distinta: aquela que não partiu de qualidades intrínsecas da própria pessoa, mas sim da concepção de reconhecimento, via mediação de vontades, notadamente no âmbito das instituições sociais. Uma das notas distintivas de Hegel, como será examinado a seguir, foi a de analisar o papel das instituições sociais na formatação do tecido social, concretizando a idéia de liberdade a partir de um elo indissociável entre o individual (o particular) e o social (o coletivo), de uma esfera mais abstrata ("moralidade subjetiva"), rumo a uma esfera mais concreta, a da eticidade ("moralidade objetiva").

3.1.2. As esferas da dignidade em Hegel

Se, por um lado, não há como deixar de constatar que o conceito kantiano de dignidade repercutiu no pensamento de Hegel,[181] por

---

[178] SARLET, Ingo Wolfgang. As Dimensões da Dignidade da Pessoa Humana: Construindo uma Compreensão Jurídico-Constitucional Necessária e Possível. In: SARLET, Ingo Wolfgang (Org.). *Dimensões da Dignidade:* Ensaios de Filosofia do Direito e Direito Constitucional. Porto Alegre: Livraria do Advogado, 2005, p. 9.

[179] SEELMAN, Kurt. Pessoa e Dignidade da Pessoa Humana na Filosofia de HEGEL. Tradução de Rita Dostal Zanini. In: SARLET, Ingo Wolfgang (Org.). *Dimensões da Dignidade.* Op. cit., p. 46 e 48.

[180] SARLET, Ingo Wolfgang. *Dignidade da Pessoa Humana e Direitos Fundamentais na Constituição Federal de 1988.* 3.ed. rev. atual. ampl. Porto Alegre: Livraria do Advogado, 2004, p. 35-36.

[181] SEELMAN, Kurt. Pessoa e Dignidade da pessoa humana na filosofia de HEGEL. Tradução de Rita Dostal Zanini. In: SARLET, Ingo Wolfgang (Org.). *Dimensões da Dignidade.* Op. cit., p. 48-49.

outro, há que verificar a relevante contribuição deste pensador, notada-mente no que diz com as questões relativas ao reconhecimento da dignidade da pessoa humana, que encontra respaldo predominante-mente na família, na sociedade civil e no Estado, este enquanto instituição geral que "possibilita o reconhecimento do sujeito, isso é, a pessoa em sua peculiaridade individual de forma inclusiva em suas necessidades especiais".[182]

Hegel indubitavelmente avançou, em determinado aspecto, com relação a Kant. Enxergando o processo histórico como o "processo de concretização ou realização de Idéia da liberdade",[183] verificou que o reconhecimento, via mediação de vontades livres, é a chave para concretização da liberdade, e, indo adiante de Kant, concebeu a esfera da eticidade (moralidade objetiva) como o plano em que se dá a "mediação social da liberdade". E como se dá esse processo de mediação de vontades livres? Hegel[184] apontou um caminho:

> Com efeito, a natureza da humanidade consiste em esforçar-se por alcançar um acordo com os outros, e sua existência reside somente na instituição da comunidade das consciências. O anti-humano, o animal, consiste em permanecer no sentimento e em não poder comunicar-se senão por meio do sentimento.

O autor, analisando a obra Princípios de Filosofia do Direito, de Hegel, refere que suas três grandes partes remetem aos seguintes pontos: 1) na primeira parte, do direito abstrato, ao imperativo jurídico de "tratar os outros como pessoas" (§ 36), à "inalienabilidade da personali-dade como fundamento para a ilegalidade da escravidão" (§ 66), na pena do criminoso, que deve ser respeitado como ser racional (§ 100); 2) na segunda parte, a da moralidade (moralidade subjetiva), uma referência à vontade "que é, por si, infinita" (§ 105), bem como ao ratificar "o direito à satisfação subjetiva do indivíduo em honra e reputação" (§ 124); 3) na terceira parte, da eticidade (moralidade objetiva), há referências aos elementos kantianos de dignidade, seja concebendo a "monogamia como respeito à personalidade" (§ 167), seja ao tratar da "ética profissional como reconhecimento da particularidade definida do homem" (§ 207), seja afirman-do que "o homem é reconhecido como homem na jurisdição, não porque seja judeu, católico, protestante, alemão, italiano e assim por diante" (§ 209). No que tange às corporações, são concebidas como a "base do reconhecimento social nas quais o indivíduo possui a sua honra no seu lugar social" (§ 253), e, quanto ao Estado, é caracterizado como "instância na qual os indivíduos " tem, para si, o pleno desenvolvimento e reconhecimento do seu direito" (§ 260).

182 SEELMAN, Kurt. Pessoa e Dignidade da pessoa humana na filosofia de HEGEL. Tradução de Rita Dostal Zanini. In: SARLET, Ingo Wolfgang (Org.). *Dimensões da Dignidade*. Op. cit., p. 51.

183 WEBER, Thadeu. *Ética e Filosofia Política*: Hegel e o Formalismo Kantiano. Porto Alegre: EDIPUCRS, 1999, p. 63, 97 e 109. "Para Hegel, a possibilidade de dar-se a si próprio a lei implica a mediação das vontades dos outros; busca-se o universal através da mediação. (...) A concretiza-ção da liberdade exige, portanto, reconhecimento. (...) Hegel insiste mais no desdobramento objetivo das vontades", p. 75.

184 HEGEL, Georg Wilhelm Friedrich. *Fenomenologia do Espírito; Estética: a Idéia e o Ideal; Estética: o Belo Artístico e o Ideal; Introdução à História da Filosofia*. Traduções de Henrique Cláudio de Lima Vaz, Orlando Vitorino, Antônio Pinto de Carvalho. São Paulo: Abril Cultural, 1980 (Os pensadores). Título original: [Die Phaenomenologie des Geistes; Vorlesungen ueber die Aesthetik;Vorlesungen ueber die Geschichte der Philosophie], p. 38. Em página 14, afirma o seguinte: "Se o embrião é, sem dúvida, homem em si, no entanto ele não o é para si. O homem é para si tão-somente como razão formada, que a si mesma se fez o que já é em si: unicamente essa é a sua realidade efetiva. Mas tal resultado é, ele próprio, imediateidade simples, pois é a liberdade consciente-de-si que repousa em si e não pôs de lado a oposição para deixá-la abandonada, mas ao contrário, reconciliou-se com ela". Mais adiante esclarece que " (...) a razão é o agir de acordo com um fim".

Nesse contexto, importante pôr em destaque alguns pontos de passagem das idéias hegelianas, baseadas em elementos da compreensão kantiana, substancialmente complementadas.

Em uma primeira esfera, Hegel[185] enfatizou o reconhecimento da pessoa, isso no plano do direito abstrato.[186] Ante a insuficiência do reconhecimento do homem como ser abstrato, em que se reconhece o outro como "pessoa" (sem quaisquer diferenciações), seguiu para um plano um pouco mais concreto, o plano da moralidade subjetiva,[187]

---

[185] HEGEL, Georg Wilhelm Friedrich, *apud* SEELMAN, Kurt. Pessoa e Dignidade da Pessoa Humana na Filosofia de HEGEL. Tradução de Rita Dostal Zanini. In: SARLET, Ingo Wolfgang (Org.). *Dimensões da Dignidade*. Op. cit., p. 52.

[186] HEGEL, Georg Wilhelm Friedrich. *Princípios da Filosofia do Direito*. Tradução de Orlando Vitorino. São Paulo: Martins Fontes, 1997. Título original: [Grundlinien der Philosophie der Rechts], p. 40, 63, 67, 90 e 94.

36 – (...) O imperativo do direito é portanto: sê uma pessoa e respeita os outros como pessoas, p. 40.

66 – São, portanto, inalienáveis e imprescritíveis, como os respectivos direitos, os bens ou, antes, as determinações substanciais que constituem a minha própria pessoa e a essência universal da minha consciência de mim, como sejam a minha personalidade em geral, a liberdade universal do meu querer, a minha moralidade objetiva, a minha religião, p. 63.

100 – (...) dignifica-se o criminoso como ser racional. Tal dignificação não existirá se o conceito e a extensão da pena não forem determinados pela natureza do ato criminoso, o que também acontece quando ele é considerado como um animal perigoso que se tenta intimidar ou corrigir ou que é preciso suprimir (...), p. 90.

104 – A personalidade que no direito abstrato é apenas um atributo da liberdade passa agora a ser o seu objeto, e assim a subjetividade infinita para si da liberdade constitui o princípio do ponto de vista moral subjetivo, p. 94. Destaque-se que aqui já na transição do direito abstrato para a moralidade subjetiva.

[187] HEGEL, Georg Wilhelm Friedrich. *Princípios da Filosofia do Direito*. Op. cit., p. 97, 98, 102, 103, 106, 109.

105 – O ponto de vista moral é o da vontade no momento em que deixa de ser infinita em si para o ser para si (...) É este regresso da vontade a si bem como a sua identidade que existe para si em face da existência em si imediata e das determinações específicas que neste nível se desenvolvem que definem a pessoa como sujeito, p. 97.

106 – (...) só na vontade como subjetiva é que a liberdade ou vontade em si pode ser real em ato". Nota: A segunda esfera, ou a moralidade subjetiva, representa, pois, no seu conjunto, o lado real do conceito da liberdade. Aqui, o progresso consiste em ultrapassar a vontade que só existe para si e que começa por só em si ser idêntica com a essência da vontade universal, p. 97 e 98.

107- refere-se à "autodeterminação da vontade", p. 98.

114 – O direito da vontade moral subjetiva contém os três seguintes aspectos: a) O direito abstrato ou formal da ação: o seu conteúdo em geral, tal como é realizado na existência imediata, deve ser meu, deve ter sido projetado pela vinha vontade subjetiva; b) O particular da ação é o seu conteúdo interior: 1° – trata-se da intenção quando o seu caráter universal é determinado para mim, que é o que constitui o valor da ação e aquilo pelo qual ela vale para mim; 2° – trata-se do bem-estar quando o seu conteúdo se apresenta como fim particular do meu ser particular; c) Este conteúdo como interior que assume a sua universalidade, a sua objetividade em si e para si, é o fim absoluto da vontade, o bem que é acompanhado, no domínio da reflexão, pela oposição da universalidade objetiva, em parte na forma de mal, em parte na forma de certeza moral, p. 102 e 103.

119 – A existência exterior da ação é um conjunto complexo que indefinidamente se pode dividir em minúcias e a ação ser então considerada como referente a uma só dessas minúcias. Mas a verdade do individual é o universal e a determinação da ação é, para si, um conteúdo que não se isola da particularidade do exterior mas em si mesmo absorve o conjunto diversificado. O projeto, promanado como é de um ser pensante, não contém apenas uma minúcia mas, essencialmente, este aspecto universal: a intenção, p. 106.

124 – (...) Nota – O direito da particularidade do sujeito em ver-se satisfeita, ou, o que é o

uma conquista da modernidade,[188] em que se reconheceu o homem como ser concreto, como sujeito concreto e distinto em relação aos outros, e dotado de peculiaridades.

De outra banda, o reconhecimento do homem em contextos sociais concretos demarca a esfera da moralidade objetiva,[189] quando se concretiza a garantia institucional do reconhecimento do homem como sujeito nas instituições da família,[190] da sociedade civil[191] e no Estado.[192]

---

mesmo, o direito da liberdade subjetiva, constitui o ponto crítico e central na diferença entre a Antiguidade e os tempos modernos. Este direito na sua infinitude é expresso pelo cristianismo e torna-se o princípio universal real de uma nova forma do mundo. Entre as formas que lhe são mais próximas estão o amor, o romantismo, a felicidade eterna do indivíduo, etc., e, em seguida, a moralidade subjetiva e a certeza moral e bem assim aquelas outras formas que lhe são conseqüentes como princípios da sociedade civil e como elementos da constituição política ou que em geral se manifestam na história, singularmente na história da arte, das ciências e da filosofia. Ora, este princípio da particularidade é, decerto, um momento da oposição e, de início, pelo menos tão idêntico como diferente do universal. Mas a reflexão abstrata agarra este momento na sua diferença e na sua oposição ao universal e produz então aquela crença de que a moralidade só se mantém num rude combate contra a satisfação própria. É a exigência de cumprir, mas com aversão, o que o dever ordena, p. 109.

[188] SEELMAN, Kurt. Pessoa e Dignidade da Pessoa Humana na Filosofia de HEGEL. Tradução de Rita Dostal Zanini. In: SARLET, Ingo Wolfgang (Org.). *Dimensões da Dignidade*. Op. cit., p. 50-51.

[189] HEGEL, Georg Wilhelm Friedrich. *Princípios da Filosofia do Direito*. Tradução de Orlando Vitorino. São Paulo: Martins Fontes, 1997. Título original: [Grundlinien der Philosophie der Rechts], páginas abaixo indicadas.

155 – Nesta identidade da vontade universal e da particular, coincidem o dever e o direito e, no plano moral objetivo, tem o homem deveres na medida em que tem direitos e direitos na medida em que tem deveres. No direito abstrato tenho eu um direito e um outro tem o dever correspondente. Na moralidade subjetiva, o direito da minha consciência e da minha vontade, bem como o da minha felicidade, são idênticos ao dever e só como dever-ser são objetivos, p. 148.

156 – A substância moral, como o que contém a consciência refletida de si ligada ao seu conceito, é o espírito real de uma família e de um povo, p. 148.

157 – O conceito desta Idéia só será o espírito como algo de real e consciente de si se for objetivação de si mesmo, movimento que percorre a forma dos seus diferentes momentos. É ele:
a) O espírito moral objetivo imediato ou natural: a família. Esta substancialidade desvanece-se na perda da sua unidade, na divisão e no ponto de vista do relativo; torna-se então:
b) Sociedade civil, associação de membros, que são indivíduos independentes, numa universalidade formal, por meio de carências, por meio da constituição jurídica como instrumento de segurança da pessoa e da propriedade e por meio de uma regulamentação exterior para satisfazer as exigências particulares e coletivas. Este Estado exterior converge e reúne-se na:
c) Constituição do Estado, que é o fim e a realidade em ato da substância universal e da vida pública nela consagrada, em p. 149.

[190] HEGEL, Georg Wilhelm Friedrich. *Princípios da Filosofia do Direito*. Op. cit., p. 150, 163, na "Primeira seção: A Família":
160 – A família realiza-se em três aspectos: a) Na forma do seu conceito imediato, como casamento; b) Na existência exterior: propriedade, bens de família e cuidados correspondentes; c) Na educação dos filhos e na dissolução da família, p. 150.
175 – São as crianças em si seres livres e a sua existência é só a existência imediata dessa liberdade. Não pertencem, portanto a outrem, nem aos pais, como as coisas pertencem ao seu proprietário. A sua educação oferece, do ponto de vista da família, um duplo destino positivo: primeiro, a moralidade objetiva é introduzida neles com a forma de uma impressão imediata e sem oposição, a alma vive a primeira parte da sua vida neste sentimento, no amor, na confiança e na obediência como fundamento da vida moral; tem a educação, depois, um destino negativo, do mesmo ponto de vista – o de conduzir as crianças desde a natureza imediata em que primitivamente se encontram para a independência e a personalidade livre e, por conseguinte, para a capacidade de saírem da unidade natural da família. p. 160.

Examinando as relações humanas no âmbito familiar, afirma-se a família como ponto de partida, como o início, por excelência, da mediação das vontades:

> Ela (a família) é o "lugar" em que se inicia, propriamente, o movimento do processo de mediação e concretização das vontades no contexto social. A pessoa passa a ser considerada como "membro de" uma instituição: uma pequena comunidade ética, que tem hábitos e tradições, dentro de uma coletividade maior.[193]

Imperioso colocar em destaque, nesse processo dialético de mediação de vontades, que nos socializamos[194] por intermédio das relações

---

[176] – Como o casamento é só a primeira forma imediata da idéia moral objetiva, a sua realidade objetiva reside na intimidade da consciência e do sentimento subjetivos, e é aí que aparece o primeiro caráter contingente da sua existência. Assim como não pode haver coação que obrigue ao casamento, assim não há laço de direito positivo que possa manter reunidos dois indivíduos quando entre eles surgem sentimentos e ações opostas e hostis, p. 161.

[191] HEGEL, Georg Wilhelm Friedrich. *Princípios da Filosofia do Direito*. Op. cit., páginas abaixo indicadas. Segunda Seção – A sociedade Civil.

A) O sistema de carências:

207 – O indivíduo só adquire uma realidade quando entra na existência, isto é, na particularidade definida: por isso deverá ele limitar-se exclusivamente a um domínio particular da carência. Neste sistema, a disposição moral objetiva consiste na probidade e na honra profissionais e, graças a elas, cada um faz de si mesmo de um elemento da sociedade civil, por sua determinação individual, pela sua atividade, sua aplicação e suas aptidões. É enquanto tal que cada um se mantém e só por intermédio do universal se subsiste na vida e se é reconhecido tanto na própria representação como na dos outros, p. 184.

B) A jurisdição:

209 – A relação recíproca das carências e do trabalho que as satisfaz reflete-se sobre si mesma, primeiro e em geral, na personalidade infinita, no direito abstrato. É, porém, o próprio domínio do relativo, a cultura, que dá existência ao direito. O direito é, então, algo de conhecido e reconhecido, e querido universalmente, e adquire a sua validade e realidade objetiva pela mediação desse saber e desse querer. Nota: Cumpre sempre à cultura, ao pensamento como consciência do indivíduo na forma universal, que eu seja concebido como uma pessoa universal, termo em que todos estão compreendidos como idênticos. Deste modo, o homem vale porque é homem, não porque seja judeu, católico, protestante, alemão ou italiano, p. 185.

217 – Assim como na sociedade civil o direito em si se torna lei, assim a existência anteriormente imediata e abstrata do meu direito individual adquire, na existência da vontade e do saber universais, a significação de algo que é reconhecido como existência, p. 193.

229 – Pela jurisdição, a sociedade civil, em que a idéia se perdeu na particularidade e desenvolveu os seus momentos na separação do interior e do exterior, regressa ao seu conceito, à unidade entre o universal existente em si e a particularidade subjetiva. Esta, no entanto, reduz-se ao caso da espécie, mantendo o universal a significação do direito abstrato. A realização desta unidade, que se alarga a todo o domínio da particularidade, constitui a missão da administração, primeiro como união relativa, depois, numa unidade concreta embora limitada, a da corporação, p. 202.

C) Administração e Corporação

253 – corporações como base do reconhecimento social no qual o indivíduo "possui a sua honra no seu lugar social", p. 213 e 214.

[192] HEGEL, Georg Wilhelm Friedrich. *Princípios da Filosofia do Direito*. Op. cit., páginas abaixo indicadas. Terceira seção – O Estado.

257 – O Estado é a realidade em ato da Idéia moral objetiva, o espírito como vontade substancial revelada, clara para si mesma, que se conhece e se pensa, e realiza o que sabe e porque sabe. No costume tem o Estado a sua existência imediata, na consciência de si, no saber e na atividade do indivíduo, tem a sua existência mediata, enquanto o indivíduo obtém a sua liberdade substancial ligando-se ao Estado como à sua essência, como ao fim a ao produto da sua atividade, p. 216.

[193] WEBER, Thadeu. *Ética e Filosofia Política*: Hegel e o Formalismo Kantiano. Porto Alegre: EDIPUCRS, 1999, p. 119-120.

[194] REHBINDER, Manfred. *Sociología del Derecho. La Sociología del Derecho como Ciencia de la Sociedad*. Madrid: Pirâmide, 1981, p. 9 e ss. Para a sociologia, socialização é o processo de

que estabelecemos no âmbito familiar, internalizando modelos uniformes de comportamento, modelos esses que expressam toda uma cultura. Na passagem para a vida adulta, estreitamente vinculada ao exercício de atividade profissional para satisfação das necessidades materiais (sustento próprio) e referenciais da pessoa, aprofunda-se ainda mais esse processo de mediação entre vontades livres, notadamente porque cada pessoa tem, no plano concreto, necessidades distintas e habilidades diversas.

Longe dos laços de afeto e amor da família, e em um contexto marcado pela diversidade, impõe-se, na sociedade civil, um aprimoramento do processo de mediação social das vontades. Algo fica claro: "o indivíduo não pode realizar-se isoladamente". Desta sorte, assim leciona Weber:[195]

> Os indivíduos se associam em grupos para, através deles, melhor satisfazer seus interesses. Os homens não são naturalmente sociáveis, como pensava Aristóteles. As corporações são criações humanas, motivadas por todo um "sistema de necessidades" que, para a sua satisfação, requer a mediação das vontades dos cidadãos, através de seu trabalho e do trabalho dos outros. Tudo isso faz parte do que Hegel chama de segunda natureza. Significa, também, não haver liberdade natural, no sentido da satisfação das vontades imediatas, sem mediação e reconhecimento, considerando-se que aquela (a liberdade natural) exige concretização nas instituições sociais. A liberdade, portanto, diz respeito à segunda natureza. Refere-se às instituições e leis.

Essa busca de reconhecimento, uma permanente luta dos homens, concretiza-se no Estado, enquanto instituição social que viabiliza a realização da liberdade individual, no plano concreto. Quanto ao problema de uma possível debilitação das liberdades individuais, durante o processo de mediação de vontades particulares, Weber enfatiza[196] que Hegel, no § 260 da sua Filosofia do Direito, traçou parâmetros norteadores para uma conciliação dos interesses particulares e dos interesses coletivos, como objetivo fundamental do Estado:

> A liberdade concreta consiste em que a individualidade pessoal e seus interesses particulares tenham seu total desenvolvimento e o reconhecimento de seu direito (no sistema da família e da sociedade civil), ao mesmo tempo que se convertem, por si mesmos, em interesse geral, que reconhecem com seu saber e sua vontade como seu próprio espírito substancial e tomam como fim último de sua atividade. Desse modo, o universal não se cumpre, nem tem validade sem o interesse, o saber e o querer particular, nem o indivíduo vive meramente para estes últimos

---

adaptação do indivíduo aos seus pares, "aceitando os modelos de condutas da sociedade em que vive e convertendo-se, assim, em um ser capaz de viver em sociedade". O autor refere-se a este fenômeno como o "segundo nascimento do homem", o "nascimento sociocultural", ou, ainda, como a "construção da personalidade sociocultural", descrevendo a socialização como um processo paulatino que se inicia a partir de pequenos grupos (primeiramente no âmbito familiar, depois no ambiente escolar), processo em que o indivíduo, nesse espaço de relação com o(s) outro(s), tem contato com as pautas sociais de comportamento, internalizando tais idéias e atitudes.

[195] WEBER, Thadeu. *Ética e Filosofia Política*: Hegel e o Formalismo Kantiano. Porto Alegre: EDIPUCRS, 1999, p. 128 e 130.

[196] Idem, p. 133.

como uma pessoa privada, sem querer ao mesmo tempo o universal e ter uma atividade consciente dessa finalidade.[197]

Para Seelman,[198] é com a institucionalização das relações de respeito na sociedade civil e no Estado que se garante a concretização externa daquele reconhecimento ora da pessoa e ora do sujeito, no plano do direito abstrato e da moralidade subjetiva, respectivamente. Destaca o autor, ainda, que Hegel, em outra obra, a Filosofia da Religião, foi adiante, tratando especificamente do conceito de dignidade em sentido mais estrito:

> O homem não possui dignidade por meio daquilo que ele é como vontade imediata, mas apenas na medida em que conhece um ser ser-em-si e um ser-para-si, algo substancial, e submete a esse ser a sua vontade natural e a adapta a ele. Apenas pelo suprassumir da indomabilidade natural e pelo reconhecimento de que um universal, um ser-em-si e um ser-para-si, seria verdade, ele possui uma dignidade, e só então a vida vale algo.[199]

Em síntese, verifica-se a permanente atualidade da concepção hegeliana, no sentido de que o "reconhecimento recíproco é o fundamento da dignidade e, ao mesmo tempo, a conseqüência da opção por um estado juridicamente ordenado".[200]

Uma recusa de reconhecimento da dignidade já foi inclusive vivida pelos homens, notadamente após os horrores[201] da Segunda Guerra.

---

[197] HEGEL, Georg Wilhelm Friedrich, apud WEBER, Thadeu. *Ética e Filosofia Política*: Hegel e o Formalismo Kantiano. Porto Alegre: EDIPUCRS, 1999, p. 133 e 134. Ressalte-se que esta tradução do § 260 é mais compreensível, no nosso modesto entendimento, do que a constante na obra HEGEL, Georg Wilhelm Friedrich. *Princípios da Filosofia do Direito*. Tradução de Orlando Vitorino. São Paulo: Martins Fontes, 1997. Título original: [Grundlinien der Philosophie der Rechts], p. 225, que vai abaixo transcrita: "260 – É o Estado a realidade em ato da liberdade concreta. Ora, a liberdade concreta consiste em a individualidade pessoal, com os seus particulares, de tal modo possuir o seu pleno desenvolvimento e reconhecimento dos seus direitos para si (nos sistemas da família e da sociedade civil) que, em parte, se integram por si mesmos no interesse universal e, em parte, conscientes e voluntariamente o reconhecem como seu particular espírito substancial e para ele agem como seu último fim".

[198] SEELMAN, Kurt. Pessoa e Dignidade da Pessoa Humana na Filosofia de HEGEL. Tradução de Rita Dostal Zanini. In: SARLET, Ingo Wolfgang (Org.). *Dimensões da Dignidade*. Op. cit., p. 53-54. "A relação religiosa significa, para Hegel, formulado de maneira abreviada, nada mais do que o fato de que se abdica expressamente de uma postura de uma postura intransigente quanto à subjetividade individual. (...) A dignidade no sentido estrito – e conforme dito, somente aqui esse conceito desponta em Hegel – só ocorre na execução desse retratar-se de si próprio, no perdoar e ser perdoado. O respeito, aqui, é muito mais o ato da intersubjetividade mesma". O problema que Hegel colocou, nessa esfera da dignidade da Filosofia da Religião, foi o de saber até que ponto, nesse espaço reflexivo do retratar-se a si próprio, poder-se-ia reconhecer objetos de proteção jurídica, daí o autor ter tratado do tema fora da Filosofia do Direito.

[199] HEGEL, Georg Wilhelm Friedrich, *apud* SEELMAN, Kurt. Pessoa e Dignidade da Pessoa Humana na Filosofia de HEGEL. Tradução de Rita Dostal Zanini. In: SARLET, Ingo Wolfgang (Org.). *Dimensões da Dignidade*. Op. cit., p. 51-52.

[200] SEELMAN, Kurt. Pessoa e Dignidade da Pessoa Humana na Filosofia de HEGEL. Tradução de Rita Dostal Zanini. In: SARLET, Ingo Wolfgang (Org.). *Dimensões da Dignidade*. Op. cit., p. 59.

[201] HÄBERLE, Peter. A Dignidade Humana como Fundamento da Comunidade Estatal. In: SARLET, Ingo Wolfgang (Org.). *Dimensões da Dignidade*. Op. cit., p. 91 e 118. Confirmando que o desenvolvimento da dignidade nos textos constitucionais deve-se aos "acontecimentos histórico-temporais negativos: o desprezo sem paralelo pela humanidade no período nacional-socialista". De qualquer sorte, enfatiza não somente essa dimensão de "reação" aos horrores", como também " a dimensão prospectiva da dignidade, apontando para a configuração de um futuro compatível com a dignidade da pessoa humana".

Estas vivências não só reabriram a discussão em torno da dignidade da pessoa humana, como colocaram em evidência a importância da experiência humana no próprio reconhecimento expresso da dignidade enquanto parâmetro norteador das ordens estatais.

Vistas as contribuições de Kant e Hegel, serão examinadas, a seguir, as concepções de dignidade de Ronald Dworkin e de Jurgen Habermas, filósofos da contemporaneidade que seguiram na esteira das vertentes clássicas.

3.1.3. Dignidade em Dworkin

Discorrendo acerca dos diversos sentidos da dignidade, Dworkin[202] enfatiza especialmente a idéia de que "las personas tienen derecho a no sufrir la *indignidad,* a no ser tratadas de manera que en sus culturas o comunidades se entiende como una muestra de carencia de respeto".

O ponto central do problema, para este filósofo, está em saber por que a indignidade ocupa o foco central das nossas preocupações. Neste contexto, parte de um entendimento essencial, qual seja, do entendimento de que "la dignidad tiene tanto una voz activa como una voz pasiva, y que las dos están conectadas".[203]

A referência a uma "voz ativa" da dignidade é empregada por Dworkin[204] no sentido de que "las personas cuidan y deberían cuidar su propia dignidad". Abordando tal significado sob a forma negativa (a da indignidade), significa afirmar que, quando alguém compromete sua própria dignidade (um dano "auto-infligido"; uma "auto-traição") está negando a importância intrínseca vida humana, inclusive da sua. De

---

[202] DWORKIN, Ronald. *El Dominio de la Vida. Una Discusión Acerca del Aborto, la Eutanasia y la Libertad Individual.* Tradução de Ricardo Caracciolo e Victor Ferreres. 1ª reimp. Barcelona: Ariel, 1998, p. 305 e ss. "Cualquier sociedad civilizada tiene estándares y convenciones que definem esta clase de indignidad, y que difieren de lugar a lugar y de época en época". O autor, em sua análise, parte de dois casos concretos marcantes: o caso dos presos e o caso dos dementes. No que tange à definição de padrões mínimos para a custódia, há que se respeitar a dignidade do preso durante a execução da pena, situação que abrange algumas exigências, para além de cárceres limpos: que o preso não seja submetido a torturas e abusos e que tenha alguma privacidade. Quanto aos dementes, e na mesma linha de raciocínio, igualmente afirma um direito ao respeito de sua dignidade, seja pela execução de sua higiene pessoal, seja pela manutenção de um ambiente limpo e no qual não lhe seja negada privacidade, seja em relação aos especiais cuidados de saúde que demandam.

[203] Idem, p. 307. Como explicar o direito a ser tratado com dignidade em situações fáticas em que a própria pessoa sequer reconhece qualquer violação a sua dignidade? Um exemplo bem ilustrativo do problema é o das pessoas que comprometeram a sua própria dignidade, como é o caso de alguém que viva sob completa falta de limpeza, inclusive com relação a sua própria higiene pessoal. Segundo exemplo: o das pessoas que sacrificaram a sua independência na busca de vantagens imediatas. Um terceiro exemplo: a situação do escravo que sequer reconhece a extrema indignidade de viver sob escravidão.

[204] Idem, p. 310.

outra banda, em estreita conexão a essa voz ativa da dignidade, encontra-se a "voz passiva" da dignidade, empregada no sentido de que a pessoa sofre um dano a sua dignidade, dano causado por outrem. Salvo melhor entendimento, a voz ativa e a voz passiva são duas faces de uma mesma moeda: uma concepção una de dignidade, para abarcar a exigência de respeito (inclusive auto-respeito) com relação à importância intrínseca de vida humana. Mas exatamente por que a indignidade (seja autoinfligida, seja infligida por outrem) é uma "clase especial de dano"? A resposta ao questionamento é encaminhada na seguinte direção:

> que el derecho de una persona a que se la trate con dignidad es el derecho a que otros reconozcan sus intereses críticos genuinos: que reconozcan que es el tipo de criatura y que se encuentra en la posición moral con respecto a la cual es intrínseca y objetivamente importante la forma como transcurre su vida. La dignidad es un aspecto central del valor que hemos estado examinando (...) : la importância intrínseca de la vida humana.[205]

Neste contexto, e tratando especificamente da autonomia procriativa, Dworkin[206] não somente contata que existe um estreito liame entre autonomia e dignidade, como também apresenta a definição do que são "interesses de experiência" e "interesses críticos", duas classes de razões para encaminhamento da vida, ora em um sentido, ora em outro. Os interesses de experiência, segundo o autor, são os prazeres essenciais à boa vida, tendo fornecido, dentre outros, os exemplos de comer bem, ver filmes, assistir jogos, ouvir música, caminhar sob um bosque, velejar velozmente. De outra banda, os interesses críticos são

> intereses cuya satisfacción hace que las vidas sean genuinamente mejores, intereses cuyo no reconocimiento sería erróneo y las empeoraría. Las convicciones acerca de qué ayuda globalmente a conducir una vida buena, se refieren a estos intereses más importantes. Representan juicios críticos y no, simplemente, preferencias acerca de experiencias.

Tais interesses críticos guardam, em grande parte, estreita conexão com aspectos relacionais e intersubjetivos, como manter relações amistosas, manter estreita relação com os filhos, êxito profissional, dentre alguns outros mencionados. Uma advertência: o filósofo rechaça expressamente quaisquer reducionismos, ao estilo de um equivocado liame dos interesses de experiência com frivolidades e um liame entre interesses críticos e uma vida reflexiva; busca, aliás, não rotular quaisquer desses interesses, enfatizando, isto sim, a necessidade de um reconhecimento dos interesses críticos de uma pessoa.

---

[205] DWORKIN, Ronald. *El Dominio de la Vida*. Op. cit., p. 308-309.

[206] Idem, p. 217, 262-263. Sobre o valor dos interesses de experiência assevera o seguinte: "El valor de estas experiencias, evaluadas una por una, depende precisamente del hecho de que las hallemos placenteras o excitantes como experiencias".

No que tange à pretensão de proteger juridicamente a vida do embrião humano, a posição defendida[207] pelo filósofo é de que não faz sentido "supor que o feto tenha interesses próprios antes do desenvolvimento da sensibilidade".[208] Em que pese compartilhar o entendimento de que as "criaturas" que sentem dor têm interesse em evitar essa dor, a partir de estudos sobre o desenvolvimento do sistema nervoso do feto sugere que vinte e seis (26) semanas é um prazo que assegura uma margem de segurança razoável para se respeitar e proteger tal sensibilidade. De tal sorte, antes desta pauta específica, a sensibilidade, não há que falar em proteção jurídica da vida humana fetal, exatamente porque não há qualquer interesse a proteger. Todavia, adverte que utiliza a palavra "pessoa" para feto, mas somente em um "sentido prático", qual seja, no sentido de saber se constitucionalmente o feto deve ser tratado como se fosse uma pessoa, embora não sendo.

Examinando o conteúdo da dignidade, isso a partir do exemplo concreto do encarceramento de uma pessoa, é possível verificar que a concepção de Dworkin[209] remete expressamente à doutrina de Kant, no sentido de que um ser humano não pode ser tratado como um mero objeto, ou simplesmente como um objeto (tratamento este que, se ocorresse, negaria a importância distintiva de sua própria vida), o que, advirta-se, não significa ter afirmado que uma pessoa não possa ser colocada em desvantagem com relação à outra. Neste contexto, imprescindível enfatizar que "el derecho que todas las personas tienen a que la sociedad reconozca la importancia de sus vidas"[210] não é, em si mesmo, na perspectiva deste pensador, uma questão de convenção, muito embora admita que há algum espaço para uma convenção social.

---

[207] Idem, p. 25, 27, 28, 32, 33 e 35. "Por lo tanto, entiendo la cuestión jurídica – la de si el feto es una persona constitucional – como la cuestión de si la Constitución exige a los Estados tratar al feto como si tuviera los mismos derechos que tienen los niños y los adultos; y la cuestión moral – la de si el feto es una persona moral – como la cuestión de si deben otorgarse al feto los mismos derechos morales que indudablemente tienen los niños y los adultos. (En este sentido práctico, podemos argumentar, por ejemplo, que los niños recién nacidos son personas constitucionales sin tener que decidir si satisfacen o no los niveles de consciencia que nos parezcan necesarios para poder atribuir la cualidad de persona en el sentido filosófico)", em p. 35.

[208] DWORKIN, Ronald. *A Virtude Soberana: a Teoria e a Prática da Igualdade*. Tradução de Jussara Simões. São Paulo: Martins Fontes, 2005, p. 614.

[209] DWORKIN, Ronald. *El Dominio de la Vida*. Op. cit., p. 308 e 309, no sentido de que "(...) el exigir a sus guardianes que respeten su dignidad muestra que apreciamos la importancia de lo que estamos haciendo: que comprendemos que estamos encarcelando a un sr humano cuya vida importa; que nuestras razones para hacerlo son razones que a la vez requieren y justifican ese terrible daño, pero que no estamos autorizados a tratarlo como un mero objeto, a la completa disposición de nuestra conveniencia como si todo lo que importara fuera la utilidad, para el resto de nosotros, de encerrarlo. (Comprender que esa dignidad significa reconocer los intereses críticos de una persona, como algo distinto de la promoción de esos intereses, suministra una lectura útil del principio kantiano sobre que las personas deberían ser tratadas como fines y nunca simplemente como médios. Este principio así entendido no exige que nunca se coloque en desventaja a alguien para conceder ventajas a otros, sino más bien que no se trate nunca a las personas de una manera que niegue la importancia distintiva de sus propias vidas)".

[210] Idem, p. 310.

Para Dworkin,[211] a inviolabilidade da vida é um valor que nos unifica como seres humanos, em que pese a magnitude do dissenso em torno dos seus distintos significados no que diz com o início e fim da vida, especialmente as controvérsias relativas ao aborto e à eutanásia, bem como as questões relativas ao uso de novas tecnologias da engenharia genética no âmbito da biomedicina.[212] De qualquer forma, o núcleo de sua reflexão está focalizado em uma transição, qual seja, da vida enquanto valor universal à vida enquanto bem jurídico-constitucional. À guisa de uma síntese do posicionamento do autor, a dignidade da pessoa humana aponta na direção da "libertad individual y no de la coerción, en favor de un régimen jurídico y de una actitud que nos aliente, a cada uno de nosotros, a adoptar decisiones sobre la muerte individualmente".[213]

Ora, sendo um liberal por excelência, Dworkin[214] centraliza suas preocupações com o uso, ou melhor, com o abuso do direito penal nessas zonas limítrofes do início e do fim da vida humana (aborto e eutanásia), adotando, também, uma posição liberal com relação às pesquisas para utilização de novas tecnologias de reprodução humana (inclusive sem fertilização) e, ademais, favoravelmente a outras tecnologias que possam ser incorporadas às rotinas médicas,[215] em prol da saúde humana, reflexões que, pelo objeto específico, serão examinadas no capítulo quinto desta dissertação.

3.1.4. Dignidade em Habermas

3.1.4.1. Dignidade da pessoa humana

A concepção habermasiana de dignidade humana está relacionada, seja no plano moral, seja no plano jurídico, a uma simetria de relações entre seres morais, que, enquanto membros de uma comunidade, podem estabelecer obrigações recíprocas e esperam, uns dos outros, comportamento conforme as leis que, na condição de seres morais, dão a si mesmos. Equivale a afirmar que a dignidade humana somente encontra sentido nas relações interpessoais de reconhecimento recíproco. Interessante notar que Habermas[216] utiliza

---

211 DWORKIN, Ronald. *El Dominio de la Vida*. Op. cit., p. 311. "Casi todo el mundo comparte, explícita o intuitivamente, la Idea de que la vida humana tiene valor objetivo, intrínseco, que es completamente independiente de su valor personal para alguien, y el desacuerdo sobre la interpretación correcta de esta idea común es el verdadero nervio del gran debate sobre el aborto" (p. 91).

212 DWORKIN, Ronald. *A Virtude Soberana*. Op. cit., p. 609 e ss.

213 DWORKIN, Ronald. *El Dominio de la Vida*. Op. cit., p. 312, 313 e 314.

214 Idem, p. 313 a 315.

215 DWORKIN, Ronald. *A Virtude Soberana*. Op. cit., p. 612 e 623.

216 HABERMAS, Jürgen. *El Futuro de la Naturaleza Humana. Hacia una Eugenesia Liberal?*. Tradução de R. S. Carbó. Barcelona: Paidós Ibérica, 2002, p. 50 e 51.

expressões diferenciadas: inviolabilidade não tem o mesmo sentido de indisponibilidade; inviolabilidade da dignidade humana não se confunde com indisponibilidade da vida humana. Qual o ponto de partida desta concepção?

O foco principal da abordagem habermasiana está no processo de individualização como processo social. Significa dizer que a construção da identidade pessoal acontece pela via social, ou seja, por uma trama de relações de reconhecimento que as pessoas estabelecem entre si. Habermas[217] tece críticas a Kant, esclarecendo que

> En su versión destranscendentalizada, la "voluntad libre" de Kant ya no es una propiedad de seres inteligibles caída del cielo. La autonomía es más bien una conquista precaria de las existencias finitas, existencias que sólo teniendo presente su fragilidad física y su dependencia social pueden obtener algo así como "fuerzas".

Partindo desse raciocínio, o marco da conversão do organismo humano em pessoa (a contar do nascimento) é o ato de acolhimento social, de acolhimento "en el contexto público de interacción de un mundo de la vida compartido intersubjetivamente",[218] o que remete para a natureza racional-social da pessoa humana.

Então, enquanto aquele ser geneticamente individualizado estiver no útero da mulher (no "claustro materno"), para Habermas,[219] evidentemente, ele não é pessoa. Somente o será quando, após o nascimento, atuar comunicativamente com as outras pessoas, processo paulatino em que aprenderá a identificar-se como pessoa e como membro de uma comunidade moral. O autor refere-se ao humano não nascido como "organismo", como "ser geneticamente individuado", como "ser natural". Sob a perspectiva habermasiana, o ser natural converte-se em indivíduo e pessoa (dotada de razão) apenas no contexto público de uma sociedade de falantes. Assim, antes do nascimento, ou antes da inserção no âmbito de uma sociedade de seres que se comunicam, que estabelecem relações interpessoais, não há que falar em pessoa e em dignidade da pessoa humana.

O nascimento, então, é o marco fundamental para entrada no mundo social, momento a partir do qual o ser natural converte-se em pessoa dotada de razão. Em síntese, a tese é a de que "os sujeitos dotados da capacidade de linguagem e de acção só se constituem (...) como indivíduos, na medida em que, enquanto elementos de determinada comunidade lingüística, crescem num universo partilhado intersubjetivamente".[220] Ou seja, a pessoa constitui-se nas relações mútuas

---

[217] HABERMAS, Jürgen. *El Futuro de la Naturaleza Humana. Hacia una Eugenesia Liberal?* Tradução de R. S. Carbó. Barcelona: Paidós Ibérica, 2002, p. 51 e 53.

[218] Idem, p. 52.

[219] Idem, p. 53.

[220] HABERMAS, Jürgen. *Comentários à Ética do Discurso.* Lisboa: Piaget, 2001, p. 16 a 19. O método da argumentação moral, da ética do discurso, substitui o imperativo categórico kantiano, já que "as únicas normas que têm o direito a reclamar validade são aquelas que podem obter a

de reconhecimento recíproco que estabelece com as outras pessoas, e apenas nessa relação recíproca com o outro é que consegue estabilizar sua frágil identidade. O filósofo alemão então afirma, sob o prisma de que nos individualizamos por ação de socialização, que "ninguém, por si só, consegue afirmar sua identidade". Formamos uma rede cada vez mais densa de relações pessoais, relações essas que são construídas com lastro em uma base comunicativa.

3.1.4.2. Dignidade da vida humana

Afirmar que a dignidade da pessoa humana está ligada a uma simetria de relações entre seres morais que, após o nascimento, atuam comunicativamente como membros de uma comunidade, significa afirmar uma ausência de proteção à vida humana pré-natal? A resposta do filósofo é negativa.

Na concepção habermasiana, como examinado, a pessoa somente existe após o nascimento, quando é acolhida no contexto público e passa a atuar comunicativamente com as outras pessoas. Todavia, mesmo antes de entrar no contexto público de interação social, a vida humana goza de proteção jurídica. Se, por um lado, Habermas[221] rechaça uma antecipação do processo de socialização (ainda que admitindo que os pais possam falar sobre e, de certa maneira, com o feto em gestação), por outro, afirma que a vida humana pré-natal goza de proteção porque temos deveres (morais e legais) com relação à vida. Para tanto, refere-se à alteração legislativa da lei sobre enterros de Bremen, que, à luz do respeito aos mortos, apresenta várias classes de enterros. A alteração legislativa foi no sentido de dar "honoración debida a la vida muerta", ou seja, dar as honras devidas aos nascidos mortos e prematuros (bem como aos restos provenientes das interrupções voluntárias da gravidez), sem que isso significasse o mesmo tratamento dispensado aos mortos depois do nascimento. Da prática do simples descarte como lixo passou-se a exigir enterro em cemitério, em fossas comuns anônimas. Ressalta ainda que:

> la reacción del lector a la obscenidad de la formulación – por no hablar del desagrado ante la praxis – delata a contraluz del embrión muerto lo extendido y profundo que es el temor por la integridad de la vida humana incipiente, que ninguna sociedad civilizada puede tocar sin más ni más.

---

anuência dos participantes envolvidos no discurso prático". E como se dá esse método do discurso prático? Os intervenientes, quando argumentam, partem do princípio de que são todos indivíduos livres e iguais e estão na "busca cooperante da verdade, na qual apenas interessa a força do melhor argumento". Em síntese, trata-se da busca do consenso, no plano discursivo, durante o processo de comunicação. O discurso prático é uma "forma exigente da formação argumentativa da vontade".

221 HABERMAS, Jürgen. *El Futuro de la Naturaleza Humana*. Op. cit., p. 54 e ss.

Dos motivos apresentados decorre a distinção traçada entre dignidade da vida humana e dignidade humana (a da pessoa). Habermas[222] afirma o seguinte:

> Además, la vida prepersonal también conserva, antes de llegar a un estadio en el que pueda asignársele el rol de una segunda persona a la que dirigir la palabra, un valor integral para el conjunto de una forma de vida concebida éticamente. A tal efecto se brinda la distinción entre dignidad de la vida humana y dignidad humana garantizada legalmente a toda persona, una distinción que por lo demás se refleja en la fenomenología del trato que damos a nuestros mortos, un trato cargado de sentimientos.

Em que pese a relevância da distinção traçada pelo autor entre dignidade humana e dignidade da vida humana, há uma evidente preocupação com a instrumentalização da vida humana pré-natal, e salvo melhor juízo, a fundamentação para uma proteção da vida humana pré-natal, a da "dignidade da vida humana", parece remeter, também, para uma dimensão ontológica, ao estilo kantiano.

3.1.5. Tomada de posição: uma aproximação necessária entre dimensões não excludentes

A partir do exposto, não se evidencia uma relação de exclusão entre as dimensões examinadas, aliás, ao contrário, vislumbra-se uma complementaridade.[223] A dimensão comunicativa e intersubjetiva, ligada a uma simetria de relações entre seres morais que atuam comunicativamente como membros de uma comunidade, complementa a dimensão de dignidade de Hegel, enquanto reconhecimento nas instituições sociais da família, da sociedade civil e do Estado. Da mesma forma, a contemporânea concepção de Dworkin, atrelada à importância intrínseca da vida humana, está afinada com a dimensão ontológica de Kant, de dignidade como qualidade inerente à pessoa humana, e cujo fundamento repousa na autonomia do ser humano, na condição de ser racional.

Neste contexto, há que tecer algumas considerações pessoais em torno dessa relação de complementaridade[224] entre as dimensões da

---

[222] HABERMAS, Jürgen. *El Futuro de la Naturaleza Humana*. Op. cit., p. 54.

[223] SARLET, Ingo Wolfgang. As Dimensões da Dignidade da Pessoa Humana: Construindo uma Compreensão Jurídico-Constitucional Necessária e Possível. In: SARLET, Ingo Wolfgang (Org.). *Dimensões da Dignidade*. Op. cit., p. 26.

[224] WEBER, Thadeu. *Ética e Filosofia Política*: Hegel e o Formalismo Kantiano. Porto Alegre: EDIPUCRS, 1999, p. 76. Quanto à complementaridade entre Kant e Hegel, no que se refere à avaliação dos atos humanos: enquanto Kant "pretende a busca e a fixação do princípio supremo da moralidade, considerando para isso apenas o seu conteúdo formal", Hegel "está preocupado em mostrar o desdobramento e a concretização objetiva da Idéia de liberdade nas instituições sociais; ou seja, está mais interessado em mostrar as determinações e repercussões das ações humanas. Um está mais preocupado com as intenções dos sujeitos agentes, o outro com os resultados e conseqüências". O objetivo de Kant "não é buscar uma lei que indique algum conteúdo específico, que diga o que deve ser feito, mas estabelecer um critério, mediante o qual se possa avaliar e julgar todos os conteúdos" (p. 52).

dignidade já abordadas. Em que pese a inafastabilidade da perspectiva de que dignidade pressupõe a idéia de relação com o (s) outro (s),[225] através da qual inclusive acontece a construção da identidade pessoal, cumpre enfatizar dois aspectos. Primeiro aspecto: parece não admitir qualquer controvérsia o fato de que a construção de identidade pessoal acontece ao longo da vida, especialmente na vida de relação com as outras pessoas. O universo relacional, se assim é possível falar, amplia-se *pari passu*, primeiramente no ambiente familiar, com os laços afetivos circunscritos no âmbito doméstico. Na medida em que os horizontes das relações interpessoais alargam-se, extravasando primeiramente ao ambiente escolar e, posteriormente, ao âmbito profissional, estabelece-se, ao longo da vida, um leque, ou melhor, uma teia de relações, relações essas que são os referenciais essenciais da pessoa.

De outra banda, se por um lado não há como negar que se constrói socialmente uma identidade, ao longo de uma vida de relações, por outro, também é possível, em um primeiro momento, afirmar o inverso, no sentido de uma fragmentação da identidade no âmbito das relações sociais. A experiência da vida adulta é um testemunho pessoal de como é possível fragmentar-se uma identidade ao longo da vida. Isso não parece ser apenas uma especulação no plano de um "saber sensível".[226] Ainda que assim pareça, ou permaneça, roga-se, por ora, pelo benefício da dúvida, pelo menos para seguir adiante.

Uma fragmentação da identidade pessoal pode ser experienciada no contexto das relações interpessoais, comportando a sensação de que a vida está composta (organizada) em compartimentos separados, fragmentos estanques: um lado afetivo, um lado sexual, um lado profissional e tantas outras perspectivas fragmentadas, e a inevitável e aparente sensação de culpa, de que se negligenciou em algum desses

---

[225] CASSIERS, Léon. "La Dignité de l'Embryon Humain". *Revue Trimestrielle des Droits de l'Homme*, v. 54, p. 410. Bruxelles: Bruylant, 2003. Em livre tradução, enviando a "uma outra inteligência da dignidade, que aquela da pura característica intrínseca da pessoa", uma "criação cultural "simbólica", própria aos humanos", que se cria nas "relações entre humanos, impregnando-os em um conjunto de atitudes, de condutas, de sentimentos aos quais eles se tratam entre si. Esta criação só é criação na medida em que seja verdadeiramente uma construção cultural, não imediatamente natural. Ela é simbólica na medida em se que manifesta por meio de trocas materiais, psicológicas e sociológicas concretas entre os membros da sociedade humana, que instituiu estas trocas bem como os significados da existência e do reconhecimento desta dignidade. Assim descrita e compreendida, a dignidade humana aparece como uma criação relacional e necessariamente coletiva em uma sociedade. Ela não é, antes de tudo, uma propriedade intrínseca da pessoa, mas ela se torna, na medida onde as outras pessoas lhe afetam".

[226] HEGEL. Georg Wilhelm Friedrich. *Fenomenologia do Espírito; Estética: a Idéia e o Ideal; Estética: o Belo Artístico e o Ideal; Introdução à História da Filosofia.* Traduções de Henrique Cláudio de Lima Vaz, Orlando Vitorino, Antônio Pinto de Carvalho. São Paulo: Abril Cultural, 1980. p. 55-56, 66-67. (Os Pensadores). Título original: [Die Phaenomenologie des Geistes; Vorlesungen ueber die Aesthetik;Vorlesungen ueber die Geschichte der Philosophie] . Sobre a consciência e a complementaridade das noções de um saber imediato ("saber sensível"), a percepção e a reflexão crítica.

aspectos. Sob esta ótica, pode-se seguramente pensar que a luta diária dos homens, durante toda a vida, é construir e ter reconhecida sua identidade ao longo de uma teia de relações, como também lutar contra a fragmentação da identidade, nessa mesma teia de relações.

Partindo do argumento de que a luta dos homens é justamente a busca da unidade de pessoa, pergunta-se: por que não é possível reconhecer, ao embrião, essa dignidade de pessoa? O debate atual em torno do *status* jurídico do embrião humano, sobretudo tendo em vista os novos riscos aportados pelas tecnologias de ponta (já exemplificados no capítulo primeiro) indica, no mínimo, a necessidade de investigar esse caminho do reconhecimento da dignidade do embrião, reconhecendo-o, no plano jurídico, como pessoa humana não nascida, que entendemos ser um encaminhamento para o resgate dessa unidade. Relevante, ainda, destacar que a expressão dignidade será mencionada neste trabalho sempre com referência à qualidade inerente e reconhecida à pessoa humana.

Impõem-se dois esclarecimentos. Primeiro, de que não estamos aqui defendendo uma possibilidade de reconhecimento de dignidade aos embriões humanos clonados (obtidos por clonagem), e sim tal reconhecimento apenas aos embriões humanos provenientes da fertilização entre óvulo e espermatozóide, distinção conceitual que deverá ser traçada, inclusive no plano jurídico. Segundo, de que sustentar um reconhecimento de dignidade humana, ao embrião humano (obtido por fertilização), não significa afirmar uma proteção absoluta dessa dignidade humana, já que admitimos a possibilidade de limitações ante a necessidade de solucionar colisões entre direitos fundamentais (ver Capítulo 6).

Os rumos destas reflexões apontam no sentido de que essa relação de complementaridade deve-se ao fato de que a autonomia da vontade não está desvinculada de uma visão de mundo, e, nessa perspectiva, dimensões ontológicas e não-ontológicas, a exemplo das examinadas, indicam o caminho de uma construção histórico-cultural da dignidade[227] no âmbito da teoria dos direitos fundamentais, construção que deve (deveria) ter o diálogo intercultural pluralista[228] como parâmetro norteador, teorias que evidentemente terão de enfrentar os novos riscos decorrentes das tecnologias genéticas, inclusive no que diz com a adequada proteção dos embriões humanos.

Ressalte-se, à guisa de uma primeira reflexão no âmbito de uma teoria dos direitos fundamentais, que um possível reconhecimento de

---

[227] HÄBERLE, Peter. A Dignidade como Fundamento da Comunidade Estatal. Tradução de Rita Dostal Zanini. In: SARLET, Ingo Wolfgang (Org.). *Dimensões da Dignidade.* Op. cit., p. 123 e ss.

[228] SARLET, Ingo Wolfgang. As Dimensões da Dignidade da Pessoa Humana: Construindo uma Compreensão Jurídico-Constitucional Necessária e Possível. In: SARLET, Ingo Wolfgang (Org.). *Dimensões da Dignidade.* Op. cit., p. 39.

dignidade ao embrião humano não só não invalida a teoria dos deveres fundamentais estatais de proteção da vida pré-natal (que será examinada no Capítulo 4), como, aliás, pode ser um complemento desta, na medida em que, além de afastar radicalismos de todos os gêneros e espécies, poderá oferecer segurança jurídica inclusive no que diz com a liberdade de conformação do legislador e seus limites, pontos nevrálgicos da discussão, temáticas que serão enfrentadas no Capítulo 6.

Em se tratando da problemática posta pelas novas tecnologias, é essencial buscarmos um diálogo entre essas quatro concepções, evitando leituras reducionistas e unilaterais da dignidade e afastando radicalismos, na certeza de que a honestidade científica está em buscar compreender o significado e o conteúdo dessa dignidade no âmbito de uma comunidade inclusiva efetivamente preocupada com o reconhecimento, a proteção e a promoção da dignidade da pessoa nos ordenamentos jurídico-constitucionais.

Examinadas algumas dimensões filosóficas da dignidade da pessoa humana, bem como a complementaridade dessas concepções, cumpre agora encaminhar uma compreensão jurídica da dignidade da pessoa.

3.2. DIGNIDADE DA PESSOA HUMANA COMO CONCEITO JURÍDICO: na busca de uma síntese

3.2.1. Dignidade como norma jurídica fundamental no ordenamento jurídico-constitucional brasileiro

O reconhecimento expresso da dignidade da pessoa humana é relativamente recente, marcadamente após 1948, com o advento da Declaração Universal dos Direitos do Homem, sendo uma tendência que tem se afirmado no direito constitucional positivo, muito embora ainda não tenha sido incorporada à totalidade dos textos.[229]

Salientando um percurso histórico marcado pela aniquilação do ser humano, aqui mencionando as experiências da escravidão, da inquisição, do nazismo,[230] Canotilho[231] afirma que a dignidade da pessoa

---

[229] SARLET, Ingo Wolfgang. *Dignidade da Pessoa Humana e Direitos Fundamentais na Constituição Federal de 1988*. 3.ed. rev. atual. ampl. Porto Alegre: Livraria do Advogado, 2004, p. 62 e 64.

[230] BENDA, Ernesto. Dignidad Humana y Derechos de la Personalidad. In: BENDA, Ernest; MAIHOFER, Werner; VOGEL, Hans-Jochen; HESSE, Konrad; HEYDE, Wolfgang (Orgs.). *Manual de Derecho Constitucional*. 2.ed. Madrid: Marcial Pons, 2001, p. 124. Título original: [Handbuch des Verfassungsrechts der Bundesrepublik Deutschland]. "Sin duda el reconocimiento de la dignidad humana tiene mucho de reacción contra su desprecio y envilecimiento bajo la dictadura nacional-socialista. Tras las experiencias del Tercer Reich nunca más deberá ser reducido el hombre a la condición de objeto de un ente colectivo".

[231] CANOTILHO, José Joaquim Gomes. *Direito Constitucional e Teoria da Constituição*. 7.ed. Coimbra: Almedina, 2004, p. 225.

humana é um dos traços fundamentais da República Portuguesa. Esse reconhecimento expresso do "indivíduo como limite e fundamento do domínio político da República" significa que esta organização política serve o homem, e não o contrário.

Para Miranda,[232] a dignidade da pessoa humana confere unidade de sentido às constituições, confirmando a pessoa como fundamento e fim da sociedade e do Estado. Significa dizer que não se trata unicamente de unidade de sistema, e sim de unidade de pessoa, exatamente porque

> o "homem situado" do mundo plural, conflitual e em acelerada mutação do nosso tempo encontra-se muitas vezes dividido por interesses, solidariedades e desafios discrepantes; só na consciência da sua dignidade pessoal retoma unidade de vida e de destino.

Dessa forma, é possível afirmar que os textos constitucionais contemporâneos visam proteger a pessoa humana na sua própria essência, considerando sua dimensão individual, política, social e, mais recentemente, sua dimensão espiritual.[233]

Imperioso verificar, neste momento, qual o *status* jurídico do princípio da dignidade da pessoa humana na ordem constitucional pátria. Inspirado nos modelos lusitano e espanhol, nosso constituinte optou por não incluí-lo no catálogo de direitos fundamentais, elevando-o à condição de princípio fundamental.[234]

A Constituição Federal de 1988 foi a primeira a destinar um título próprio aos princípios fundamentais informadores de todo o ordenamento jurídico, posicionados após o preâmbulo e antes do catálogo dos direitos fundamentais.[235] Também inédito na história do constitucionalismo pátrio é a positivação do princípio da dignidade da pessoa humana como fundamento de nosso Estado Democrático de Direito (art. 1º, inciso III), estando ainda explícito em outros capítulos do texto, quais sejam, ao tratar da ordem econômica e financeira, assegurando uma existência digna a todos (art. 170), ao tratar da ordem social, determinando que o planejamento familiar é livre, fundado nos princípios da dignidade da pessoa humana e da paternidade responsável (art. 266, § 7º), e assegurando à criança e ao adolescente o direito à dignidade (art. 227, *caput*).

Há dois aspectos a destacar nesta questão: a localização do dispositivo e as normas nele contidas. No que se refere ao primeiro, podemos afirmar que a localização geográfica privilegiada consagra-o como princípio (e valor) fundamental. Quanto ao segundo aspecto,

---

[232] MIRANDA, Jorge. *Manual de Direito Constitucional*. 3.ed. Coimbra: Editora Coimbra, tomo IV, 2000, p. 180 e 182.

[233] MATHIEU, Bertrand. *Génome Humain et Droits Fondamentaux*. Paris: Econômica, 2000, p. 30.

[234] SARLET, Ingo Wolfgang. *Dignidade da Pessoa Humana e Direitos Fundamentais*. Op. cit., p. 67.

[235] SARLET, Ingo Wolfgang. *A Eficácia dos Direitos Fundamentais*. 4.ed. rev. atual e ampl. Porto Alegre: Livraria do Advogado, 2004, p. 108.

importa frisar que, para além dessa posição geográfica de destaque, é possível afirmar que o mencionado dispositivo constitucional encerra normas ou posições jurídico-subjetivas definidoras de garantias, direitos e deveres fundamentais.[236]

O princípio fundamental da dignidade da pessoa humana é norma jurídica[237] fundamental que informa todo o ordenamento jurídico, e é fundamento para a maioria dos direitos elencados no catálogo de direitos fundamentais. Ocorre que este catálogo não é exaustivo,[238] o que significa dizer que, a partir do princípio ora em exame (ou posições jurídicas fundamentais), pode-se extrair outros direitos fundamentais que não os catalogados. Antes, porém, de examinar mais detidamente esta cláusula geral de tutela de todas as manifestações da personalidade humana, que será objeto de estudo do capítulo seguinte, imprescindível verificar qual o significado e o conteúdo da dignidade da pessoa humana.

3.2.2. Significado e conteúdo do princípio da dignidade da pessoa humana

Para o necessário enfrentamento do tema, busca-se conceituar o que é e o que significa o princípio da dignidade da pessoa humana, em que pese todas as dificuldades em lograr êxito. De forma proposital e deliberada, afasta-se a relevante discussão acerca da permeabilidade do conceito, por ser vago e impreciso, ambíguo e poroso,[239] [240] até mesmo porque já foram examinadas algumas concepções filosóficas da dignidade.

[236] SARLET, Ingo Wolfgang. *Dignidade da Pessoa Humana e Direitos Fundamentais*. Op. cit., p. 69.

[237] ALEXY, Robert. *Teoria de los Derechos Fundamentales*. Madrid: Centro de Estudios Constitucionales, 1997, p. 82, 86 e ss. Inicialmente é preciso esclarecer que se adotou a consagrada classificação estrutural das normas de direito fundamental, qual seja, a de princípios e regras jurídicas como espécies do gênero norma jurídica. Segundo Alexy, os princípios e as regras são espécies de normas dentro do ordenamento jurídico, cuja distinção é "uno de los pilares fundamentales del edifício de la teoria de los derechos fundamentales". Princípios e regras são espécies do gênero norma porque dizem o que deve ser. A característica diferenciadora entre ambos é qualitativa e consiste em serem os princípios mandados ou ordens de otimização, ordenando que algo seja realizado na medida do possível, dentro das possibilidades fáticas e jurídicas. Os princípios, portanto, impõem otimização de eficácia à luz das circunstâncias, sendo harmonizados, permitindo o balanceamento conforme o seu peso e ponderação com outros princípios, de forma a coexistirem, conviverem mutuamente, podendo ser cumpridos em diferentes graus. Por outro lado, as regras prescrevem exigências que se impõem, ou não, se excluindo mutuamente quando houver antinomia ou conflito entre as mesmas. O sistema constitucional é tendencialmente principialista porque este é o suporte rigoroso para solucionar a colisão de direitos fundamentais, além de permitir que o sistema respire por meio da textura aberta dos princípios.

[238] Art. 5°, § 2°, da Constituição Federal de 1988.

[239] SARLET, Ingo Wolfgang. *Dignidade da Pessoa Humana e Direitos Fundamentais*. Op. cit., p. 39.

[240] ROCHA, Cármen Lúcia Antunes. "O Princípio da Dignidade da Pessoa Humana e a Exclusão Social". *Revista Interesse Público*, n. 4, p. 24, 1999.

Mesmo que as pessoas tenham, ainda que implicitamente, uma noção própria e individual do que seja essa dignidade, notadamente a partir de situações concretas de violação da mesma, tentar-se-á ultrapassar tais limites pessoais e individuais, buscando definir seu significado e conteúdo de forma mais clara e objetiva. A necessidade é imperiosa a fim de que se estabeleça um denominador comum, a partir do qual serão construídas as premissas básicas, sempre na tentativa de definir o âmbito de proteção buscado. Se o ponto de partida fosse a definição de dignidade como o valor próprio inerente a todo ser humano, tal conceituação restaria muito abrangente, e, por isso, insatisfatória, o que dificultaria sua aplicação efetiva, como norma jusfundamental.

Para Maurer,[241] são notáveis as divergências práticas que a noção de dignidade da pessoa humana suscita. Afirma a autora que a tentativa de definição da dignidade é muito importante para o direito, diante do imperativo de defender a dignidade da pessoa humana. Assim, tendo sempre presente a problemática de que definir significa delimitar (impor limites), o que poderia levar à perda da riqueza essencial do conceito de dignidade, e comparando livremente a dignidade a um diamante multifacetado, apresenta uma definição bifocal de dignidade, inseparável das noções de liberdade e de respeito, estando a igualdade incluída na noção de respeito.

Leciona Silva[242] que o reconhecimento da dignidade de cada pessoa humana repousa no fato da pessoa ter "a potencialidade de se determinar, por intermédio da razão, para a ação da liberdade". Ressalta dois pressupostos indispensáveis ao amparar dessa dignidade: devem as pessoas ser respeitadas igualmente, isso por pertencer à espécie humana e, ainda, que esse respeito independe do grau de desenvolvimento das potencialidades humanas. No mesmo sentido estão os ensinamentos de Loureiro,[243] para quem a dignidade humana é "o valor intrínseco, originariamente reconhecido a cada ser humano, fundado na sua autonomia ética", albergando, portanto, "uma obriga-

---

[241] MAURER, Béatrice. Notes sur les Respect de la Dignité Humaine (...) ou Petite Fugue Inachevée Autor d'un Thème Central, In: *Le Droit, la Médecine et l'Être Humain, propôs Hétérodoxes sur Quelques Enjeux Vitaux du XXIème Siècle*. Presse Universitaires d'Aix-Marseille, 1996, p. 185, 187, 197, 199 e 205. (Collection du Laboratoire de Théorie Juridique; v. 9). Em nome da dignidade algumas pessoas reivindicam comportamentos que, pela mesma razão, são recusados por outros, ambos fundamentados na intangibilidade da dignidade. Assim, exemplificativamente, a dignidade justifica tanto os cuidados paliativos com pacientes terminais, como a eutanásia ativa. Há tradução para o português, na obra coletiva SARLET, Ingo Wolfgang (Org.). *Dimensões da Dignidade*, já referenciada neste estudo.

[242] SILVA, Reinaldo Pereira e. *Introdução ao Biodireito:* Investigações Político-Jurídicas sobre o Estatuto da Concepção Humana. São Paulo: LTr, 2002, p. 192.

[243] LOUREIRO, João Carlos Gonçalves. O Direito à Identidade Genética do Ser Humano. In: *Portugal-Brasil Ano 2000.* (Edição do Boletim da Faculdade de Direito de Coimbra), Coimbra: Editora Coimbra, 1999, p. 281.

ção geral de respeito da pessoa, traduzida num feixe de deveres e de direitos correlativos".

Para Sarlet,[244] ainda que não exista um conceito consensualmente aceito, ao longo dos tempos, doutrina e jurisprudência têm concretizado seu conteúdo e delineado contornos básicos de dignidade da pessoa humana, propondo a seguinte conceituação jurídica da dignidade da pessoa humana:

> a qualidade intrínseca e distintiva reconhecida em cada ser humano que o faz merecedor do mesmo respeito e consideração por parte do Estado e da comunidade, implicando, neste sentido, um complexo de direitos e deveres fundamentais que assegurem a pessoa tanto contra todo e qualquer ato de cunho degradante e desumano, como venham a lhe garantir as condições existenciais mínimas para uma vida saudável, além de propiciar e promover sua participação ativa e co-responsável nos destinos da própria existência e da vida em comunhão com os demais seres humanos.

Assim, o reconhecimento expresso[245] da dignidade da pessoa humana como princípio fundamental, bem como sua posição privilegiada no texto constitucional, são, sem sombra de dúvidas, manifestações inequívocas de que, para o nosso constituinte, este princípio[246] é basilar e informa todo o ordenamento jurídico.

Como princípio fundamental, a dignidade, enquanto qualidade intrínseca reconhecida a cada ser humano, goza do *status* de norma jurídica constitucional, dotada, portanto, de eficácia jurídica e reclamando sua proteção e promoção pelo poder público e comunidade. Cumpre reiterar que a compreensão do significado e do conteúdo da dignidade da pessoa humana assume relevo no âmbito da proteção e promoção dos direitos fundamentais.

---

[244] SARLET, Ingo Wolfgang. *Dignidade da Pessoa Humana e Direitos Fundamentais*. Op. cit., p. 59.

[245] ROCHA, Cármen Lúcia Antunes. "O Princípio da Dignidade da Pessoa Humana e a Exclusão Social". *Revista Interesse Público*, n. 4, p. 26, 1999. "O sistema normativo de direito não constitui, pois, por óbvio, a dignidade da pessoa humana. O que ele pode é tão-somente reconhecê-la como dado essencial da construção jurídico-normativa, princípio do ordenamento e matriz de toda organização social, protegendo o homem e criando garantias institucionais postas à disposição das pessoas a fim de que elas possam garantir a sua eficácia e o respeito à sua estatuição. A dignidade é mais um dado jurídico que uma construção acabado do direito, porque firma e se afirma no sentimento de justiça que domina o pensamento e a busca de cada povo em sua busca de realizar as suas vocações e necessidades". De certa forma, a autora reconhece que o reconhecimento não deixa de ser essencial.

[246] MORAES, Maria Celina Bodin de. *Danos à Pessoa Humana*: uma Leitura Civil-Constitucional dos Danos Morais. Rio de Janeiro: Renovar, 2003, p. 82-83, 85. Assim leciona a autora, quanto à expressão jurídica da dignidade: "O respeito à dignidade da pessoa humana, fundamento do imperativo categórico kantiano, de ordem moral, tornou-se comando jurídico no Brasil com o advento da Constituição Federal de 1988" (...) "Considera-se, com efeito, que, se a humanidade das pessoas reside no fato de serem elas racionais, dotadas de livre arbítrio e de capacidade para interagir com os outros e com a natureza – sujeitos, portanto, do discurso e da ação –, será 'desumano', isto é, contrário à dignidade humana, tudo aquilo que puder reduzir a pessoa (o sujeito de direitos) à condição de objeto. O substrato material da dignidade assim entendida pode ser desdobrado em quatro postulados: i) o sujeito moral (ético) reconhece a existência dos outros como sujeitos iguais a ele, ii) merecedores do mesmo respeito à integridade psicofísica de que é titular; iii) é dotado de vontade livre, de autodeterminação; iv) é parte do grupo social, em relação ao qual tem a garantia de não vir a ser marginalizado".

O Direito Fundamental à Identidade Genética
na Constituição Brasileira

Discorrendo acerca do conteúdo jurídico da dignidade, na atualidade, enfocando, dentre outros aspectos, a manipulação genética do homem, Benda[247] afirma que "respeto y protección de la dignidad son directrices vinculantes para toda la actividad del Estado". Neste contexto, o debate, no plano jurídico, está centralizado no problema de saber "si el mandato de respeto a la dignidad humana obliga al legislador a adoptar medidas para prevenir los riesgos de una manipulación genética del hombre".[248] À evidencia,

> No basta com que el Estado se autolimite en el sentido de reservar al individuo unos márgenes suficientes de libertad. El art. 1.1 GG impone, además, que el Estado proteja activamente la dignidad humana. El Estado tiene que hacer frente a las amenazas que surjan en el curso de los cambios sociales.

Assim, antes de dar continuidade ao estudo, cumpre destacar o fio condutor que conduziu as reflexões até agora tecidas. No primeiro capítulo, além de algumas noções conceituais preliminares, foi apresentada uma pálida amostra do domínio de diversas tecnologias (dentre elas as da reprodução humana, da clonagem humana, bem como os testes genéticos e as terapias gênicas), evidenciando, paradoxalmente, que, em que pese os inegáveis avanços em termos de melhoria na quantidade e na qualidade de vida, as biotecnologias representam uma ameaça aos direitos fundamentais e à dignidade da pessoa humana. Estas constatações fáticas remeteram para uma segunda etapa da pesquisa, qual seja, o exame da evolução da proteção jurídica do genoma humano, no plano internacional e comparado. No terceiro capítulo buscou-se compreender a noção de dignidade da

---

[247] BENDA, Ernesto. Dignidad Humana y Derechos de la Personalidad. In: BENDA, Ernest; MAIHOFER, Werner; VOGEL, Hans-Jochen; HESSE, Konrad; HEYDE, Wolfgang (Orgs.). *Manual de Derecho Constitucional*. 2.ed. Madrid: Marcial Pons, 2001, p. 120. Título original: [Handbuch des Verfassungsrechts der Bundesrepublik Deutschland]. Sobre o alcance jurídico: "su acogida con caráter de mandato constitucional en la Ley Fundamental implica su aceptación como valor jurídico, es decir, como norma jurídico-positiva. En qualquer caso, el Estado se halla jurídicamente obligado a preservar la dignidad humana e protegerla en marco de sus posibilidades". Trata, dentre outros aspectos: a) das garantias do processo penal e da proibição de penas desproporcionais e cruéis (p. 127 e 128); b) da proteção da esfera privada e íntima, especificamente o problema do processamento eletrônico de dados, remetendo ao princípio da proporcionalidade (p. 129); c) da manipulação genética do homem (p. 134). "Cuando se consigue modificar la dotación genética interviniendo el sistema de reproducción humana, no sólo se manipula en la forma deseada a la persona directamente afectada, sino a todos sus descendientes. Y con ello se está influyendo en la misma esencia de la persona". Sobre a preocupação do autor com as gerações futuras: "De ello se infiere que el mandato de respeto a la dignidad humana del individuo también protege de aquellas intervenciones planteadas en aras de un supuesto bienestar de la humanidad. Pero si se admitiera que cupiera intervenir en la propia sustancia del hombre, ello afectaría no a seres humanos vivientes pero sí al hombre concreto concebible del futuro. Es decir, no está en juego una mera imagen abstrata del hombre, sino el destino de futuras geraciones respecto del que somos responsables" (p. 135).

[248] BENDA, Ernesto. Dignidad Humana y Derechos de la Personalidad. In: BENDA, Ernest; MAIHOFER, Werner; VOGEL, Hans-Jochen; HESSE, Konrad; HEYDE, Wolfgang (Orgs.). *Manual de Derecho Constitucional*. 2.ed. Madrid: Marcial Pons, 2001, p. 126 e 134 e ss. Título original: [Handbuch des Verfassungsrechts der Bundesrepublik Deutschland].

pessoa humana no plano filosófico, isso a partir de algumas concepções especialmente relevantes para o objetivo geral desta pesquisa, desembocando na dignidade da pessoa humana como conceito jurídico, pressupostos teoréticos indispensáveis não somente à delimitação do âmbito de proteção da dignidade da pessoa humana, como também para seguir adiante, na delimitação dos fundamentos, do significado e do âmbito de proteção do direito à identidade genética no ordenamento jurídico-constitucional brasileiro.

Em que pese o direito fundamental à identidade genética não estar expressamente consagrado na atual Constituição Federal de 1988, seu reconhecimento e proteção podem ser deduzidos, ao menos de modo implícito, do sistema constitucional, notadamente a partir do direito à vida e, de modo especial, com base no princípio fundamental da dignidade da pessoa humana, no âmbito de um conceito materialmente aberto de direitos fundamentais. De tal sorte, o fio condutor aponta o norte da continuidade desta investigação: a cláusula geral implícita de tutela das todas as manifestações essenciais da personalidade humana.

4. O direito fundamental à identidade genética na Constituição Federal de 1988: fundamentação e titularidade

4.1. FUNDAMENTAÇÃO CONSTITUCIONAL DO DIREITO À IDENTIDADE GENÉTICA COMO DIREITO FUNDAMENTAL: a dignidade da pessoa humana e a cláusula geral implícita de tutela de todas as manifestações essenciais da personalidade humana

Importa, nesta etapa, discorrer brevemente quanto à consagração da abertura material dos direitos fundamentais na ordem constitucional brasileira, a partir do § 2º do art 5º da Constituição Federal de 1988. Por disposição expressa de nossa Carta Magna, o catálogo de direitos fundamentais não é exaustivo, restando aberta a possibilidade de identificar e construir outras posições jurídicas fundamentais que não as positivadas, tudo através da denominada cláusula aberta. Com amparo na doutrina, é possível afirmar que, para além dos já reconhecidos direitos fundamentais,[249] há outros, quais sejam, aqueles não escritos, não positivados, que, em virtude de seu conteúdo materialmente significativo (sua relevância e conteúdo), são também merecedores de proteção constitucional.[250]

Quanto à abertura a "novos" direitos fundamentais, leciona Miranda[251] que a Constituição, no caso referindo-se à portuguesa, aponta para um sentido material de direitos fundamentais, o que significa não ser taxativo o rol elencado, e sim, ao contrário, ter uma enumeração aberta, "sempre pronta a ser preenchida ou completada através de

---

[249] Aqui estamos nos referindo aos direitos fundamentais escritos, portanto positivados, sejam os elencados no catálogo de direitos fundamentais, ou em outras partes do texto constitucional, ou, ainda, os previstos em tratados internacionais.

[250] SARLET, Ingo Wolfgang. *A Eficácia dos Direitos Fundamentais*. 4.ed. rev. atual e ampl. Porto Alegre: Livraria do Advogado, 2004, p. 99.

[251] MIRANDA, Jorge. *Manual de Direito Constitucional*. 3.ed. Coimbra: Editora Coimbra, 2000, tomo IV, p. 162.

novas faculdades para lá daquelas que se encontrem definidas ou especificadas em cada momento", daí nominá-las de cláusulas abertas ou não tipicidade de direitos fundamentais.

No mesmo sentido os ensinamentos de Canotilho,[252] que, para além dos direitos consagrados e reconhecidos pela Constituição, denominados de formalmente constitucionais (porque têm a forma constitucional), verifica que há direitos materialmente constitucionais, assim denominados porque não tomam a forma constitucional, significando que, para além das positivações concretas, há outras, o que a doutrina tem denominado de princípio da cláusula aberta ou princípio da não identidade. O ponto nevrálgico consiste em "saber como distinguir, dentre os direitos sem assento constitucional, aqueles com dignidade suficiente para serem considerados *fundamentais*",[253] ao que o autor aponta orientação no sentido de serem considerados materialmente fundamentais os direitos que, pelo objeto e pela importância, sejam equiparáveis aos direitos formalmente fundamentais.

Para Freitas,[254] o § 2º do art. 5º da CF 88 consubstancia "autêntica norma geral inclusiva". Em decorrência desta cláusula, o catálogo dos direitos fundamentais não é exaustivo,[255] estando integrados, implicitamente, outros direitos fundamentais.

Pode-se, então, afirmar que o sistema de direitos fundamentais não está enclausurado, nem vendado, que o sistema de direitos fundamentais está aberto e respira novos ares, e isso não por mero capricho, mas porque seria ilusório imaginar que o rol elencado pudesse prever

---

[252] CANOTILHO, José Joaquim Gomes. *Direito Constitucional e Teoria da Constituição*. 7.ed. Coimbra: Almedina, 2004, p. 404.

[253] Ibidem.

[254] FREITAS, Juarez. *A Interpretação Sistemática do Direito*. 4.ed. São Paulo: Malheiros, 2004, p. 206-207; 211 e 212. O autor afirma que os direitos integrados implicitamente ao catálogo de direitos fundamentais da Constituição brasileira são "os consagrados pela Declaração Universal dos Direitos do Homem". Esclarece, em nota 48, que há expressa vinculação na Carta da Espanha (art. 10.2), e que vigora "o dever de realizar a interpretação em sintonia com a Declaração Universal dos Direitos do Homem, em que pese não termos dispositivo expresso (como o previsto no art. 16 da Constituição portuguesa) ". O princípio da proporcionalidade é um exemplo de princípio implícito, a partir da norma geral inclusiva (§2º do art. 5 da CF 88).

[255] GOUVEIA, Jorge Bacelar. *Os Direitos Fundamentais Atípicos*. Lisboa: Aequitas, 1995, p. 40; 73 e 101. Muito embora não seja possível concordar com a distinção proposta por Gouveia, entre direitos fundamentais típicos e atípicos, especialmente porque a leitura dos textos constitucionais atuais não nos autoriza a falar em tipicidade de direitos fundamentais, este autor afirma que elencar direitos fundamentais é tarefa jamais acabada, especialmente frente a situações novas, a merecer tratamento ao nível de direitos fundamentais, trazendo, a título exemplificativo, os novos direitos fundamentais relacionados com a engenharia genética e com a informática, impensáveis, até o momento em que surgiram novas tecnologias. Buscando um critério aferidor para delimitar a abrangência dessa abertura, se geral ou restritiva, assevera que "a opção pelo âmbito geral dos direitos fundamentais atípicos expressa pois uma abertura total a novas concretizações, fundada no conceito constitucionalmente relevante de direito fundamental" e que a opção restritiva seria forma de conter tal abertura a áreas específicas, como os direitos de índole pessoal, evitando um extravasamento em demasia ou um alargamento indiscriminado dos direitos fundamentais.

todos os direitos a merecer proteção constitucional. Tratando desta abertura material, especificamente no que diz com as novas tecnologias biomédicas, Benda[256] é enfático nesse sentido:

> Al utilizar métodos de fecundación artificial recientemente desarrollados por primera vez y las posibilidades logradas por la genética humana nos enfrentamos, sin duda, a nuevos planteamientos cuya problemática se desconocía al redactarse la Ley Fundamental. Pero de ello no cabe inferir que la decisión al respecto no constara al constituyente. El mandato de respetar y proteger la dignidad humana se refiere a cualquier forma de amenaza, con independencia de si tal riesgo existía en 1949 o se vislumbraba como tal. El mandato incondicional del art. 1.1 GG quedaría empequeñecido, si únicamente fuera interpretable como limitado a las amenazas percibibles de la experiencia nacional-socialista. En una democracia en libertad y bajo el Derecho no es concebible que vayan a producirse unos procesos tan abiertamente atentatorios contra la dignidad.

O papel do hermeneuta na identificação e construção de direitos fundamentais, a partir desta cláusula aberta, assume, então, uma singular importância. Para tanto, é imprescindível verificar que critérios identificadores são esses, capazes de guindar direitos não escritos à condição de direitos fundamentais, sob pena de, pela falta de rigor, ampliar sobremaneira os direitos fundamentais, o que acarretaria, como conseqüência lógica, um esvaziamento em conteúdo e enfraquecimento em força normativa. E, para que seja capaz de justificar esse reconhecimento, digno de proteção constitucional, deverá existir um aspecto fundamental quanto ao seu conteúdo e relevância. Que situações jurídico-fundamentais são essas que clamam por proteção constitucional?

Para que a linha de raciocínio fique clara, é preciso identificar qual o ponto de contato existente entre a dignidade da pessoa humana,[257] o direito fundamental à vida e a temática enunciada, qual seja, o impacto das novas tecnologias sobre as pessoas. Identificados estes contatos, não há como negar que há bens jurídicos fundamentais a proteger, bens extremamente relevantes em termos de conteúdo, isso porque estreitamente vinculados à vida e à dignidade das pessoas humanas.[258] Este parece ser, com o rigor que merece, o critério aferidor para identificar a

---

[256] BENDA, Ernesto. Dignidad Humana y Derechos de la Personalidad. In: BENDA, Ernest; MAIHOFER, Werner; VOGEL, Hans-Jochen; HESSE, Konrad; HEYDE, Wolfgang (Orgs.). *Manual de Derecho Constitucional.* 2.ed. Madrid: Marcial Pons, 2001, p. 135-136. Título original: [Handbuch des Verfassungsrechts der Bundesrepublik Deutschland]. "La Constitución está *abierta al tiempo,* y en consecuencia hace posible a los poderes públicos reaccionar en la medida en que objetivamente proceda a los nuevos problemas planteados".

[257] Remete-se ao Capítulo 3, especialmente item 3.2, acerca da compreensão de dignidade como conceito jurídico.

[258] MORAES, Maria Celina Bodin de. *Danos à Pessoa Humana:* uma Leitura Civil-Constitucional dos Danos Morais. Rio de Janeiro: Renovar, 2003, p. 12, 121, 124, 127. Sustentando a concretização do princípio da dignidade da pessoa humana como cláusula geral de tutela da pessoa: "não há (...) um número apriorísticamente determinado de situações jurídicas subjetivas tuteladas, porque o que se visa proteger é o valor da personalidade humana (...)", afirmando, então, a tutela de todas as situações existenciais da pessoa.

identidade genética como direito fundamental implícito na ordem jurídico-constitucional pátria.

Não há como negar o mundo dos fatos: as possibilidades hoje disponíveis em matéria de manipulações genéticas[259] podem configurar verdadeira, mas não exclusiva, violação dos direitos fundamentais de primeira dimensão. Quanto às novas problemáticas postas ao homem, isso em virtude destas possíveis manipulações genéticas do genoma humano, pode-se afirmar que se trata, isso sim, de problemas novos e não exatamente de "novos" direitos.[260] O ponto crucial está em viabilizar a efetiva proteção de bens jurídicos fundamentais em todas as suas dimensões,[261] [262] e a identidade genética[263] da pessoa humana, atualmente, é um destes bens.

Pelos motivos até então expostos, e na busca de uma efetiva proteção dos direitos fundamentais, é possível, inicialmente, construir os contornos do direito à identidade genética – como direito fundamental implícito na ordem jurídico-constitucional brasileira – especialmente a partir do princípio da dignidade da pessoa humana (cujo significado e conteúdo foi examinado no capítulo precedente) e do direito fundamental à vida, isso no âmbito de um conceito materialmente aberto de direitos fundamentais, como cláusula geral implícita que tutela todas as manifestações essenciais da personalidade humana. A identidade genética da pessoa humana, base biológica da identidade

---

[259] Remete-se ao Capítulo 1, notadamente a breve mirada sobre as principais tecnologias hoje disponíveis, em item 1.3.

[260] SARLET, Ingo Wolfgang. *A Eficácia dos Direitos Fundamentais*. 4.ed. rev. atual e ampl. Porto Alegre: Livraria do Advogado, 2004, p. 58 e 66.

[261] Idem, p. 54 a 57. Os direitos fundamentais de primeira dimensão são aqueles direitos de cunho negativo que, sob a inspiração de um ideário liberal, demarcam uma esfera de não-intervenção estatal na autonomia individual, enquanto os direitos de segunda dimensão têm como marco referencial uma dimensão positiva (indo além destes, já que englobam inclusive as liberdades sociais). A relação de complementaridade entre a primeira e a segunda dimensão de direitos fundamentais pode ser traduzida como uma transição: da liberdade formal abstrata à liberdade material concreta, por intermédio do Estado. Não se trata de superação, e sim de complementaridade, justamente para solucionar o problema da efetividade de direitos, motivo pelo qual a doutrina tem rejeitado a terminologia das "gerações de direitos fundamentais", que poderia ensejar alguns equívocos, mais especificamente a idéia de que uma geração sucederia outra, o que não acontece. Já no que tange aos direitos de terceira dimensão, são aqueles de dimensão coletiva ou difusa, cuja titularidade, então, não está atrelada, em princípio, ao homem, individualmente considerado.

[262] CANOTILHO, José Joaquim Gomes. *Direito Constitucional e Teoria da Constituição*. 7.ed Coimbra: Almedina, 2004, p. 387. O autor tece críticas à idéia das "gerações" de direitos fundamentais, ressaltando que a doutrina sustenta, atualmente, as dimensões dos direitos fundamentais. No que tange aos direitos fundamentais de terceira dimensão refere que "a solidariedade já era uma dimensão "indimensionável" dos direitos econômicos, sociais e culturais".

[263] MIRANDA, Jorge. *Manual de Direito Constitucional*. 3.ed. Coimbra: Editora Coimbra, 2000, tomo IV, p. 185. Sustentando que a dignidade da pessoa humana explica, dentre outras, "a garantia da identidade genética do ser humano, nomeadamente na criação, no desenvolvimento e na utilização das tecnologias e na experimentação científica", segundo o teor do art. 26.3 da CRP.

pessoal, é uma dessas manifestações essenciais da complexa personalidade humana.[264]

Em reforço à fundamentação, agrega-se, ainda, os tratados internacionais de direitos humanos nessa seara, como parâmetros hermenêuticos, e algumas incumbências específicas dadas ao poder público: a de preservar a diversidade e integridade do patrimônio genético do país e fiscalizar empresas dedicadas à pesquisa e manipulação de material genético,[265] situações que evidentemente incluem o genoma humano.

Todavia, coloca-se um problema: o embrião humano pode estar ao abrigo da cláusula geral implícita que tutela todas as manifestações essenciais da personalidade humana? A busca da resposta para este problema aponta um outro ponto de passagem necessário à fundamentação: o direito fundamental à vida, notadamente sob a perspectiva da vida humana como bem jurídico-fundamental, adentrando nas acirradas controvérsias em torno do *status* jurídico do embrião humano.

4.2. FUNDAMENTAÇÃO CONSTITUCIONAL DO DIREITO À IDENTIDADE GENÉTICA COMO DIREITO FUNDAMENTAL: os embriões humanos como titulares de direitos fundamentais

4.2.1. O *status* jurídico do embrião humano

Quando inicia a proteção jurídica da vida humana? A doutrina da igreja católica sustenta ser a vida humana digna de proteção absoluta desde o momento da concepção, repudiando qualquer manipulação com embriões humanos. Sob o prisma biológico, pode-se reunir as diferentes teorias[266] em grupos básicos, que, desprezadas as subdivisões

---

[264] LOUREIRO, João Carlos Gonçalves. O Direito à Identidade Genética do Ser Humano. In: *Portugal-Brasil Ano 2000.* (Edição do Boletim da Faculdade de Direito de Coimbra). Coimbra: Editora Coimbra, 1999, p. 293. Refere a identidade genética como substrato da identidade pessoal, "enquanto expressão da dignidade do ser humano".

[265] Inciso II do § 1º do art. 225 da CF 88.

[266] MARTINEZ, Stella Maris. *Manipulación Genética y Derecho Penal.* Buenos Aires: Universidad, 1994, p. 72, 77, 79, 81, 83 e ss. Segundo a teoria da concepção, o surgimento da vida humana se dá com a penetração do espermatozóide no óvulo, instaurando-se, após a fecundação, um processo uniforme em que não se conhecem alterações qualificativas que justifiquem postergar a qualidade de ser humano. Há quem sustente que basta a fertilização, ou a penetração do espermatozóide no óvulo, para que tenha início a vida humana, enquanto para outros, tal início ocorre somente após a fusão dos pronúcleos do óvulo e do espermatozóide (concepção), ou seja, quando da formação do genótipo.
A teoria da implantação, que alguns chamam de nidação, está baseada no salto qualitativo de desenvolvimento do zigoto quando fixado ao útero materno, sendo, portanto, este o marco significativo. Com diferentes seguidores e de maior consenso dentro da doutrina, estabelece uma valoração diferente ao fruto da concepção nos seus primeiros 14 dias (denominado pré-embrião),

internas, podem ser agrupadas em três distintas teorias biológicas quanto ao início da vida humana: a teoria da concepção,[267] a teoria da implantação[268] e a teoria da formação dos rudimentos do sistema nervoso central, que não serão detalhadamente examinadas aqui, especialmente em virtude da insuficiência destas abordagens para o presente estudo, que demanda o necessário enfrentamento da abordagem jurídico-filosófica.

No plano científico, o dilema atual consiste em determinar qual o momento em que o fruto da concepção (o embrião) começa a ser pessoa. Há quem reclame plena proteção jurídica ao embrião desde a concepção, considerando-o como sujeito de direitos, e, no extremo oposto, há quem sustente que o embrião não é pessoa, e que, como não é sujeito de direitos, teria apenas meros interesses a serem protegidos.

Quanto à controvérsia estabelecida em torno do *status* do embrião humano, qual seja, se o embrião humano é pessoa, afetada de dignidade, ou não, impende reiterar o exposto no capítulo terceiro, em que foi

---

antes da sua implantação. Vários são os argumentos científicos dos seguidores desta teoria. Primeiro argumento, o que parte do estudo dos gêmeos monozigóticos, que têm o mesmo genótipo, e cuja separação ocorre no momento da implantação no útero, quando se pode falar em características de ser único. Então, antes dessa possibilidade de segmentação não poderíamos reconhecer como pessoa um ser em formação. Outro argumento da teoria da implantação tem como foco a relação da gestante com o produto da concepção, que somente se constata após a implantação. O terceiro argumento é o da seleção natural, já que quantidades expressivas de zigotos não aderem ao útero materno, sendo eliminados (50 a 66%). Segundo a autora, o Código Penal Espanhol adotou esta teoria.

A teoria da formação dos rudimentos do sistema nervoso central propugna que o elemento verdadeiramente diferenciador é o aparecimento dos rudimentos do que será o córtex cerebral, iniciada, portanto, a informação genética correspondente ao sistema nervoso central. Tal diferenciação inicia no 15º dia e vai até o 40º dia após a fecundação, sendo que as modificações mais significativas acontecem nos primeiros dez dias dentro desse período. Com aproximadamente oito semanas, já é possível registrar a atividade elétrica do cérebro, o que levou uma corrente teórica a sustentar que esta seria a nota diferenciadora do início da vida especificamente humana, o que, se admitido, negaria ao embrião a qualidade de humano, que somente atingiria no estágio de feto. Os próprios seguidores desta teoria divergem quanto ao momento exato: para uns seria a formação da linha primitiva (14 dias de vida do embrião), para outros a constatação de atividade elétrica no cérebro (8 semanas de vida), ou, ainda, pela capacidade de ter sensações (20 semanas de vida), existindo ainda quem sustente ser o momento de tomada de consciência da sua própria existência, que poderia ser até depois do nascimento.

[267] SILVA, Reinaldo Pereira e. *Introdução ao Biodireito:* Investigações Político-Jurídicas sobre o Estatuto da Concepção Humana. São Paulo: LTr, 2002, p. 84. Esclarece o autor que há um lapso temporal entre a fertilização (encontro do óvulo com o espermatozóide – singamia) e a fusão dos pronúcleos dos gametas masculino e feminino (geração do zigoto – cariogamia), que é de 12 horas, e que somente a partir deste momento podemos falar em vida humana individualizada, distinta da dos progenitores. Em p. 88 adverte que tal distinção tem relevância prática, eis que pode ser uma aceitação de experiências com o óvulo, ainda que já penetrado pelo espermatozóide, nos termos do Relatório do Conselho Português de Ética para as Ciências da Vida (15/CNECV/95).

[268] MEIRELLES, Jussara Maria Leal de. *A Vida Humana Embrionária e sua Proteção Jurídica.* Rio de Janeiro: Renovar, 2000, p. 64. Segundo a autora, "para a maioria das escolas médicas e jurídicas, mesmo contemporâneas, a gravidez inicia-se com a nidação, que é a implantação do zigoto (ou ovo) no útero da mulher". Uma advertência: Jussara Meirelles não segue a teoria da implantação ou nidação.

afirmada a possibilidade de se reconhecer, ao embrião humano (fruto da concepção), uma dignidade.[269]

Qual o posicionamento adotado pela doutrina no que tange à proteção jurídica da vida humana? Segundo Silva,[270] a tutela da vida, objeto de direito fundamental, extrapola o sentido biológico de vida, abrangendo a acepção biográfica:

> Sua riqueza significativa é de difícil apreensão porque é algo dinâmico, que se transforma incessantemente sem perder sua própria identidade. É mais que um processo (processo vital), que se instaura com a concepção (ou germinação vegetal), transforma-se, progride, mantendo sua identidade, até que muda de qualidade, deixando, então, de ser vida para ser morte. Tudo o que interfere em prejuízo deste fluir espontâneo e incessante contraria a vida.

Ademais, acrescente-se, pela relevância, que o homem é mais do que um indivíduo, é uma pessoa, estando compreendidos na tutela constitucional tanto os aspectos materiais, quanto os imateriais da vida humana (espírito), apresentando, assim, múltiplas facetas.[271] De tal sorte, a vida é a fonte primária, e essencial, de todos os outros bens jurídicos, e, quanto ao seu conteúdo, engloba especialmente o direito à existência, à dignidade da pessoa humana, à privacidade e à integridade físico-corporal e moral.

No que tange ao direito à existência, afirma Silva[272] que "é o direito de não ter interrompido o processo vital senão pela morte espontânea e inevitável", enfatizando que é para assegurar o direito à vida que existe o direito penal, que pune toda interrupção violenta do processo vital. Quanto ao controvertido tema do aborto, ressalta três tendências que ficaram marcadas na Constituinte: os que queriam que constasse expressamente estar o direito à vida assegurado desde a concepção (seria a proibição expressa do aborto); os que entendiam que para ser sujeito de direito era preciso nascer com vida (seria uma possibilidade aberta ao aborto), e uma terceira, que entendia ser melhor não tomar partido nesta disputa, concluindo que esta última corrente não foi vencedora, já que a Constituição parece não admitir o aborto.

---

[269] Capítulo 3º, especialmente o item 3.1.5. Reitere-se: um reconhecimento apenas aos embriões humanos provenientes da fertilização entre óvulo e espermatozóide, e não aos embriões clonados.

[270] SILVA, José Afonso da. *Curso de Direito Constitucional Positivo.* 9.ed. São Paulo: Malheiros, 1992, p. 181.

[271] LORA ALARCÓN, Pietro de Jesús. *Patrimônio Genético Humano e sua Proteção na Constituição Federal de 1988.* São Paulo: Método, 2004, p. 47 e 191. "A vida humana é de uma fecundidade incalculável. Apresenta várias dimensões: é o ser, mas também o ser que vive, e convive, que se relaciona em tempo e espaço com a natureza e outros homens". O autor, baseado na filosofia kantiana, define pessoa como "indivíduo consciente, dotado de corpo, razão e vontade, que se autodetermina", ou como "ser capaz de autodeterminar-se", em p. 51-52.

[272] SILVA, José Afonso da. *Curso de Direito Constitucional Positivo.* Op. cit., p. 182 e 186. Ressalta que o ponto nevrálgico da discussão está centrado na decisão sobre quando começa a vida, e adota uma linha concepcionista.

No mesmo sentido os ensinamentos de Pereira e Silva,[273] sustentando que o direito fundamental à vida "funda todos os direitos constitutivos da pessoa humana", cujo conteúdo engloba "o direito de ser respeitada em sua própria identidade, o direito de não ser instrumentalizada e o direito de ser considerada como portadora de uma dignidade específica que não se reduz à dignidade de qualquer outra pessoa humana", impugnando concepções que afirma serem discriminatórias, como a que separa "indivíduo humano" e "pessoa humana".[274] Espanta-se o autor[275] com a "debilidade ética" do direito alemão, isso pelas contradições entre a Lei de Proteção do Embrião (1990) e a Lei de Células-Tronco (2002), isto porque se por um lado está vedada a geração de embriões, no território alemão, para fins de pesquisa, por outro, é permitida a importação de células-tronco embrionárias para pesquisa científica:

> Vale a pena discorrer um pouco mais sobre a contradição legislativa no caso da Alemanha, tendo em vista a recente aprovação da Lei de células-tronco, em 28 de junho de 2002, doze anos após a aprovação da Lei de proteção dos embriões. Aludida legislação, composta de dezesseis parágrafos, inicia-se com as seguintes advertências: "tendo presente a obrigação do Estado de respeitar e proteger a dignidade humana e o direito à vida, assim como de garantir a liberdade de investigação, a finalidade desta lei é: 1. proibir, como princípio geral, a importação e a utilização de células tronco embrionárias; 2. evitar que se dê origem a embriões para obter dos mesmos células-tronco; 3. fixar os requisitos mediante os quais se permitirá, de forma excepcional, a importação e a utilização de células-tronco embrionárias para fins investigativos". Em outras palavras, a Lei de células-tronco nem precisa ser confrontada com a Lei de proteção dos embriões, de 1990, para evidenciar suas contradições. Seus §§ 1º e 4º, ao mesmo tempo que proíbem a importação e a utilização de células-tronco embrionárias, autorizam, em caráter excepcional, a importação e a utilização de células-tronco embrionárias. E o dito caráter excepcional nada mais é do que o interesse investigativo, conforme se infere de seu § 5º.

Muito embora não exista dissenso doutrinário de que uma sociedade sólida está alicerçada no reconhecimento e na tutela do direito à vida, consagrado no *caput* do art. 5º da Constituição Federal de 1988, como condição *sine qua non* para o exercício[276] de qualquer outro direito

---

[273] SILVA, Reinaldo Pereira e. *Introdução ao Biodireito:* Investigações Político-Jurídicas sobre o Estatuto da Concepção Humana. São Paulo: LTr, 2002, p. 200.

[274] SILVA, Reinaldo Pereira e. *Biodireito:* a Nova Fronteira dos Direitos Humanos. São Paulo: LTr, 2003, p. 51. Para o autor, falar em "indivíduo humano" e em "pessoa humana", é uma "concepção discriminatória da individualidade humana alicerçada na idéia da desigualdade natural". Admitir tal distinção, na ótica do autor, significa admitir "dois padrões de individualidade humana: o indivíduo/pessoa (ser reflexivo e manipulador) e o indivíduo/não pessoa (objeto de reflexão e manipulação) ". Assim, este autor reitera que a dignidade humana deve ser respeitada desde a concepção, "independentemente do grau de desenvolvimento individual das potencialidades humanas, isto é, desde a concepção, ainda que extra-uterina, até a fase adulta", esclarecendo que adota a teoria da cariogamia, que "consiste na dissolução das membranas que cobrem os prónúcleos, permitindo a fusão de informação genética contida em duas parcialidades com identidades diferentes para formar um todo novo".

[275] Idem, p. 49.

[276] MARTINS, Ives Gandra da Silva. O Direito Constitucional Comparado e a Inviolabilidade da Vida Humana. In: *A Vida dos Direitos Humanos, Bioética Médica e Jurídica.* Porto Alegre: Sergio Fabris, 1999, p. 128 e 138.

fundamental, a doutrina[277] tem identificado diversas correntes com relação à condição jurídica do nascituro, dando destaque a três grandes divisões: a doutrina natalista, a doutrina da personalidade condicional e a doutrina concepcionista. Para a primeira, a natalista, embora o nascituro esteja sob proteção legal, ele não é pessoa, já que a personalidade inicia após o nascimento com vida, o que significa estar a personalidade sob condição suspensiva de nascer com vida. Sob esta ótica, a fruição de direitos estaria condicionada a evento futuro e incerto: nascimento com vida. A segunda corrente, a da personalidade condicional, sustenta que a personalidade inicia com a concepção, porém, com a condição, resolutiva, do nascimento com vida. Para a corrente concepcionista, a personalidade inicia a partir da concepção, ou seja, o nascituro, aquele ser concebido e em desenvolvimento dentro do ventre materno, é considerado pessoa.

A partir do fenômeno da fecundação extra-uterina, agregou-se, ainda, à problemática, a questão do *status* jurídico dos embriões *in vitro*, visto que, sob o enfoque civilista clássico, não é possível encontrar um enquadramento legal aos mesmos. Nesse sentido, Meirelles[278] [279] aponta que o embrião *in vitro* não é prole eventual (prole não concebida), não é nascituro (ser concebido no ventre materno) e não é pessoa natural, exatamente porque sua realidade é outra: já está concebido, tem vida, tem seus elementos genéticos próprios, e, se não for implantado no útero, restará a deriva, aguardando a decisão de um terceiro quanto a sua sorte. O novo fenômeno da concepção extra-uterina, portanto, está a merecer tratamento de legislação específica.

Com os conhecimentos científicos hoje disponíveis, não há como deixar de admitir que o embrião humano é um indivíduo humano des-

---

[277] MEIRELLES, Jussara Maria Leal de. *A Vida Humana Embrionária e sua Proteção Jurídica*. Rio de Janeiro: Renovar, 2000, p. 52 e 59.

[278] Idem, p. 56 e 84.

[279] MEIRELLES, Jussara Maria Leal de. Os embriões humanos mantidos em laboratório e a proteção da pessoa: o novo código civil brasileiro e o texto constitucional. In: BARBOZA, Heloísa Helena, BARRETTO, Vicente de Paulo. *Novos temas de direito e bioética*. Rio de Janeiro: Renovar, 2003, p. 84-85, 91 e 94. Salientando que o Código Civil de 2002 "mantém a distinção entre pessoa nascida, pessoa concebida e pessoa não concebida: o art. 1.798 legitima a suceder as pessoas existentes ou já concebidas no momento da abertura da sucessão; e o art. 1.799, inciso I, dispõe a respeito da possibilidade de serem chamados a suceder os filhos, ainda não concebidos, de pessoas indicadas pelo testador, sob a condição de estarem vivas essas ao abrir-se a sucessão. Demonstrado, assim, que são inconfundíveis as noções referentes ao nascituro (pessoa concebida) e à prole eventual (pessoa não concebida), a leitura do artigo 2° pode demonstrar que a proteção legal da pessoa humana atinge somente o nascituro (pessoa concebida), deixando à margem o embrião *in vitro*". Reitera, então, o entendimento de que o embrião humano *in vitro* não é pessoa natural, não é nascituro e não é prole eventual, não tendo, no entanto, "como negar a sua natureza humana. E essa constatação é, por si só, suficiente para que se lhe reconheça a necessidade de proteção jurídica".

de o início,[280] [281] desde a concepção, ou seja, resta evidente que o embrião é um ser humano, e os aportes da biologia só contribuíram para afastar discussão neste sentido.[282]

Está claro, então, que o embrião não se transforma em humano somente ao longo do seu desenvolvimento, ele é humano desde o início, desde a concepção.[283] [284] Será possível ao ramo da biologia oferecer respostas quanto à possibilidade do embrião humano ser, ou não, uma pessoa? Ora, a biologia pode dizer que o embrião é um humano, mas não pode dizer se ele é uma pessoa, ou não. Isso porque é preciso avaliar aspectos imateriais, aspectos estes que escapam completamente do objeto de estudo da biologia.[285]

Ainda assim, coloca-se um impasse: se por um lado é difícil imaginar um ser biologicamente humano sem alma humana, ou sem espírito humano,[286] por outro lado não é possível a nítida constatação de uma racionalidade no embrião, característica em geral[287] associada à concepção kantiana de dignidade. Neste caso, a solução até então adotada, no plano jurídico, foi no sentido de ampliar a proteção ao sujeito, proteção esta que, ao menos em tese, deveria ser diretamente proporcional ao seu grau de fragilidade. Então, se há dúvida quanto àquele minúsculo corpo vivo, biologicamente humano, chamado de embrião, no plano jurídico, a dúvida milita (ou deveria militar) em favor do embrião, ou seja, pela proteção jurídica da vida humana embrionária. Quanto a estes aspectos, Silva[288] inclusive propõe a

[280] BRANDÃO, Dernival da Silva. O Embrião e os Direitos Humanos. O Aborto Terapêutico. In: *A Vida dos Direitos Humanos, Bioética Médica e Jurídica.* Porto Alegre: Sérgio Fabris, 1999, p. 23.

[281] NALINI, José Renato. A Evolução Protetiva da Vida na Constituição Brasileira. In: *A Vida dos Direitos Humanos, Bioética Médica e Jurídica.* Porto Alegre: Sérgio Fabris, 1999, p. 270.

[282] ANDORNO, Roberto. *La Bioéthique et la Dignité de la Personne.* Collection Médecine et Société. Paris: Presse Universitaires de France, 1997, p. 64-65.

[283] SILVA, Reinaldo Pereira e. *Introdução ao Biodireito:* Investigações Político-Jurídicas sobre o Estatuto da Concepção Humana. São Paulo: LTr, 2002, p. 95 e 99-100.

[284] BARBAS, Stela Marcos de Almeida Neves. *Direito ao Patrimônio Genético.* Coimbra: Almedina, 1998, p. 67, 78 e 72.

[285] MEIRELLES, Jussara Maria Leal de. *A Vida Humana Embrionária e sua Proteção Jurídica.* Rio de Janeiro: Renovar, 2000, p. 109. Espanta-se a autora com a freqüência com que são trazidos conhecimentos da biologia para caracterizar a pessoa, estudo que transcende aos dados biológicos.

[286] Ou qualquer outra denominação que seja atribuída a esse aspecto imaterial inerente à vida humana.

[287] SARLET, Ingo Wolfgang. *Dignidade da Pessoa Humana e Direitos Fundamentais na Constituição Federal de 1988.* 3.ed. rev. atual. ampl. Porto Alegre: Livraria do Advogado, 2004, p. 35. Sustentando que a concepção kantiana de dignidade, se interpretada restritivamente, desemboca no problema, em aberto, da demarcação das fronteiras do início e fim da dignidade.

[288] SILVA, Reinaldo Pereira e. *Biodireito:* a Nova Fronteira dos Direitos Humanos. São Paulo: LTr, 2003, p. 51. "Na elaboração do estatuto da concepção humana não se deve perder de vista que a característica essencial do ser humano consiste em ser um indivíduo de natureza espiritual e que é esta precisa natureza que confere relevo a sua trajetória existencial". Assim, reitera posicionamento anterior, afirmando que a "concepção é, portanto, o marco inicial para o reconhecimento da dignidade da pessoa humana, já que a vida espiritual se inicia com a vida física". Afirma o autor, em p. 53, que "o moderno conceito de nascituro impõe igualdade de tratamento entre embrião pré-implantatório e embrião implantado".

elaboração de um abrangente "estatuto jurídico da concepção humana", com igualdade de tratamento entre os embriões, estejam implantados ou não.

Sobre esta temática, além das três Propostas de Emenda à Constituição, a PEC 571/2002,[289] a PEC 62/2003[290] e a PEC 408/2005[291] (já com parecer do relator, pela admissibilidade das propostas), estão tramitando dois Projetos de Lei no Congresso Nacional, quais sejam, o PL 6150/2005,[292] Projeto de Lei que dispõe sobre o Estatuto do Nascituro e

---

[289] A PEC-571/2002, autoria Dep. Paulo Lima, acrescenta o inciso LXXVIII ao art. 5º da Constituição Federal. O art. 5º da Constituição Federal passa a vigorar acrescido do seguinte inciso LXXVIII: "a vida do nascituro se inicia com a concepção sendo inviolável e digna de todo respeito e serão punidas, severamente, as práticas que resultem em sua morte, sofrimento, ou mutilação, na forma da lei, devendo ser procuradas formas alternativas de pesquisa e desenvolvimento científico que não prejudiquem o embrião ou feto".
Parecer do Relator na CCJC, em 30/11/2005, Dep. Odair Cunha (PT-MG), pela admissibilidade da PEC 571/2002, e pela admissibilidade das PEC 62/2003 e PEC 408/2005, apensadas.

[290] A PEC 62/2003, de autoria de Severino Cavalcanti, que dá nova redação ao *caput* do art. 5º da CF88, garantindo ao nascituro o direito à vida desde a sua concepção.

[291] A PEC 408/2005, de autoria de Durval Orlato (PT/SP), apresentada em 09/06/2005, encaminhada à Comissão de Constituição e Justiça e de Cidadania (CCJC). Acrescenta o inciso LXXIX ao art. 5º da Constituição Federal, dispondo sobre o direito à vida e vedando a clonagem humana (apensada à PEC-571/2002). Art. 5º da CF88, inciso LXXIX: é inviolável a vida humana, desde a união dos gametas masculino e feminino, vedada a clonagem ou qualquer outra técnica de reprodução humana".

[292] PL 6150/2005, Projeto de Lei sobre Estatuto do Nascituro, apresentado em 01/11/2005, na Câmara do Deputados, pelo Dep. Osmânio Pereira e outros, que dispõe sobre o Estatuto do Nascituro e dá outras providências, alterando o Decreto-Lei nº 2.848, de 1940 e a Lei nº 8.072, de 1990, já encaminhado às Comissões de Seguridade Social e Família e Constituição e Justiça e de Cidadania. Em 01/12/2005 foi designado Relator, na Comissão de Seguridade Social e Família (CSSF), o Dep. Darcísio Perondi (PMDB-RS), e em 22/12/2005 foi determinado fosse apensado o PL-6465/2005 ao PL 6150/2005. O projeto de lei tem 32 artigos e está dividido em quatro partes: disposições preliminares, direitos fundamentais, crimes em espécie e disposições finais. Nas disposições preliminares (art. 1º ao art. 6º) dispõe sobre a proteção integral do nascituro, ser humano concebido, mas ainda não nascido, incluindo neste conceito os seres humanos concebidos "in vitro", os produzidos através de clonagem ou por outro meio científica e eticamente aceito. Nos termos do projeto, o nascituro adquire personalidade jurídica ao nascer com vida, mas sua natureza humana é reconhecida desde a concepção, conferindo-lhe proteção jurídica através deste estatuto e da lei civil e penal. Nos arts. 4º e 5º trata dos deveres da família, da sociedade e do Estado, de assegurarem ao nascituro, com absoluta prioridade, a expectativa do direito à vida, à saúde, à alimentação, à dignidade, ao respeito, à liberdade e à convivência familiar, além de colocá-lo a salvo de toda forma de negligência, discriminação, exploração, violência, crueldade e opressão. Pune, na forma da lei, qualquer atentado à expectativa dos direitos dos nascituros, por ação ou omissão, referindo a condição peculiar do nascituro como futura pessoa em desenvolvimento (art. 6º). No que tange aos direitos fundamentais: a) assegura-se, aos nascituros, políticas públicas que permitam o seu desenvolvimento sadio e harmonioso, e nascimento, em condições dignas de existência, pelo Sistema Único de Saúde, em igualdade de condições com a criança (art. 7º e 8º); b) veda-se todas as formas de discriminação que possam privar o nascituro de suas expectativas de direitos (art. 9º); c) assegura-se, ao nascituro deficiente, todos os meios terapêuticos e profiláticos para prevenir, reparar ou minimizar sua deficiência, haja ou não expectativa de sobrevida extra-uterina (art. 10º); d) assegura-se que o diagnóstico pré-natal respeitará o desenvolvimento e a integridade do nascituro, e que estará orientado para a salvaguarda do nascituro ou sua cura individual (com o consentimento dos pais), vedados tais diagnósticos se mãe e o nascituro estiverem correndo riscos desproporcionais ou desnecessários (art. 11º); e) assegura-se que o nascituro concebido por ato de violência sexual não sofrerá qualquer discriminação ou restrição de direitos (assegurando-lhes, ainda, prioridade

---

O Direito Fundamental à Identidade Genética
na Constituição Brasileira

dá outras providências, e o PL 6465/2005,[293] Projeto de Lei de Declaração dos Direitos do Nascituro.

Andorno,[294] constatando que o debate quanto ao *status* do embrião é interminável, assevera que o direito, para além dessa discussão quanto ao embrião é, ou não é, deverá determinar como o embrião deve ser tratado. No sentido de proteger a vida humana embrionária, sustenta-se que a "dignidade da pessoa é tanta da pessoa já nascida como da pessoa desde a concepção",[295] e que todo ser humano vivo é considerado pessoa e deve ser tratado como tal,[296] bem como indica-se a orientação

---

na assistência pré-natal, com acompanhamento psicológico da gestante, pensão alimentícia de 1 salário mínimo até 18 anos, que, se não identificado o pai, será paga pelo Estado e direito prioritário à adoção, se for o caso – art. 13°); f) no caso de interesses colidentes, o nomeação de curador (art. 15 e 16); g) assegura-se a reparação dos danos materiais e morais sofridos pelo nascituro. Quanto aos crimes em espécie (art. 22 ao art. 32), de ação pública incondicionada, tipifica o aborto culposo (1 a 3 anos de detenção), tipifica a conduta de anunciar processo, substância ou objeto destinado a provocar aborto (1 a 2 anos de detenção e multa), tipifica o congelamento, manipulação ou utilização de nascituro como material de experimentação (1 a 3 anos de detenção e multa), tipifica a referência ao nascituro com palavras ou expressões manifestamente depreciativas (1 a 6 meses de detenção e multa), tipifica a conduta de fazer publicamente apologia do aborto ou de quem o praticou, ou incitar publicamente a sua prática (6 meses a 1 ano de detenção e multa), tipifica o induzimento de mulher grávida a praticar aborto ou oferecer-lhe a ocasião para que o pratique (1 a 2 anos de detenção e multa). Por derradeiro, nas disposições finais (art. 31 e 30), inclui o crime de aborto na Lei dos Crimes Hediondos e altera a redação dos arts. 124, 125 e 126 do Código Penal, aumentando as penas dos crimes de aborto, como segue: art. 124 com pena de 1 a 3 anos de reclusão (detenção, pelo CP vigente), art. 125 com pena de 6 a 15 anos de reclusão (3 a 10 anos de reclusão, pelo CP vigente) e art. 126 com 4 a 10 anos de reclusão (1 a 4 anos de reclusão, pelo CP vigente).

[293] PL 6465/2005 de Declaração de Direitos do Nascituro, de autoria do Sr. Salvador Zimbaldi. Este projeto de declaração de direitos tem 12 artigos garantindo os direitos fundamentais do nascituro ("O que há de nascer") : a) proteção integral do nascituro, da concepção (fertilização) ao nascimento; b) direito a um ambiente gestacional saudável, que deve incluir desde o direito e obrigação por parte da mãe ao pré-natal e o apoio familiar; c) direito de não ser sujeito em experiências científicas, médicas ou não médicas; d) vedada qualquer invasão do habitáculo materno, salvo se em benefício do nascituro; e) declara-se que é direito do nascituro a informação a toda a população sobre os fatos científicos a respeito do desenvolvimento do feto e também a divulgação dos seus direitos; f) é dever da família e obrigação do Estado a garantia de condições sócio-econômicas, sociais e legais para o bom desenvolvimento daquele que há de nascer; g) o descumprimento de qualquer um dos artigos desta lei, o responsável será criminalizado de acordo com a lei de crime inafiançável, revogando todas as disposições em contrário. Justificativa: dar garantias àquele que é indefeso e precisa de proteção, abolindo por completo as possibilidades de abortamento no Brasil, dizendo sim à vida em toda a sua plenitude.

[294] ANDORNO, Roberto. *La Bioéthique et la Dignité de la Personne.* Collection Médecine et Société. Paris: Presse Universitaires de France, 1997, p. 74. "Dans le cas de l'embryon, ce même critère conduit à soutenir que, tant qu'on ne prouve pas qu'il est une chose, on doit présumer qu'il est une personne (*in dúbio pro vita*)".

[295] MIRANDA, Jorge. *Manual de Direito Constitucional.* 3.ed. Coimbra: Editora Coimbra, 2000, tomo IV, p. 186. "A dignidade da pessoa é tanta da pessoa já nascida como da pessoa desde a concepção – porque a vida humana é inviolável (art. 24, n° 1), porque a Constituição garante a dignidade pessoal e a identidade genética do ser humano (art. 26, n° 1) e a procriação assistida é regulamentada em termos que salvaguardem a dignidade da pessoa humana (art. 67, n°, alínea e), e, porque, para lá da noção privatística (...), se oferece, assim, um conceito constitucional de pessoa".

[296] SCHOOYANS, Michel. *Dominando a Vida, Manipulando os Homens.* Tradução de Augusta Garcia Dorea. 2.ed. São Paulo: IBRASA, 1993, p. 36. Título original: [Maîtrise de la vie, domination des hommes]. Para SCHOOYANS, todo ser humano vivo é considerado pessoa e

de que, em caso de dúvida, a solução jurídica deveria ser através do princípio *in dúbio pro vitae*,[297] [298] inclusive para os embriões *in vitro*.[299]

Polarizando a discussão, no extremo oposto, está Merkel,[300] que não vê motivos morais para que se reconheça ao embrião o direito à vida e uma dignidade humana. Na sua ótica, o simples pertencer à espécie *homo sapiens* não protege a vida do embrião, o que afirma ser uma falácia naturalista. Ademais, acrescenta que não é possível observar autonomia e auto-determinação no embrião. Rechaça o argumento da continuidade do processo de desenvolvimento humano, que não admitiria cortes bruscos. Afirma que tal argumento é inválido porque não significa que não possamos realizar cortes necessários, e desejáveis, em determinadas situações. Que razões existiriam para proteger qualidades futuras de um ser ainda inexistente? Seu último argumento: a identidade do embrião não se confunde com a identidade do ser humano nascido. Conclui que os embriões não são sujeitos de direitos, que podem e devem ser produzidos e utilizados em pesquisas, eis que os fins são nobres e plenamente aceitáveis, não havendo nada de condenável, argumentos que valem também para a clonagem terapêutica, especialmente porque será a forma de solucionar o problema dos transplantes. Sua tese é de que há uma série de ações que não são condenáveis, são, aliás, justificáveis em função dos interesses e necessidades da coletividade, o que é moralmente razoável, e não utilitarista. E mais, que temos o dever de ajudar milhões de pessoas doentes. Acredita ser possível proteger o embrião como um bem, mas não como titular de um direito fundamental (no que não está desacompanhado),[301] tecendo severas

deve ser tratado como tal. Reduzir tal noção de pessoa, dela excluindo alguns sujeitos (aqueles declarados como não-pessoas), "é condição para dela livrar-se impunemente ou servir-se com proveito".

[297] OTERO, Paulo. *Personalidade e Identidade Pessoal e Genética do ser Humano:* um Perfil Constitucional da Bioética. Coimbra: Almedina, 1999, p. 38 e 41. Para OTERO "a garantia de inviolabilidade da vida humana impõe ao poder público o dever de preservar o direito à vida pré-natal e pós-natal de todos e até de modo reforçado quanto mais frágil for essa manifestação de vida humana ou mais insuficiente ou débil for o seu titular".

[298] SILVA, Reinaldo Pereira e. *Introdução ao Biodireito:* Investigações Político-Jurídicas sobre o Estatuto da Concepção Humana. São Paulo: LTr, 2002, p. 206. "Qualquer incerteza quanto ao seu estatuto somente pode militar, razoavelmente, em favor da vida".

[299] MEIRELLES, Jussara Maria Leal de. *A Vida Humana Embrionária e sua Proteção Jurídica.* Rio de Janeiro: Renovar, 2000, p. 173. Igualmente pelo benefício da dúvida, inclusive para os embriões *in vitro*.

[300] MERKEL, Reinhard. Rechte für Embryonen: In: GEYER, Christian (Org.). *Biopolitik. Die Positionen.* Frankfurt am Main: Edition Suhrkamp, 2001. Tradução não publicada de Rita Dostal Zanini, Mestranda em Instituições de Direito do Estado, da Pontifícia Universidade Católica do Rio Grande do Sul.

[301] HABERMAS, Jürgen. *El Futuro de la Naturaleza Humana. Hacia una Eugenesia Liberal?* Tradução de R. S. Carbó. Barcelona: Paidós Ibérica, 2002, p. 103-104. Esclarece que sua proposta de distinção entre "inviolabilidade da dignidade humana" (art. 1.1 da LF) e "indisponibilidade da vida humana" (art. 2.2 da LF) pode ser interpretada como uma gradual proteção da vida humana pré-natal, no âmbito da legislação infraconstitucional.

O Direito Fundamental à Identidade Genética
na Constituição Brasileira

críticas[302] à segunda decisão do Tribunal Constitucional alemão de 1993, sobre o aborto.

Essa apertada síntese das discussões travadas no plano jurídico deixa entrever a polarização da temática, bem como a necessidade de construir uma fundamentação em bases sólidas. À guisa de um posicionamento pessoal, reitera-se o entendimento já explicitado no capítulo terceiro,[303] no sentido de ser possível reconhecer, ao embrião humano, uma dignidade, reconhecendo-o, no plano jurídico, como pessoa humana não nascida, motivo pelo qual adotou-se, neste estudo, a corrente concepcionista, no sentido de que a personalidade inicia a partir da concepção, ou seja, os embriões humanos são, no plano jurídico, considerados como pessoas.

Pelos fundamentos expostos, o direito fundamental à identidade genética é um direito da pessoa humana em todas as suas fases evolutivas de sua vida. Sob essa ótica, afirma-se que a titularidade do direito à identidade genética é abrangente: visa proteger a pessoa das potenciais agressões que poderá sofrer ao longo da sua existência, em todo o seu ciclo vital, da concepção[304] à morte. E quanto à coleta de

---

[302] MERKEL, Reinhard. Direitos Fundamentais para Mórula? Fundamentos Normativos do Diagnóstico de Pré-Implantação e da Pesquisa de Células-Tronco de Embriões. In: SOUZA, Draiton Gonzaga de; ERDTMANN, Bernardo (Orgs.). *Ética e Genética II*. Porto Alegre: EDIPUCRS, 2003, p. 53 a 55. [Grundrechte für Frühe Embryonen? Normative grundlagen der präinplantationsdiagnostik und der forschung na embryonalen stammzellen]. Comentando as duas decisões do Tribunal Constitucional alemão sobre o aborto, sustenta que, pelo teor da decisão de 1975, não seria necessário decidir se o embrião é pessoa, titular de direitos fundamentais, ou não, uma vez que o embrião estaria protegido objetivamente pelo direito à vida. Entretanto, na sua ótica, em 1993 o Tribunal Constitucional alemão tratou de anular a sua própria decisão, isso em virtude de contradições, existindo uma "coação legal para aconselhamento" prévio: "Quer seja a "solução do aconselhamento" do direito vigente a melhor estratégia de proteção estatal da vida pré-natal, quer não o seja, a sua conseqüência cogente é a legalidade do aborto", em p. 56 e 57. Acrescenta o argumento de que o embrião humano na fase da mórula (até 13º dia após a fecundação, antes da nidação) não pode experenciar absolutamente nada, pois "falta-lhe todo e qualquer requisito neurofisiológico para que possa genericamente vivenciar qualquer coisa", em p. 62.

[303] Ver Capítulo 3º, especialmente item 3.1.5. Ainda que a construção da identidade aconteça pela via social, há uma parcela desta identidade pessoal que não só não é construída socialmente como também pode ser conhecida, manipulada e alterada inclusive antes do nascimento: a identidade genética da pessoa. Tendo em vista os novos riscos aportados pelas tecnologias de ponta e partindo do argumento de que o desafio diário posto aos homens é justamente construir e ter reconhecida sua identidade (bem como lutar contra a fragmentação da identidade), afirmou-se que a honestidade científica está em buscar compreender o significado e o conteúdo dessa dignidade no âmbito de uma comunidade inclusiva efetivamente preocupada com o reconhecimento, a proteção e a promoção da dignidade da pessoa nos ordenamentos jurídico-constitucionais.

[304] BARBAS, Stela Marcos de Almeida Neves. *Direito ao Patrimônio Genético*. Coimbra: Almedina, 1998, p. 77; ANDORNO, Roberto. *La Bioéthique et la Dignité de la Personne*. Collection Médecine et Société. Paris: Presse Universitaires de France, 1997, p. 93. (Collection Médecine et Société). Sustentando que a identidade genética merece proteção desde a concepção. Enfatiza dois aspectos: 1º) estabelecer uma proteção geral à identidade humana sem protegê-la nos momentos mais frágeis, especialmente referindo-se aos diferentes estágios embrionários, parece ser de duvidosa eficácia; 2º) a passagem sub-reptícia à vida humana produzida aporta riscos cada vez maiores de eugenia, p. 64, 77 e 78; LOUREIRO, João Carlos Gonçalves. O Direito à Identidade Genética do Ser Humano. In: *Portugal-Brasil Ano 2000*. Op. cit., p. 329 e 333. Para Loureiro o embrião não é, desde o início,

células somáticas e germinais (gametas) em cadáveres, em que pese não serem titulares de direitos, isso não exclui o dever de respeito aos mortos.[305]

Impende esclarecer que a doutrina, no que tange à titularidade do direito à identidade genética, tem identificado uma dupla dimensão:[306] seja para proteger o patrimônio genético individual de cada pessoa humana, seja para proteger o patrimônio comum da humanidade[307] na ordem comunitária. Pela amplitude e controvérsias que o tema provoca, deixa-se de abordar a questão sob a ótica da preservação da identidade da espécie humana como patrimônio comum da humanidade, fazendo uma abordagem mais restrita, porém relevante também para a dimensão comunitária, na medida em que, assegurada a proteção constitucional do patrimônio genético individual da pessoa humana nas ordens estatais (e é tarefa estatal proteger os bens considerados relevantes à sociedade), seria obtida a universalização necessária, visto a problemática, em realidade, transcender a esses limites territoriais.

4.2.2. A vida humana como bem jurídico fundamental autônomo

De qualquer forma, independentemente de saber se o embrião humano é pessoa, afirma-se que a vida humana está protegida desde a concepção, já que a vida humana é um bem jurídico que goza de proteção jurídico-constitucional autônoma.[308]

pessoa, titular de direitos fundamentais, o que "não significa que se postergue a protecção jurídica da vida pré-natal, recusando que este seja um bem jurídico-fundamental tutelado, independentemente de estar ou não no ventre materno". Esclarece que utiliza a expressão "ser humano" e não "pessoa humana" justamente para afastar-se do "terreno minado em que se move o conceito de pessoa", mas, de qualquer forma, afirma que todos os seres humanos são pessoas.

[305] BARBAS, Stela Marcos de Almeida Neves. *Direito ao Patrimônio Genético*. Coimbra: Almedina, 1998, p. 36. Tal matéria guarda correlação com a temática ora tratada. A autora relata proposta (1988) de um cientista australiano para manutenção de mulheres com diagnóstico de morte cerebral, como incubadoras, para melhor uso dos cadáveres.

[306] LOUREIRO, João Carlos Gonçalves. O Direito à Identidade Genética do Ser Humano. In: *Portugal-Brasil Ano 2000*. Op. cit., p. 343.

[307] SOUZA, Paulo Vinicius Sporleder de. *Crimes Genéticos, Genoma Humano e Direitos Humanos de Solidariedade*. (No prelo). Desenvolvendo a idéia do genoma humano como patrimônio comum da humanidade, de titularidade coletiva. "Em conseqüência, esta qualificação do "patrimônio [comum] da humanidade" possui um interesse especial no que tange a certos bens jurídicos e direitos [humanos] que exsurgem e são a ele inerentes, tais como o direito à identidade genética, o direito à biodiversidade, o direito à qualidade de vida, o direito a um meio ambiente ecologicamente equilibrado, entre outros, que já vêm sendo reconhecidos expressamente ou implicitamente pelos países, pelas comunidades, pelas organizações internacionais e pelos juristas em geral".

[308] KLOEPFER, Michael. Vida e Dignidade da Pessoa Humana. Tradução de Rita Dostal Zanini. In: SARLET, Ingo Wolfgang (Org.). *Dimensões da Dignidade*. Op. cit., p. 155 e ss. Sustentando que a vida humana e dignidade humana são bens jurídico-fundamentais autônomos, isso no sentido de que não repercutem, necessariamente, em conjunto, muito embora as mais expressivas tensões manifestem-se justamente quando analisados como uma unidade. "O direito à vida é o direito de viver. Ele abrange a existência corporal, a existência biológica e física, que é pressuposto vital para a utilização de todos os direitos fundamentais", em p. 158.

Além dos direitos fundamentais, na sua dimensão subjetiva,[309] [310] [311] não se reduzirem a direitos subjetivos públicos, há que examinar a sua perspectiva jurídico-objetiva. Sob a face da dimensão objetiva dos direitos fundamentais,[312] função autônoma que transcende a perspectiva subjetiva, a doutrina tem sustentado uma força jurídica reforçada das normas que incorporam valores e decisões essenciais da comunidade, ou seja, "uma espécie de mais-valia jurídica"[313] das normas jusfundamentais. A teoria dos deveres estatais de proteção dos direitos fundamentais é um dos desdobramentos da dimensão objetiva dos direitos fundamentais e consiste na idéia de que poderes públicos têm o dever de atuar positivamente para uma efetiva[314] proteção dos direitos fundamentais, protegendo-os contra agressões do Estado e de particulares.

---

[309] ALEXY, Robert. *Teoria de los Derechos Fundamentales.* Madrid: Centro de Estudios Constitucionales, 1997, p. 186, 189, 194, 210, 227 e 245. Cabe enfatizar que os direitos fundamentais, na sua dimensão subjetiva, não se reduzem a direitos subjetivos públicos (idéia esta atrelada aos direitos de defesa do indivíduo contra os poderes públicos). Como proposto por ALEXY, os direitos fundamentais consubstanciam um "sistema de posições jurídicas fundamentais", que, no seu conjunto, formam o direito fundamental como um todo, que comporta três posições básicas, quais sejam, os "derechos a algo" (direitos a ações negativas e a ações positivas), as liberdades e as competências.

[310] CANOTILHO, José Joaquim Gomes. *Direito Constitucional e Teoria da Constituição.* 7.ed. Coimbra: Almedina, 2004, p. 1258 a 1261. Na esteira de Alexy, sustentando as múltiplas facetas da dimensão subjetiva dos direitos fundamentais como normas e posições jurídicas fundamentais que se estruturam da seguinte forma: 1º) direitos a atos negativos (em tríplice perspectiva como o "direito ao não impedimento por parte dos entes públicos de determinados actos", o "direito à não intervenção dos entes públicos em situações jurídico-subjectivas" e o "direito à não eliminação de posições jurídicas"); 2º) direitos a ações positivas (seja de natures fática, seja de natureza normativa); 3º) liberdades (alternativa de comportamentos, ou seja, a possibilidade de escolha de um comportamento, inclusive na sua componente negativa, a exemplo de "ter ou não ter uma religião, fazer ou não fazer parte de uma associação"; 4º) competências ("possibilidade de o indivíduo praticar determinados actos jurídicos e, conseqüentemente, alterar, através desses actos, determinadas posições jurídicas) (poder jurídico, direito de conformação).

[311] SARLET, Ingo Wolfgang. *A Eficácia dos Direitos Fundamentais.* Op. cit., p. 163. Refere, na dimensão subjetiva, um "feixe de posições estruturalmente diferenciadas" ou o "tripé de posições fundamentais": 1º) "direitos a qualquer coisa" (direitos de defesa e direitos a prestações); 2º) liberdades (como "negação de exigências e proibições") e 3º) os poderes (competências e autorizações).

[312] ANDRADE, José Carlos Vieira de. *Os Direitos Fundamentais na Constituição Portuguesa de 1976.* 2.ed. Coimbra: Almedina, 2001, p. 138 e 143. Referindo que um direito fundamental como posição jurídica subjetiva "não explica todas as conseqüências jurídicas resultantes da consagração de direitos fundamentais". Neste contexto, quanto à "mais –valia" jurídica, que denomina "dimensão objectiva em sentido funcional", destaca a importância da atuação poderes públicos no processo de efetivação dos direitos fundamentais, referindo as garantias institucionais (p. 138), a "eficácia externa e o dever estadual de protecção" (p. 141), os direitos fundamentais de cunho organizacional e procedimental (p. 145), dentre outros aspectos.

[313] SARLET, Ingo Wolfgang. *A Eficácia dos Direitos Fundamentais.* Op. cit., p. 151 a 161. Destacamos aqui, dentre vários outros desdobramentos da perspectiva jurídico-objetiva dos direitos fundamentais, a eficácia irradiante na esfera privada (p. 157), os deveres estatais de proteção dos direitos fundamentais (158) e seu estreito vínculo com as normas procedimentais (p. 159).

[314] ANDRADE, José Carlos Vieira de. *Os Direitos Fundamentais.* Op. cit., p. 138.

Häberle[315] afirma que "existem efeitos prévios e póstumos da proteção jurídico-constitucional da dignidade humana" e que, no caso da proteção jurídica da vida do feto, tal desenvolvimento efetivou-se, doutrinariamente, no âmbito do reconhecimento dos deveres estatais de proteção da vida humana pré-natal.[316]

Ao aportar a vida humana como um dos fundamentos do direito à identidade genética, supera-se o problema da titularidade, no caso de uma resposta negativa à questão de saber se embrião é pessoa humana. Assim, o que poderia ser uma dificuldade incontornável (qual seja a de buscar proteção jusfundamental à identidade genética do embrião humano com fundamento na dignidade da pessoa humana e na cláusula geral implícita de tutela das todas as manifestações essenciais da personalidade humana) resta superado se agregado o fundamento da vida humana como bem jurídico fundamental e autônomo.

A norma contida no *caput* do art. 5º da Constituição Federal de 1988 garante a inviolabilidade do direito à vida. Além desta consagração expressa do direito fundamental à vida, é relevante mencionar a vigência interna do Pacto de São José da Costa Rica,[317] bem como as normas penais que tipificam o crime de aborto.[318] No que tange à proteção do direito à vida e à saúde da criança, destaque-se, ainda, que o Estatuto da Criança e do Adolescente assegura não só o direito ao tratamento pré-natal como também o direito ao nascimento.[319]

Pelos fundamentos apontados, adota-se o posicionamento de que a salvaguarda do direito à vida dá-se desde a concepção, independentemente de discutir se o embrião é pessoa, ou não. Entendimento em sentido contrário significaria admitir que os não-nascidos não teriam direito de virem a viver, ou, dito de outra forma, que somente os nascidos teriam direito de viver, o que não parece ser constitucionalmente admissível. Com base nestes fundamentos, ainda que não se reconheça uma dignidade ao embrião, ainda assim, a salvaguarda do direito à vida, como bem jurídico-fundamental, dá-se desde a concep-

---

315 HÄBERLE, Peter. A Dignidade como Fundamento da Comunidade Estatal. Tradução de Rita Dostal Zanini. In: SARLET, Ingo Wolfgang (Org.). *Dimensões da Dignidade*. Op. cit., p. 139.

316 LOUREIRO, João Carlos Gonçalves. O Direito à Identidade Genética do Ser Humano. In: *Portugal-Brasil Ano 2000*. Op. cit., p. 331-332. No que tange a esses "pré-efeitos", assim leciona Loureiro: "Embora o direito (subjectivo) à identidade genética pressuponha a existência de um sujeito, não há dúvidas de que não poderá deixar de ser assegurada uma tutela ao *nondum conceptus*, sob pena de reduzir, em muito, o alcance desta. Na verdade, em termos teoréticos e dogmáticos, a categoria-chave é, sem dúvida, a dos deveres de protecção que, face à impossibilidade de subjectivação, aparecem aqui em toda a sua autonomia".

317 Segundo o Decreto 678/1992, que promulgou a Convenção Americana sobre Direitos Humanos (Pacto de São José da Costa Rica/1969): "2. Para efeitos desta Convenção, pessoa é todo ser humano". Art. 3º Toda pessoa tem direito ao reconhecimento de sua personalidade jurídica.

318 Código Penal Brasileiro, art. 124 a 127.

319 Lei 8.069/90, ECA, Estatuto da Criança e do Adolescente, art. 7º.

ção, independentemente de discutir se o embrião é pessoa afetada de dignidade, ou não, fundamentos estes que se estendem ao direito fundamental à identidade genética como bem jurídico-fundamental.

No que tange ao direito à vida, Canotilho[320] assevera que nenhum autor hoje se atreveria a sustentar que não há qualquer direito, perante o Estado, a prestações existenciais mínimas nessa seara. Entretanto, sinaliza que o reconhecimento de um direito fundamental à vida "não significa impor como o Estado deve, *prima facie*, densificar esse direito", colocando em relevo que, na dimensão positiva do direito à vida (impedir de matar), existe um "relativo *espaço de discricionariedade* do legislador (dos poderes públicos) quanto à escolha do meio (ou meios) para tornar efectivo o direito à vida na sua dimensão existencial mínima", o que não acontece na sua dimensão negativa (não matar). Quanto às noções gerais acerca da multifuncionalidade dos direitos fundamentais, seja como direito de defesa (dimensão negativa), seja como direito a prestações, esclareça-se que serão examinadas no capítulo seguinte.[321]

O fato é que, sob a perspectiva dos deveres estatais de proteção, há uma vinculação dos poderes públicos (legislador, juiz e administrador) aos direitos fundamentais, que implica um dever de proteção e promoção destes. Sob este olhar, discute-se se a consagração dos direitos fundamentais impõe, ao legislador, um dever de tipificar como crime determinadas condutas, ou ainda se se impõe intensa atividade legiferante, ao que se aponta não para uma proteção efetiva em todas e quaisquer situações (leitura radical que levaria a pensar que o Estado seria o único responsável por todas e quaisquer ofensas a bens jurídico-fundamentais), mas que seja assegurado, pelo Estado, "um nível mínimo adequado de protecção dos direitos fundamentais",[322]

---

[320] CANOTILHO, Joaquim José Gomes. Tomemos a sério os direitos econômicos sociais e culturais. In: *Estudos sobre Direitos Fundamentais*. Coimbra: Editora Coimbra, 2004, p. 57-58. "Nem a Constituição portuguesa nem a Constituição espanhola deixam qualquer liberdade de conformação do legislador quanto à proibição de matar (direito à vida como direito de defesa, direito negativo a uma omissão de agressão), mas nenhuma delas estabelece também uma *ponderação* pré-determinada quanto à escolha dos meios indispensáveis para satisfazer prestações existências mínimas inerentes ao direito à vida. Todavia, a liberdade de escolha ou espaço de discricionariedade dos poderes públicos nunca é total, pois, existem determinantes constitucionais heterónomas a vincular o legislador. Essas determinantes constitucionais heterônomas são 'positivistas' na Constituição Portuguesa sob a forma de 'direitos' – 'direito à segurança social', 'direito à cultura', 'direito à paternidade e maternidade', 'direito das crianças ao desenvolvimento integral' –, e na Constituição espanhola sob a forma de 'principios rectores de politica social y económica' – 'los niños gozarán de la proteccion prevista en los acuerdos internacionales que velan por sus derechos, los poderes públicos mantendrán un rérimen publico de Seguridad', etc."

[321] Remete-se ao conteúdo desenvolvido no capítulo 5°, item 5.2.1.

[322] ANDRADE, José Carlos Vieira de. *Os Direitos Fundamentais na Constituição Portuguesa de 1976*. Op. cit., p. 143-144. O autor refere que a "proibição de défice (*UntermaBverbot*)", de Canaris, é um paralelo da conhecida e tradicional proibição de excesso. Remete-se, quanto a estes aspectos, ao capítulo 6°, especialmente item 6.4.

uma vez que a proibição de uma proteção insuficiente, que se extrai desses deveres de proteção, não pode eliminar a liberdade de conformação do legislador. Ademais, ressalta Andrade[323] que a proteção estatal dos direitos fundamentais encontra limites que não se reduzem aos direitos das outras pessoas, aquelas cuja esfera jurídica possa ser afetada, mas também quando estiverem "em causa *valores comunitários relevantes* (incluindo também a liberdade geral) que ao Estado cumpre assegurar".

Quanto a esse "campo de ación" do legislador, Alexy[324] assevera que "el mandato de salvamento no implica el mandato de toda acción de salvamento", o que significa afirmar que o Estado, enquanto destinatário dos direitos fundamentais, pode escolher o meio como levará a cabo a proteção da vida humana. Assim leciona o autor:

> Cuando son adecuadas varias acciones de protección o promoción, ninguna de ellas es necesaria para el cumplimiento del mandato de protección o promoción; lo único que es necesario es que se realice alguna de ellas. Sólo si existe una única acción adecuada de protección o promoción, ella es necesaria para el cumplimiento del derecho a prestación.

Ainda que o posicionamento pessoal adotado seja o de afirmar que o embrião humano também é titular do direito fundamental à vida e do direito fundamental à identidade genética, como as pessoas humanas nascidas, ou, alternativamente, para contornar a discussão em torno da titularidade, afirmando os deveres estatais de proteção desses bens jurídico-fundamentais, advirta-se que tal posicionamento não significa advogar em prol de uma proteção absoluta da dignidade humana, da identidade genética e da vida humana, visto que há limitações aos direitos fundamentais.[325]

Examinada a fundamentação, bem como a questão da titularidade do direito fundamental à identidade genética, cumpre adentrar no exame do conteúdo ou do âmbito de proteção deste direito fundamental na ordem-jurídico-constitucional pátria, o que será examinado no capítulo seguinte.

---

[323] ANDRADE, José Carlos Vieira de. *Os Direitos Fundamentais na Constituição Portuguesa de 1976.* Op. cit., p. 145.

[324] ALEXY, Robert. *Teoria de los Derechos Fundamentales.* Madrid: Centro de Estudios Constitucionales, 1997, p. 447. "Esta construcción (...) presupone que los derechos fundamentales son algo más que derechos de defensa frente a intervenciones del Estado. El Tribunal indica el "contenido jurídico-objetivo' de los derechos fundamentales y el "orden objetivo de valores que representan los derechos fundamentales", em p. 439.

[325] Remete-se para o Capítulo 6º.

5. Significado e conteúdo do direito fundamental à identidade genética à luz de sua multifuncionalidade

Traçando uma linha do que até então foi abordado, relevante marcar os pontos de passagem. A Constituição Federal de 1988 consagrou expressamente o princípio da dignidade da pessoa humana como um dos fundamentos do Estado Democrático de Direito. Este princípio jurídico visa proteger a pessoa humana na sua própria essência, confirmando-a como fundamento e fim da sociedade e do Estado brasileiro. Examinando mais detidamente, além de informar todo o ordenamento jurídico, o princípio da dignidade da pessoa humana é fundamento para a maioria dos direitos elencados no catálogo de direitos fundamentais, conferindo, de tal sorte, unidade de sentido ao sistema de direitos fundamentais. Igualmente resta pacífico que a vida humana é um bem jurídico fundamental na ordem constitucional pátria, em que pese as controvérsias doutrinárias quanto ao início da tutela jurídica.

Reitera-se entendimento pessoal já explicitado (no terceiro capítulo), no sentido de ser possível um reconhecimento, ao embrião humano,[326] de sua dignidade, considerando-o, no plano jurídico, como pessoa humana, na esteira da doutrina concepcionista e, ainda, no que tange ao direito fundamental à vida, que o Estado tem o dever de proteção da dignidade da pessoa humana e da vida humana, e que esta, no ordenamento jurídico brasileiro, está protegida desde a concepção.

Assim, com fundamento no princípio da dignidade da pessoa humana[327] e no direito fundamental à vida,[328] agregando, ainda, em reforço à fundamentação, o dever de preservar a diversidade e a integridade do patrimônio genético e o dever de fiscalizar as entidades dedicadas à pesquisa e manipulação de material genético[329] (situações

---

[326] Impende novamente esclarecer que não estamos sustentando um reconhecimento de dignidade aos embriões clonados (ou obtidos por clonagem), mas apenas aos embriões humanos concebidos a partir da fertilização do óvulo pelo espermatozóide.

[327] Inciso III do art. 1º da CF 88.

[328] Art. 5º da CF 88.

[329] Art. 225 da Constituição Federal, § 1º, inciso II.

que evidentemente incluem o genoma humano, já que não se consegue vislumbrar o homem isolado do meio em que vive),[330] o direito à identidade genética é um direito fundamental implícito na ordem constitucional brasileira.

Além disso, imprescindível examinar, então, o significado desse direito fundamental, bem como o conteúdo ou âmbito de proteção, à luz de sua multifuncionalidade. Neste contexto, impõe-se destacar que o direito à identidade genética é um direito como um todo, consubstanciando, então, um complexo de "posições jurídicas fundamentais" que formam um todo.[331]

5.1. A BASE BIOLÓGICA DA IDENTIDADE PESSOAL COMO BEM JURÍDICO FUNDAMENTAL

Para lograr uma compreensão do significado do direito à identidade genética, destaca-se, inicialmente, o vertiginoso desenvolvimento das ciências nos últimos anos, tão notável que se chegou a ponto de vislumbrar uma alternativa à reprodução sexual, o que demonstra estarmos prestes a adquirir um poder sobre nós mesmos. Neste contexto, a questão que se coloca agora é no sentido de que o ser humano, tal qual nós o conhecemos, deve ser preservado. Nesse sentido, a identidade genética da pessoa humana é um bem jurídico a ser preservado, enquanto uma das manifestações essenciais da personalidade humana.

Antes de buscar compreender tal significado e conteúdo, imprescindível reiterar entendimento já explicitado deste estudo,[332] no senti-

---

[330] LORA ALARCÓN, Pietro de Jesús. *Patrimônio Genético Humano e sua Proteção na Constituição Federal de 1988*. São Paulo: Método, 2004, p. 224 e ss. Para este autor, o inciso II do § 1° do art. 225 da CF 88 é o ponto de partida, além do princípio da dignidade da pessoa humana, do direito à vida e do princípio da igualdade (p. 259). Suas preocupações centralizam-se, no que tange à igualdade, no "direito a desfrutar, por igual, das vantagens das terapias genéticas", preconizando, ainda, uma vedação ou proibição da manipulação genética do patrimônio genético de qualquer ser humano, admitindo uma discriminação positiva (e não uma negativa), afirmando que o "portador de doença genética pode ser discriminado apenas na medida de sua desigualdade. Destaca, no que tange ao direito à saúde, um direito a "atos positivos do Estado", do qual extrai um "dever estatal de promover medidas econômico-sociais para a redução das doenças genéticas, reduzir o risco desse tipo de doenças, e propender por um acesso eqüitativo dos brasileiros a um conjunto de ações e serviços destinados à solução de tais doenças", em p. 287.

[331] ALEXY, Robert. *Teoria de los Derechos Fundamentales*. Madrid: Centro de Estudios Constitucionales, 1997, p. 186, 189, 194, 210, 227 e 245. Cabe relembrar que os direitos fundamentais, na sua dimensão subjetiva, não se reduzem a direitos subjetivos públicos (idéia esta atrelada aos direitos de defesa do indivíduo contra os poderes públicos). Como proposto por ALEXY, os direitos fundamentais consubstanciam um "sistema de posições jurídicas fundamentais", que, no seu conjunto, formam o direito fundamental como um todo, que comporta três posições básicas, quais sejam, os "derechos a algo" (direitos a ações negativas e a ações positivas), as liberdades e as competências.

[332] Capítulo 1°, item 1.1.

do de que a identidade pessoal não se resume à identidade genética. A identidade pessoal é noção bem mais complexa e abrangente,[333] com dois componentes, um referencial biológico, que é o código genético do indivíduo (identidade genética), e um referencial social, este construído ao longo da vida, na relação com os outros. É nesse sentido que a doutrina[334] refere-se a duas dimensões do direito à identidade pessoal: uma dimensão individual, que torna cada pessoa humana um ser único, original e irrepetível, diversidade esta que enriquece a humanidade, "integrando o núcleo da respectiva dignidade o respeito pelo caráter único e diverso de seus elementos genéticos"; e uma dimensão relativa da identidade pessoal, que compreende justamente a idéia de relação com as outras pessoas, ou seja, toda a construção da história pessoal,[335] noção bem mais ampla e complexa.[336] Reitere-se: o pleno conhecimento do genoma de cada indivíduo não é um espelho da realidade e do destino de cada pessoa.[337]

Quanto ao significado do direito à identidade genética, enfatiza-se que está focalizado na acepção individual, ou seja, na identidade genética como base biológica da identidade pessoal, que, em última análise, corresponde ao genoma de cada ser humano, ou melhor, ao genoma humano de cada pessoa humana individual. Sob este prisma, identidade genética é sinônimo de individualidade genética,[338] o que não afasta a sua dimensão objetiva.

De tal sorte, à guisa de uma definição, o direito à identidade genética é um direito de personalidade que busca salvaguardar o bem jurídico-fundamental "identidade genética", uma das manifestações essenciais da personalidade humana, ao lado do já consagrado viés do direito à privacidade e do direito à intimidade. Assim, quando a doutrina faz referência a um direito fundamental à identidade genética, pretende salvaguardar a constituição genética individual (a identidade genética única e irrepetível de cada ser humano) enquanto base biológica de sua identidade pessoal, esta em constante construção, no âmbito das relações interpessoais.

---

[333] Quanto ao complexo processo de construção da identidade pessoal, remete-se o leitor ao Capítulo 3 antecedente.

[334] OTERO, Paulo. *Personalidade e Identidade Pessoal e Genética do ser Humano:* um Perfil Constitucional da Bioética. Coimbra: Almedina, 1999, p. 66 e ss.

[335] LOUREIRO, João Carlos Gonçalves. O Direito à Identidade Genética do Ser Humano. In: *Portugal-Brasil Ano 2000.* (Edição do Boletim da Faculdade de Direito de Coimbra), Coimbra: Editora Coimbra, 1999, p. 292. No sentido de que a identidade pessoal é "constituída em relação com o (s) outro (s), em comunidades concretas".

[336] BARBAS, Stela Marcos de Almeida Neves. *Direito ao Patrimônio Genético.* Coimbra: Almedina, 1998, p. 196. Igualmente considerando que a identidade pessoal não se resume à identidade genética, destacando a essencial contribuição do meio.

[337] MATHIEU, Bertrand. *Génome Humain et Droits Fondamentaux.* Paris: Econômica, 2000, p. 36.

[338] LOUREIRO, João Carlos Gonçalves. O Direito à Identidade Genética do Ser Humano. In: *Portugal-Brasil Ano 2000.* Op. cit., p. 288 e ss.

Tal reforço de proteção, considerando a identidade genética como bem jurídico fundamental, busca justamente evitar as leituras reducionistas, notadamente à luz dos novos conhecimentos científicos aportados pelo projeto genoma humano, como examinado. Pretende-se, pelo exposto, salvaguardar a constituição genética individual como uma das manifestações essenciais da personalidade humana.

5.2. O ÂMBITO DE PROTEÇÃO (CONTEÚDO) DO DIREITO FUNDAMENTAL À IDENTIDADE GENÉTICA

5.2.1. Os direitos fundamentais como direitos de defesa e como direito a prestações: noções gerais

Partindo da noção de multifuncionalidade dos direitos fundamentais, na esteira de Alexy,[339] afirmam-se os direitos de defesa e os direitos a prestações, conforme a predominância da característica defensiva ou da característica prestacional.

Com os direitos de defesa busca-se proteger a esfera de autonomia pessoal, seja para evitar ou para eliminar interferências por parte do poder estatal ou dos particulares, no âmbito dos direitos fundamentais. Cuida-se de "garantir a livre manifestação da personalidade (em todos os seus aspectos), assegurando, além disso, uma esfera de autodeterminação (autonomia) do indivíduo".[340] Em síntese, os direitos de defesa

---

[339] ALEXY, Robert. *Teoria de los Derechos Fundamentales*. Madrid: Centro de Estudios Constitucionales, 1997, p. 186 a 190, 192, 194, 195 e 201. Quanto aos *"derechos a algo"*, a fórmula básica proposta pelo autor é de uma *"relación triádica"*: o titular do direito (pessoa física ou pessoa jurídica), o destinatário (Estado ou particulares) e o objeto. Este objeto é uma ação do destinatário: uma ação positiva (fazer algo) e uma ação negativa (não fazer algo, ou uma omissão). O autor exemplifica com o direito à vida: *"todos tienen derecho a la vida"*. A princípio poderíamos pensar em uma dupla estrutura (titular e objeto), entretanto, a estrutura em realidade é outra, eis que há uma relação triangular entre titular, destinatário e objeto. No caso, frente ao Estado, o titular tem o direito de que este (Estado) não o mate, bem como o direito de ter sua vida protegida das intervenções arbitrárias de terceiros, o que significa que o direito à vida comporta tanto um direito de defesa, como um direito à prestação (ação positiva: fática ou normativa). "Si se admite que el nasciturus es titular de derechos fundamentales – cuestión que el Tribunal Constitucional Federal deja abierta – el derecho del nasciturus a la protección a través de normas del derecho penal es un derecho de este tipo".
Quanto aos direitos de defesa contra o Estado (direitos a "ações negativas") podem ser divididos em três grupos: 1º) o titular tem o direito de que o Estado não impeça ou não obstaculize determinadas ações do titular do direito (por exemplo, não impedir a liberdade de movimentação); 2º) o titular tem direito a que o Estado não afete *"propiedades o situaciones"* do titular ("ejemplos de propiedades de un titular de derechos fundamentales que pueden ser afectadas son las de vivir y estar sano; un ejemplo de una situación es la inviolabilidad del domicilio"); 3º) o titular tem o direito de que o Estado não elimine sua posição jurídica ("un derecho a que el Estado no derogue determinadas normas"). No que concerne aos direitos do cidadão "frente al Estado a acciones positivas del Estado pueden dividirse en dos grupos, el del aquellos cuyo objeto es una acción fáctica y el aquellos cuyo objeto es una acción normativa". As "acciones positivas *normativas* son derechos a actos estatales de imposición de norma".

[340] SARLET, Ingo Wolfgang. *A Eficácia dos Direitos Fundamentais*. 4.ed.rev. atual e ampl. Porto Alegre: Livraria do Advogado, 2004, p. 182.

112

Selma Rodrigues Petterle

exigem uma posição de respeito e de abstenção por parte do Estado e dos particulares, já que não se reduzem a direitos subjetivos públicos.[341]

Na função prestacional dos direitos fundamentais há necessidade de uma postura ativa dos poderes públicos, que devem alcançar aos indivíduos determinadas prestações, seja no plano fático ou no plano jurídico. No que tange aos deveres estatais de proteção dos direitos fundamentais, impõe-se aos poderes públicos a efetiva proteção dos bens jurídicos fundamentais, isso para que não sejam violados por particulares. A respeito deste dever de proteção estatal, assim leciona Andrade:[342]

> não tem de ser visto como uma protecção mínima, mas também não impõe uma protecção máxima, seja na medida em que tem de respeitar o *princípio da proporcionalidade* quando atinja outros direitos e liberdades ou valores comunitários relevantes, com relevo especial para a autonomia privada, seja na medida em que há-de respeitar a *liberdade constitutiva do legislador*, que pode e deve graduar a protecção conforme os valores ou os bens jurídicos em causa, a intensidade da ameaça e a possibilidade de autodefesa do particular.

Vistas essas noções gerais, cumpre examinar especificamente o âmbito de proteção do direito à identidade genética, sob o enfoque de sua multifuncionalidade. O conteúdo do direito à identidade genética, cujas características mais marcantes são a irrepetibilidade e inviolabilidade, engloba o dever de respeito e de proteção da constituição genética, única e irrepetível, de cada ser humano, isso porque é elemento que qualifica a pessoa e que dela não deve ser separado.

5.2.2. Função defensiva do direito à identidade genética

No caso do direito português, da consagração expressa do direito à identidade genética[343] no ordenamento jurídico-constitucional, Otero[344] salienta que é possível extrair imediatamente algumas funções. Como direito de defesa, o direito à identidade genética opera como uma barreira, invalidando todos os atos atentatórios à identidade genética do ser humano, independentemente da natureza pública ou privada destes atos, sejam normativos ou não.

---

[341] CANOTILHO, José Joaquim Gomes. *Direito Constitucional e Teoria da Constituição*. 7.ed. Coimbra: Almedina, 2004, p. 408. "Os direitos fundamentais cumprem a função de direitos de defesa dos cidadãos sob uma dupla perspectiva: (1) constituem, num plano jurídico-objectivo, normas de competência negativa para os poderes públicos, proibindo fundamentalmente as ingerências destes na esfera jurídica individual; (2) implicam, num plano jurídico-subjectivo, o poder de exercer positivamente direitos fundamentais (liberdade positiva) e de exigir omissões dos poderes públicos, de forma a evitar agressões lesivas por parte dos mesmos (liberdade negativa) ".

[342] ANDRADE, José Carlos Vieira de. *Os Direitos Fundamentais na Constituição Portuguesa de 1976*. 2.ed. Coimbra: Almedina, 2001, p. 249.

[343] Art. 26, nº 3, da Constituição da República Portuguesa.

[344] OTERO, Paulo. *Personalidade e Identidade Pessoal e Genética do ser Humano*: um Perfil Constitucional da Bioética. Coimbra: Almedina, 1999, p. 86.

Alexy[345] delimita três conteúdos desses direitos de defesa. Quanto ao primeiro conteúdo, refere-se a um direito ao não impedimento de determinadas ações.[346] No que tange ao segundo conteúdo, consubstancia o direito a não afetação de propriedades e situações,[347] enquanto o terceiro conteúdo engloba um direito a não eliminação de posições jurídicas, ou seja "un derecho a que el Estado no derogue determinadas normas".[348]

Na sua função defensiva, e sob o enfoque inicialmente proposto, delimita-se, então, os conteúdos do direito fundamental à identidade genética, dentre outros conteúdos que possam ser concretizados, no futuro, e que aqui não se logrou delineá-los.

Quanto ao direito de não ser um clone humano (e obviamente o direito de não ser clonado para fins reprodutivos), decorre do direito a não afetação da identidade genética da pessoa humana, já que cada pessoa humana tem uma identidade genética única e irrepetível, que é uma das manifestações essenciais da personalidade humana. Há dois aspectos a elucidar: primeiro, o de que esta proibição jurídico-constitucional abrange a clonagem humana reprodutiva[349] e, segundo, tal proibição não abrange a clonagem não reprodutiva[350] (neste caso, o bem jurídico identidade genética não é afetado, além do que uma proibição pode ser apreciada sob o enfoque de que Estado não pode obstaculizar que uma pessoa receba adequado tratamento de saúde).

---

[345] ALEXY, Robert. *Teoria de los Derechos Fundamentales*. Madrid: Centro de Estudios Constitucionales, 1997, p. 189 e ss.

[346] Idem, p. 189 a 191. Quanto ao primeiro conteúdo, o titular tem o direito de que o Estado não impeça ou não obstaculize determinadas ações do titular do direito. Segundo esta doutrina, impedir uma ação significa criar circunstâncias que tornem faticamente impossível a realização da ação, enquanto obstaculizar uma ação significar criar circunstância que possa impedir a realização da ação. Adverte-se, todavia, que em geral as proibições jurídicas são obstáculos, e não impedimentos para uma ação (até mesmo porque o titular pode assumir o risco de violar o direito, realizando a ação, não obstante a proibição), mas, de qualquer sorte, ainda que esses limites entre impedir e obstaculizar sejam fluidos, há que investigar o grau da intensidade da intervenção. Enunciado geral do primeiro conteúdo: "a" tem, frente ao Estado, um direito a que este não estorve a realização da ação "h".

[347] Idem, p. 192. São direitos a ações negativas do Estado, no sentido de que o Estado não afete determinadas propriedades ou situações do titular do direito. "Ejemplos de propiedades de un titular de derechos fundamentales que pueden ser afectadas son las de vivir y estar sano; un ejemplo de una situación es la inviolabilidad del domicilio". Enunciado geral do segundo conteúdo: "a" tem, frente ao Estado, um direito a que este não afete a propriedade (a situação B) de "a".

[348] Idem, p. 194. O autor analisa aqui a instituição jurídica da propriedade e a posição jurídica do proprietário, mas enfatiza que a eliminação de uma posição jurídica pode acontecer não somente em contextos institucionais: "Quando se prohibe la manifestación de determinadas opiniones, se elimina una posición de a que consiste en que le están permitidas estas manifestaciones de opinión. Por lo tanto, una prohibición de este tipo puede ser considerada desde dos aspectos: el del estorbamiento de una acción o el de la eliminación de una posición. En acciones que no son actos jurídicos, el aspecto de la acción es decisivo". Enunciado geral do terceiro conteúdo: "a" tem, frente ao Estado, um direito a que este não elimine a posição jurídica PJ de "a".

[349] Ver item 5.2.4.1 e seguinte.

[350] Ver item 5.2.4.2 e seguinte.

114

No que concerne aos testes genéticos para conhecer o genoma humano,[351] [352] com base no segundo e terceiro enunciado, consubstancia o direito de não ter a identidade genética revelada através de testes genéticos, salvo em benefício à saúde da pessoa testada. Tal conteúdo não abrange uma proibição geral dos testes genéticos, entretanto indica um acesso restrito, especialmente com relação a terceiros, porque nestes casos podem configurar-se novas e mais sofisticadas formas de discriminação. Aqui se insere, então, uma proibição de discriminação pelas características genéticas. De qualquer forma, o norte orientador para a realização dos testes genéticos há de ser a possibilidade de poder oferecer tratamento às pessoas testadas, assegurado o direito de não querer saber o resultado desses testes genéticos.

No que tange ao direito de não ter a identidade genética alterada por terapias gênicas,[353] salvo que em benefício da saúde da pessoa tratada, há que coibir os abusos em matéria de engenharia genética. Em que pese não se poder formular uma proibição geral das terapias gênicas (especialmente falando da terapia de células somáticas), há uma proibição jurídico-constitucional que abrange especialmente a engenharia genética sem finalidade terapêutica, e, ainda, a produção de híbridos e quimeras. Trata-se, então, de evitar e eliminar manipulações e intervenções indevidas na identidade genética.

Os conteúdos aqui delimitados, como é possível notar, deixam um campo aberto para aprofundamento do estudo no âmbito da responsabilidade civil, especialmente no que tange à eficácia do direito à identidade genética contra intervenções indevidas de terceiros, notadamente no que se refere aos testes genéticos, matéria que assume contornos especiais no direito privado, seja em decorrência de relações contratuais ou de relações extracontratuais. Ademais, como desenvolvido nos tópicos adiante,[354] a problemática posta pelo direito fundamental à identidade genética, sob a perspectiva dos testes genéticos para conhecer o genoma e das terapias gênicas de células somáticas para intervir no genoma humano, na abordagem aqui realizada, não autoriza uma proibição geral destes testes e terapias, situações que evidenciam, nestes casos específicos, pelo menos, uma predominância da função defensiva.

---

[351] Ver item 5.2.4.3 e seguinte.

[352] Fica apenas o registro de que o conteúdo do direito à identidade genética também pode ser analisado sob a perspectiva do direito de conhecer os ascendentes biológicos, (re) construindo a historicidade pessoal, conteúdo este que não foi aqui enfrentado, especialmente pela magnitude e complexidade dos problemas a enfrentar no âmbito do reconhecimento de paternidade e suas limitações, o que demanda uma pesquisa com este objeto e seus desdobramentos específicos, que não é possível abordar sem fugir da proposta inicialmente apresentada.

[353] Ver item 5.2.4.4 e seguinte.

[354] Ver item 5.2.4.3 e 5.2.4.4.

5.2.3. O direito à identidade genética na sua dimensão prestacional: prestações fáticas

Na dimensão das prestações estatais fáticas, há que colocar em destaque a norma constitucional[355] que consagra, expressamente, alguns deveres estatais: a incumbência, dada aos poderes públicos, de fiscalizar as entidades dedicadas à pesquisa e manipulação de material genético, bem como preservar a diversidade e a integridade do patrimônio genético do país, deveres estes que, evidentemente, incluem a fiscalização das atividades que envolvam qualquer manipulação de células germinativas ou de embriões humanos.[356] [357]

Poder-se-ia pensar em torno de uma controvérsia no sentido de que a identidade genética do ser humano não estaria ao abrigo da referida norma constitucional? Salvo melhor juízo, não parece razoável separar o homem do meio ambiente que ele próprio integra, e até mesmo porque uma efetiva fiscalização levada a cabo pelos poderes públicos poderá evitar intervenções e manipulações indevidas no genoma de cada ser humano, isso tanto com relação às pesquisas desenvolvidas nas entidades privadas quanto às pesquisas das instituições públicas. Sob esta ótica, sustenta-se, neste estudo, que o inciso II do § 1º do art. 225 da Constituição Federal vem em reforço à fundamentação exposta.

Relevante mencionar, ainda, um outro aspecto: o fornecimento de serviços médicos. Os conhecimentos científicos em matéria de saúde humana têm avançado no sentido de conseguir realizar um diagnóstico precoce, inclusive antes do nascimento (a assistência médica fetal),[358] propiciando um tratamento de saúde mais cedo e mais eficaz.

---

[355] Inciso II do § 1º do art. 225 da Constituição Federal de 1988.

[356] Apenas a título ilustrativo da completa omissão estatal, no que tange às atividades de fiscalização: em março de 2005, quando foi sancionada a nova Lei de Biossegurança (Lei. 11.105/05), esperava-se, isso pela proliferação de clínicas prestadoras de serviços de reprodução humana assistida, que os "estoques" de embriões congelados fossem bem superiores, mas o levantamento realizado não correspondeu às expectativas, o que pode ser um indicativo de um simples descarte, como lixo, ou um indicativo de que as pesquisas científicas já estariam sendo abastecidas, o que explicaria quantitativos numéricos tão reduzidos. Para além destas meras especulações, há que se reconhecer que os fatos indicam, ao menos, uma omissão estatal no que tange ao dever de fiscalização.

[357] Segundo os dados divulgados pelo Jornal Nacional, o "estoque" de embriões congelados é muito inferior ao esperado: "juntas, as clínicas responsáveis por 90% dos prodecimentos realizados no Brasil informaram ter hoje 9.914 embriões guardados em laboratório, mas apenas 3.210 (um décimo do esperado) congelados há pelo menos 3 anos. Disponível em: http://jornal-nacional.glogo.com/Jornalismo/JN/O,,AA952090-3586,00.html. Acesso em: 29 abr. 2005.

[358] FRANÇA, Genival Veloso de. Intervenções Fetais: uma Visão Bioética. In: BARBOZA, Heloísa Helena; BARRETTO, Vicente de Paulo. *Novos Temas de Biodireito e Bioética*. Rio de Janeiro: Renovar, 2003, p. 29-30 e 35. Tecendo considerações em torno da assistência fetal, quanto ao momento de intervir, quanto à avaliação dos riscos para a mãe e para o feto, quanto à relação entre risco e benefício, dentre outros aspectos. "Ninguém pode ser contrário ao avanço das técnicas em favor do combate às doenças e às desordens fetais. Ninguém seria ingênuo de admitir que muitas não tragam em suas práticas um risco embutido. Isso também não justifica a violência sobre um ser humano, qualquer que seja a sua condição, qualquer que seja o seu estágio de vida, qualquer que seja o progresso pretendido. E mais: é necessário que a comunidade seja sempre vigilante e organizada".

A título exemplificativo, há o Programa de Monitoramento de Defeitos Congênitos, desenvolvido no Hospital de Clínicas de Porto Alegre, que busca ampliar os conhecimentos acerca das causas das doenças congênitas bem como promover políticas públicas eminentemente preventivas. A importância do programa, "no cenário de cuidados básicos que podem ser oferecidos à população",[359] está em proporcionar informações para o estabelecimento de políticas públicas para prevenção primária,[360] secundária e terciária dos defeitos congênitos.[361]

Giugliani[362] refere, com base nos dados da Organização Mundial da Saúde, que as "abordagens genéticas vão se tornar obrigatórias em

---

[359] LEITE, Júlio César Loguercio. Programa de Monitoramento de Defeitos Congênitos. In: LEITE, Júlio César Loguercio; COMUNELLO, Luciane Nardi; GIUGLIANI, Roberto. (Orgs.). *Tópicos em Defeitos Congênitos.* Porto Alegre: Editora da Universidade UFRGS, 2002, p. 7 a 9. Dados apresentados: a) de 2 a 3% de todos os recém-nascidos são afetados por defeitos congênitos; b) os defeitos congênitos são responsáveis pela maioria das mortes embrio-fetais; c) em algumas regiões do Rio Grande do Sul, a taxa de mortalidade é próxima a taxa de países desenvolvidos: 10/1000 ("Espera-se que nestes lugares a primeira causa de morte no primeiro ano de vida seja devida aos DC"); d) os índices de Porto Alegre são similares "e as anomalias congênitas são a segunda causa de morte no primeiro ano de vida". Ressalta a importância dos novos métodos de diagnóstico, que permitem uma antecipação do diagnóstico inclusive para o período pré-natal.

[360] TAKIMI, Lúcia Naomi. Prevenção Primária dos Defeitos Congênitos. *Tópicos em Defeitos Congênitos.* Op. cit., p. 266 e 268-269. "A prevenção pode efetuar-se em três momentos diferentes. A *prevenção primária* é fundamentalmente pré-concepcional e evita a ocorrência de um defeito congênito. A *prevenção secundária* é a pré-natal e evita o nascimento de um embrião ou feto defeituosos. A *prevenção terciária* é fundamentalmente pós-natal, e evita as complicações dos defeitos congênitos, melhorando as possibilidades de sobrevida do recém-nascido (RN), assim como a sua qualidade de vida". Identifica alguns pontos para pautar estratégias preventivas primárias: idade materna (mulheres com mais de 40 anos e mulheres adolescentes têm riscos maiores); a importância do acompanhamento pré-natal (peso, pressão arterial, alimentação, epilepsia materna, prevenção de *diabetes melitus* na gestante, que é uma das causas de defeitos congênitos graves), vacinação anti-rubéola, controle do uso de medicamentos, estilo de vida (tabaco, álcool, cocaína), meio ambiente saudável.

[361] BALDASSO, Elisa. Dismorfologia: Termos e Conceitos. In: LEITE, Júlio César Loguercio; COMUNELLO, Luciane Nardi; GIUGLIANI, Roberto (Orgs.). *Tópicos em Defeitos Congênitos.* Op. cit., p. 15-16. Segundo a autora, os defeitos congênitos são aqueles presentes no nascimento, cuja causa pode ser de origem genética ou por fatores ambientais (agentes teratógenos, especialmente nos primeiros oito meses de gestação).

[362] GIUGLIANI, Roberto. A Importância da Genética Médica e do Estudo de Defeitos Congênitos. *Tópicos em Defeitos Congênitos.* Op. cit., p. 11-13. "Calcula-se que cerca de 5/1000 crianças morram no primeiro ano de vida por doenças de causa genética. Embora isso represente apenas 5% num país cuja mortalidade infantil esteja em torno de 100/1000, representa quase 50% nos países escandinavos e no Japão, com mortalidade ao redor de 10/1000, onde são um problema prioritário na atenção médica as crianças. Mesmo em regiões de países latino-americanos, nas quais as moléstias infecciosas e derivadas da desnutição já foram em sua maior parte, controladas e que ostentam coeficientes de mortalidade infantil abaixo de 20/1000, como é o caso do Rio Grande do Sul, as doenças genéticas já são a segunda causa de morte na infância e passam a requerer atenção especial". Adiante: "A metodologia genética vai se tornar uma abordagem básica para a melhoria da saúde e o controle das enfermidades. A terapia gênica será um método universal de prevenção e tratamento de doenças". Em que pese ser uma estimativa para o ano de 2020, hoje há alternativas viáveis: "Mas, mesmo hoje, temos muitas alternativas (aconselhamento genético, cuidados peri-concepcionais, diagnóstico-pré-natal, manejo precoce de defeitos congênitos, entre outras) que permitem reduzir o efeito na morbi-mortalidade de 1/3 das doenças monogênicas, bem como tratar ou corrigir 50% das malformações congênitas, 10% das doenças

muitos aspectos da prática médica", isso não só no sentido de um adequado aconselhamento genético (quando da triagem neonatal, testagem individual e estudos familiares), como também nos protocolos de terapias gênicas para tratamento de diversas doenças (a exemplo do câncer, doenças cardíacas, diabetes, doenças auto-imunes), o que está apontando para uma "gama crescente de serviços médicos" essenciais à saúde humana.

A face positiva e negativa do conhecimento, assim como a irrecuperabilidade do desconhecimento, é ponto central da reflexão humana. Se parece inexorável que o ser humano tenha de sofrer, hoje, sofrimentos novos que no passado simplesmente não sofria (simplesmente porque desconhecia), por outro, abre-se a possibilidade de evitar e tratar doenças humanas. Dependendo da pessoa, tal informação poderá ser benéfica (se traduzida na possibilidade de cura) ou poderá carrear uma carga de sofrimento quase insuportável (no caso de doenças incuráveis). Assim, entre um direito de não saber ou o direito de não querer saber (função defensiva), parece oportuna a reflexão sobre "o não saber" (uma contingência) e "o não querer saber" (como ato de vontade).

O Estado, frente à realidade científica já anunciada, não pode ficar inerte e indiferente, devendo dar respostas adequadas aos novos desafios. Neste contexto, destaca-se, então, o dever estatal de fiscalização das atividades que envolvam qualquer manipulação de células germinativas ou de embriões, o dever estatal de fornecer adequados serviços médicos e o dever estatal de promover o debate público e responsável, na busca de efetivas soluções na esfera jurídica.

5.2.4. O direito à identidade genética na sua dimensão de prestação jurídica: o dever estatal de legislar, estabelecendo mecanismos garantidores da identidade genética

5.2.4.1. Irrepetibilidade da identidade genética: imposição legiferante quanto à clonagem humana reprodutiva

Também no que concerne à dimensão prestacional do direito à identidade genética, aquela que requer uma intervenção positiva do

---

herdadas e 2% das doenças cromossômicas. Além do que podemos eventualmente oferecer para cada paciente, um aspecto importante a ressaltar é que muito do que sabemos a respeito do desenvolvimento, da estrutura e do funcionamento da espécie humana foi descoberto a partir da investigação de indivíduos com doenças genéticas, nos quais o estudo apropriado da deficiência apresentada foi uma importante pista para o entendimento da situação normal. O avanço do conhecimento sobre a biologia da espécie humana muito deve às informações coletadas e estudadas em serviços de genética preparados e capacitados para investigar e para produzir conhecimento".

Estado, na forma de uma prestação jurídica, é dever do Estado legislar detalhadamente sobre a matéria (prestações jurídicas), estabelecendo os mecanismos garantidores da identidade genética do ser humano via legislação infraconstitucional.[363]

Quanto aos aspectos legislativos, cumpre informar que, atualmente há legislação infraconstitucional vedando expressamente a clonagem humana,[364] a Lei de Biossegurança, Lei 11.105/05. Este mesmo diploma legislativo permite o uso de embriões, nos termos do art. 5°,[365] que já é objeto da Ação Direta de Inconstitucionalidade n° 3510,[366] tramitando perante o Supremo Tribunal Federal.

No contexto dos deveres estatais de proteção[367] dos direitos fundamentais, aqui especificamente tratando da vida humana, dignidade humana e identidade genética, reitera-se o seguinte questionamento, que será examinado no capítulo seguinte:[368] até que ponto tais deveres de proteção do Estado exigem, ou impõem, a tipificação penal de todas as condutas lesivas? Pelo teor da norma contida no inciso IV do art. 6° da nova Lei de Biossegurança, Lei 11.105/2005, que revogou

---

[363] OTERO, Paulo. *Personalidade e Identidade Pessoal e Genética do Ser Humano:* um Perfil Constitucional da Bioética. Coimbra: Almedina, 1999, p. 86. O autor refere o dever de legislar acerca dos mecanismos de proteção da identidade genética do ser humano, sob pena de inconstitucionalidade por omissão, se não o fizer em prazo razoável, isso no âmbito do ordenamento jurídico-constitucional português.

[364] Art. 6°, inciso IV, da Lei 11.105/05, publicada em 28/03/2005: "Art. 6° Fica proibido: (...) III – engenharia genética em célula germinal humana, zigoto humano e embrião humano; IV – clonagem humana;

[365] Art. 5° É permitida, para fins de pesquisa e terapia, a utilização de células-tronco embrionárias obtidas de embriões humanos produzidos por fertilização in vitro e não utilizados no respectivo procedimento, atendidas as seguintes condições: I – sejam embriões inviáveis; ou II – sejam embriões congelados há 3 (três) anos ou mais, na data da publicação desta Lei, ou que, já congelados na data da publicação desta Lei, depois de completarem 3 (três) anos, contados a partir da data de congelamento. § 1° Em qualquer caso, é necessário o consentimento dos genitores. § 2° Instituições de pesquisa e serviços de saúde que realizem pesquisa ou terapia com células-tronco embrionárias humanas deverão submeter seus projetos à apreciação e aprovação dos respectivos comitês de ética em pesquisa. § 3° É vedada a comercialização do material biológico a que se refere este artigo e sua prática implica o crime tipificado no art. 15 da Lei n° 9.434, de 4 de fevereiro de 1997.

[366] Além da ADI 3510, questionando o uso de células-tronco retiradas de embriões humanos para fins de pesquisa e terapia, permitido pelo artigo 5° da Lei 11.105, tramita ainda a ADI 3526, contra vários dispositivos da Lei n° 11.105, relativamente a normas de segurança e mecanismos de fiscalização de atividades que envolvam organismos geneticamente modificados (OGMs) e seus derivados.

[367] Ver capítulo 4, item 4.2.2, no que tange aos deveres de proteção da vida humana, quando se afirmou que os direitos fundamentais não se reduzem a direitos subjetivos públicos (nem mesmo na sua dimensão subjetiva), e que sob a face da dimensão objetiva dos direitos fundamentais, função autônoma que transcende a perspectiva subjetiva, a doutrina tem sustentado uma força jurídica reforçada das normas que incorporam valores e decisões essenciais da comunidade. A teoria dos deveres estatais de proteção dos direitos fundamentais é um dos desdobramentos da dimensão objetiva dos direitos fundamentais e consiste na idéia de que poderes públicos têm o dever atuar positivamente para uma efetiva proteção dos direitos fundamentais, protegendo-os contra agressões do Estado e de particulares.

[368] Capítulo 6°, especialmente item 6.4.

a lei anterior, de 1995, está proibida a clonagem humana, como definida na lei, seja clonagem reprodutiva seja clonagem não reprodutiva, o que pode estar sinalizando para possíveis excessos de proteção de direitos fundamentais, especialmente se considerados outros aspectos igualmente dignos de proteção constitucional, questão a tratar no capítulo seguinte.

Discorrendo acerca do conteúdo do direito à identidade genética, Otero[369] faz uma projeção de algumas conexões deste direito. A primeira conexão está relacionada à humanidade, que "permite formular um princípio geral de inviolabilidade do patrimônio genético humano" (uma dimensão negativa), e, ainda, que o estreito vínculo entre identidade e individualidade genética de cada pessoa humana (que reconduz à irrepetibilidade do genoma de cada um de nós) "leva à exclusão da admissibilidade constitucional da clonagem humana".

No caso da clonagem humana reprodutiva,[370] qual a posição da comunidade científica? Há quem sustente[371] que a duplicação do homem, proibida inclusive nos países de legislações mais permissivas, reduz o homem ao *status* de coisa fabricada em série e é grosseiramente contrária ao direito à identidade que deve ser reconhecido a cada homem. Ora, se cada pessoa é única, e não se repete duas vezes (salvo pelo processo natural de formação dos gêmeos e, agora, por uma possível intervenção humana), configura atentado à sua identidade criar, deliberadamente, uma outra pessoa idêntica à primeira, não sendo possível nem mesmo avaliar quais seriam as seqüelas psicológicas de uma pessoa que foi criada à semelhança de outrem.

Sustentando que o núcleo do direito à identidade genética é o direito à diferença, temos Barbas:[372] "é cada vez maior a necessidade de repersonalização do direito salvaguardando a dignidade da pessoa humana, o seu valor assim como a sua identidade única e irrepetível que constitui, aliás, o cerne, o núcleo do direito à diferença".

Para Jonas,[373] atirar os dados, produzindo um genótipo novo e desconhecido de todos, inclusive do seu portador, é condição prévia de

---

[369] OTERO, Paulo. *Personalidade e Identidade Pessoal e Genética do ser Humano:* um Perfil Constitucional da Bioética. Coimbra: Almedina, 1999, p. 87-88.

[370] Quanto aos métodos de clonagem, finalidade e riscos, remete-se ao capítulo 3º, item 1.3.3.

[371] ANDORNO, Roberto. *La Bioéthique et la Dignité de la Personne.* Collection Médecine et Société. Paris: Presse Universitaires de France, 1997, p. 91. "elle réduit l'homme au status de *chose fabriquée en série.* Elle est grossièrement contraire au *droit à l'identité* qu'on doit reconnaître à chaque homme". Para o autor, a simples existência de gêmeos monozigóticos, fato natural raríssimo, não justifica que o homem provoque voluntariamente o mesmo efeito.

[372] BARBAS, Stela Marcos de Almeida Neves. *Direito ao Patrimônio Genético.* Coimbra: Almedina, 1998, p 197.

[373] JONAS, Hans. *Técnica, Medicina y Ética. Sobre la Práctica del Principio de Responsabilidad.* Traducción de Carlos Fortea Gil. 1.ed. Barcelona: Paidós, 1997, p. 127. Título original: [Technik, Medizin und Ethik. Zur Praxis des Prinzips Verantwortung]. Acrescente-se que o autor não adentra na questão da predestinação biológica, por entender que desconhecemos a força de genótipos idênticos, salientando que "se podría, si se quiere, introducir en el derecho natural el

liberdade. Admitir a clonagem humana seria, então, uma forma de privar o clone da experiência pessoal da autodescoberta, seria privá-lo de viver a sua vida, pela primeira e única vez, eis que estaria asfixiado pelo excesso de conhecimento prévio, que é um saber pernicioso, defendendo, neste contexto, um direito à ignorância, ou um direito a não saber, direito este que é negado àquele que terá de saber ser uma cópia.

No caso de reprodução humana, Loureiro[374] sintetiza afirmando que "em relação à clonagem com escopos reprodutivos, pode afirmar-se que da idéia de identidade genética resulta um verdadeiro direito a não ser clone". Na mesma linha de um direito ao acaso, ou do direito a não ser pré-determinado por outrem, está Honnefelder,[375] que se refere ao "direito à contingência genética" como garantia da autonomia da pessoa, cujo fundamento maior é a dignidade da pessoa humana. A questão posta pelo pensador alemão vai no seguinte sentido: "Será que não se destrói a reciprocidade do reconhecimento e, conseqüentemente, o fundamento da liberdade, se um terceiro dispuser da dotação genética e, conseqüentemente, da existência do *self* corpóreo de indivíduos futuros?".[376]

Dworkin, que assume posição favorável à clonagem humana, parte primeiramente do exame dos argumentos contrários para refutá-los. Refuta o argumento dos riscos de gerar seres humanos deformados e viáveis (o caso de Dolly não seria, na sua ótica, um precedente confiável e seguro). Além de afirmar que faltam observações confiáveis, sustenta, ainda, que "esses riscos não são suficientes, sozinhos, para justificar a proibição de pesquisas futuras que poderiam aprimorar nossa opinião sobre elas, e, talvez, a nossa capacidade de impedir ou reduzir quaisquer ameaças que sejam de fato genuínas".[377] Ademais, quem avalia eventual risco de danos há de avaliar os aspectos positivos, no sentido de uma esperança: a de que o "aprimoramento

concepto de derecho transcendente de cada individuo a um genotipo único solamente suyo, no compartido con nadie, y deducir de ahí que um indivíduo clonado vería lesionado a priori precisamente este derecho fundamental", p. 126.

[374] LOUREIRO, João Carlos Gonçalves. O Direito à Identidade Genética do Ser Humano. In: *Portugal-Brasil Ano 2000*. (Edição do Boletim da Faculdade de Direito de Coimbra). Coimbra: Editora Coimbra, 1999, p. 326.

[375] HONNEFELDER *apud* LOUREIRO, João Carlos Gonçalves. O Direito à Identidade Genética do Ser Humano. In: *Portugal-Brasil Ano 2000*. (Edição do Boletim da Faculdade de Direito de Coimbra). Coimbra: Editora Coimbra, 1999, p. 320.

[376] HONNEFELDER, Ludger. Perspectivas da Tecnologia Genética: um Desafio para a Ética. Tradução de Peter Naumann. In: SOUZA, Draiton Gonzaga de.; ERDTMANN, Bernardo (Orgs.). *Ética e Genética II*. Porto Alegre: EDIPUCRS, 2003, p. 23-24 e 27. Título original: [Perspektiven der Gentechnik: Herausforderung der ethik?]. Refere que a formação de um novo genoma sempre foi, isso até o presente momento, uma grandeza que não depende (não dependia) de escolhas, fruto do acaso.

[377] DWORKIN, Ronald. *A Virtude Soberana:* a Teoria e a Prática da Igualdade. Tradução de Jussara Simões. São Paulo: Martins Fontes, 2005, p. 626.

das técnicas da engenharia genética venham a diminuir muito o número de defeitos e deformidades com que nascem as pessoas hoje em dia ou com os quais crescem inexoravelmente".[378]

O ponto central, segundo a perspectiva de Dworkin,[379] é questionar-se a respeito da diversidade como um valor em si, fundamento este que parece ter sido rejeitado pelo autor. Ao que foi possível compreender, fracas "especulações" (temores e medos) não justificam uma interrupção nas pesquisas científicas. Romper o paradigma do "acaso" (sorte) para assumir um novo paradigma, o da "escolha" (opção), segundo o autor, não agride nenhum do nossos valores, mas acarreta (ou acarrretaria) uma obsolescência dos mesmos, situação essa que não coloca um desafio à nossa própria moralidade. Habermas[380] rechaça a clonagem humana, bem como as interferências eugênicas[381] que visem o aperfeiçoamento, porque estas ações humanas subtraem do afetado a autoria de sua própria vida, que é o caso do clone humano, como pessoa programada por terceiro.

Nosso posicionamento pessoal é de que o direito fundamental à identidade genética é barreira que não admite o uso das tecnologias de clonagem humana reprodutiva[382] – nem mesmo como meio excepcional

---

[378] DWORKIN, Ronald. *A Virtude Soberana*: a Teoria e a Prática da Igualdade. Tradução de Jussara Simões. São Paulo: Martins Fontes, 2005, p. 627. "O balanço dos riscos pode muito bem pender para o lado favorável às experiências", o que já indica a posição do autor, igualmente favorável à clonagem terapêutica.

[379] Idem, p. 628, 632 e 633. "Não temos o direito   seria uma grave confusão   de pensar que até as mudanças mais avassaladoras na fronteira entre a sorte e a opção de algum modo desafiem a própria moralidade, de forma que um dia não haverá mais certo ou errado. Todavia temos o direito de estar apreensivos que nossas convicções arraigadas, muitas delas, venham a ser solapadas, que venhamos a sofrer uma espécie de queda-livre moral, que tenhamos de pensar novamente contra um novo pano de fundo e com resultados incertos. Brincar de Deus é brincar com fogo", em p. 635.

[380] HABERMAS, Jürgen. *El Futuro de la Naturaleza Humana. Hacia una Eugenesia Liberal?* Tradução de R. S. Carbó. Barcelona: Paidós Ibérica, 2002, p. 86 e 89. A autocompreensão da pessoa programada por outrem fica comprometida, já que as relações entre programador e programado não são simétricas.

[381] Ver item 5.2.4.4.

[382] LORA ALARCÓN, Pietro de Jesús. *Patrimônio Genético Humano e sua Proteção na Constituição Federal de 1988*. São Paulo: Método, 2004, p. 304 e 307 e ss.. Pela inconstitucionalidade da prática de clonagem humana com finalidade reprodutiva, advertindo que "entretanto, é conveniente analisar com calma a questão, porque a clonagem é técnica que pode dar lugar a resultados importantes para a saúde dos próprios seres humanos". Em páginas 315 e 316. Lora Alarcón apresenta proposta de emenda à Constituição Federal de 1988, que "consagra a proteção do patrimônio genético humano, proíbe a clonagem humana e o patenteamento de genes humanos", incluindo os seguintes dispositivos:
Inciso I – A do art. 5º: "Todos os seres humanos, em conformidade com o conjunto de princípios dispostos nesta Constituição, e, especialmente, com o princípio da dignidade da pessoa humana, têm o direito de preservação de seu patrimônio genético e de sua identidade genética. O Estado é o responsável pelas atividades de manipulação sobre material genético dos seres humanos realizadas no território. Fica proibida a prática de manipulações genéticas com finalidades de clonagem em seres humanos".
Inciso XXX – A do art. 5º: "Não haverá patenteamento do material genético humano e, em geral, de seres vivos".

de reprodução humana, se frustradas as tentativas pelas técnicas convencionais de fertilização *in vitro* – eis que comportam violação ao dever de respeito e de proteção da constituição genética, única e irrepetível, de cada ser humano, como elemento que qualifica a pessoa e que dela não deve ser separado.[383]

5.2.4.2. O problema posto pela clonagem não reprodutiva (terapêutica)

E quanto à clonagem humana não reprodutiva, com escopos terapêuticos? Muito embora as perspectivas sejam no sentido de salvar muitas vidas humanas, bem como curar doenças para as quais até hoje não existe qualquer tratamento, reabre-se toda a discussão acerca do *status* jurídico do embrião humano, que constituem a "matéria-prima" básica para o incremento desses estudos. Não porque os embriões sejam a única fonte de matéria-prima, pois há outras fontes de células-tronco, como as células-tronco adultas (da medula óssea, do cérebro, por exemplo) e as células-tronco fetais (do sangue do cordão umbilical), mas porque "só dois tipos de células-tronco são imunologicamente idênticas aos pacientes: as células-tronco clonadas ou as adultas",[384] sendo as primeiras preferíveis, ao menos em teoria, porque diferenciar-se-ão nos mais variados tecidos humanos. Resta descobrir como acontece tal diferenciação, que, se descoberto, seria a chave para a cura de diversas doenças degenerativas.

O foco central da discórdia, no caso da clonagem não reprodutiva, está na utilização de embriões humanos clonados como objetos de pesquisa, embriões esses que seriam obtidos através das tecnologias de clonagem por transferência de núcleo, ou seja, seriam criados com objetivos específicos de pesquisa, todos destruídos ao final, após a retirada das células-tronco. Os grupos favoráveis à clonagem não reprodutiva (terapêutica) em humanos comportam um espectro de graduação: dos favoráveis, com algumas restrições, somente atingindo embriões excedentários da FIV, já que estes seriam destruídos de qualquer forma; aos francamente favoráveis. A Grã-Bretanha adotou este último modelo, permitindo pesquisas com embriões de até 14 dias, para clonagem terapêutica, com posterior destruição dos embriões, e existe um recente estudo israelense demonstrando que células embrio-

---

Parágrafo único, do art. 196: "O Estado promoverá a adequada informação, a todos, dos avanços tecnológicos, em particular os que interessam a sua saúde e contribuem para a integração dos doentes à comunidade. No caso das terapias genéticas, o Estado assegura o acesso a todos em condições de igualdade e dignidade".

Art. 197-A: "Serão asseguradas aos portadores de deficiência física e de doenças genéticas condições especiais, na medida de sua capacidade, para promover sua integração na sociedade".

[383] Vide a lei de Biossegurança, Lei 11.105/05 (art. 6, inciso IV), que proíbe a clonagem humana.

[384] HOLM, Soren. Os Benefícios da Reprodução Humana. In: Clonagem Humana: Questões Jurídicas, *Revista CEJ*, Brasília, n. 16, p. 15, mar. 2002.

nárias em cultura conseguem transformar-se em células cardíacas, o que abre nossos horizontes terapêuticos, seja para doenças genéticas, seja para doenças adquiridas.[385] Aos argumentos médicos favoráveis às pesquisas com clonagem não reprodutiva, deve-se agregar, ainda, a liberdade de investigação científica e o direito à saúde,[386] existindo inclusive quem sustente ser não apenas aceitável, mas provavelmente mandatória.[387]

Neste contexto, impõem-se algumas reflexões: será que um embrião humano que foi produzido pelo homem, por um processo artificial inventado pelo homem, qual seja, a tecnologia da clonagem humana por transferência de núcleo, tem o mesmo *status* jurídico do embrião humano proveniente da fecundação dos gametas? Aos embriões produzidos por clonagem por transferência de núcleo deveria ser reconhecido o mesmo status jurídico do embrião humano portador de uma identidade genética própria?

Indubitavelmente há que refletir sobre alguns pontos. A proteção jurídico-penal da vida humana embrionária intra-uterina[388] está consa-

---

[385] ZATZ, Mayana. Genética e Ética. In: Clonagem Humana: Questões Jurídicas, *Revista CEJ*, Brasília, n. 16, p. 24, mar. 2002.

[386] LOUREIRO, João Carlos Gonçalves. O Direito à Identidade Genética do Ser Humano. Op. cit., p. 317- 318.

[387] HOLM, Soren. Os Benefícios da Reprodução Humana. In: Clonagem Humana: Questões Jurídicas, *Revista CEJ*, Brasília, n. 16, p. 16, mar. 2002. O autor é francamente favorável à clonagem humana, independentemente da finalidade. Seu raciocínio é o seguinte: ajudar as pessoas a se reproduzirem é muito bom, ademais, curar doenças também, daí que qualquer técnica que contribua para tanto é plenamente aceitável. Afirma que estamos todos de acordo com as metas, que o nosso problema é o meio, ou a forma como chegaremos lá. Afirma que sabemos que parte significativa dos embriões fecundados na reprodução humana sexual convencional são naturalmente eliminados e que aceitamos a destruição de embriões nos processos de fertilização *in vitro*, bem como aceitamos o aborto, o que já justificaria a aceitação das técnicas de clonagem. Sem desprezar as controvérsias, especialmente quanto ao *status* do embrião, afirma que todos com argumentos radicais são contundentes, mas acredita que é possível encontrar uma posição intermediária, para homens que parecem habitar mundos tão diferentes, tendo sempre presente que posições demasiadamente restritivas à pesquisa com células-tronco acarretarão redução no ritmo do progresso científico e demora na chegada de novas terapias aos consultórios.

[388] SOUZA, Paulo Vinicius Sporleder de. Bem jurídico-penal e engenharia genética humana: contributo para compreensão dos bens jurídicos supra-individuais. São Paulo: Editora Revista dos Tribunais, 2004, p. 204, 224, 225 e 233. Defendendo a "necessidade de complementar o ordenamento jurídico com novas formas de proteção – inclusive por intermédio do direito penal –, ao nascituro extra-uterino, assim como acrescentar outras formas de tutela do nascituro intra-uterino, eis que o tradicional delito de aborto não responde satisfatoriamente" às novas agressões. Especificamente no que tange à proibição da clonagem humana reprodutiva, refere a legislação penal alemã, a espanhola, a do Reino Unido, o primeiro protocolo adicional da Convenção de Biomedicina (DDHB), a Carta Européia de Direitos Fundamentais (CEDF), a Declaração Universal do Genoma Humano (DUGHDH), dentre outros. Quanto aos embriões excedentes da fertilização *in vitro* e aos "embriões 'somáticos'", preocupa-se com as medidas protetoras do nascituro extra-uterino, mencionando a Lei norueguesa (proibindo a investigação em óvulos fecundados), a lei alemã (que tipifica a produção de embrião humano com fins alheios à gravidez, tentativa inclusive), dentre outras, preconizando políticas jurídico-penais no sentido de proibir os abusos decorrentes da engenharia genética, salvaguardando, "acima de tudo, a dignidade humana embrionária".

grada no direito penal brasileiro, e quanto a isto não há qualquer controvérsia.[389] Primeiro ponto a ultrapassar: responder à questão de saber se o Estado tem o dever de proteger a vida humana embrionária extra-uterina, não só no âmbito de uma proteção jurídico-penal como também no que tange à regulamentação legal da reprodução humana assistida.[390] Segundo ponto a ultrapassar: responder à questão de saber se o Estado tem o dever de proteger a vida humana embrionária extra-uterina que foi produzida através um processo artificial inventado pelo homem.

Tendo em vista todos esses aspectos, que indicam um possível conflito entre direitos fundamentais, há que examinar a questão sob a ótica dos limites aos direitos fundamentais, o que será realizado no capítulo sexto. Para além da clonagem humana, em que outras situações concretas as ações humanas poderão violar o bem jurídico fundamental identidade genética?

5.2.4.3. Inviolabilidade da identidade genética: a problemática sob a perspectiva dos testes genéticos para conhecer o genoma humano

Avança-se, *pari passu*, rumo ao conhecimento exaustivo do genoma humano. Os testes genéticos para análise do DNA nos permitirão conhecer os detalhes da constituição genética de cada pessoa, e, para Zatz,[391] constituem a mais importante aplicação prática do conhecimento sobre o genoma humano. Na sua face positiva, esse novo conhecimento sem dúvida abrirá enormes perspectivas para prevenção e para o tratamento de doenças. Mas, por outro lado, em que pese os inegáveis avanços, não há como deixar de refletir quanto aos aspectos negativos agregados.

Parece ao menos ilustrativo apresentar um retrato de possíveis situações da vida, situações estas que são aportadas como pálidas amostras da problemática a ser enfrentada no que tange aos testes genéticos, especialmente se realizados em pessoas clinicamente normais.

---

[389] Como informado no Capítulo 6, item 6.4, há diversos projetos de lei tramitando na Câmara dos Deputados, inclusive de plebiscito, projetos que deixam entrever a notável segmentação da sociedade entre conservadores, moderados e liberais, especialmente no que tange à interrupção voluntária da gravidez. Tais propostas direcionam-se nos mais variados sentidos, desde a ampliação dos tipos de aborto, passando pela ampliação das hipóteses que excluem a ilicitude, até a descriminalização do aborto no Brasil.

[390] Ver Anexo C, com a relação de projetos de lei que tramitam ou tramitaram no Congresso Nacional, há mais de 13 anos.

[391] ZATZ, Mayana. Genética e Ética. Op. cit., p. 24 e ss.

Identificar casais de risco, constatando mutações patogênicas assintomáticas, poderia, por exemplo, prevenir o nascimento de novos afetados, o que seria um grande avanço, no caso de doenças graves ainda incuráveis. Mas, em contrapartida, planejar a prole e evitar determinados nascimentos abriria inúmeras outras questões, deixando em aberto a discussão quanto aos limites da interferência humana. Acrescente-se, ainda, que as pessoas testadas, portadoras de mutações, têm risco de vir a ter descendentes afetados, mas permanecerão assintomáticas durante sua vida. Para Zatz,[392] mais complexa ainda é a situação dos "portadores de mutações ainda assintomáticos, mas com risco de vir a ser afetados por doenças de manifestação tardia ainda sem tratamento e, além disso, podendo transmitir a mutação para seus descendentes", especialmente porque nestes casos os testes seriam preditivos. Uma terceira situação é a dos indivíduos com elevado risco de vir a ser afetados por doenças potencialmente tratáveis e de manifestação tardia, como alguns tipos de câncer.

Silva[393] explora um ponto que parece essencial no atual momento dos conhecimentos científicos: o descompasso existente entre diagnóstico e o tratamento de doenças, ou uma "diminuta capacidade terapêutica e uma expressiva capacidade diagnóstica". Isso se deve ao fato de que foi encerrada apenas uma primeira etapa do projeto genoma humano, a etapa estrutural de mapeamento e sequenciamento (genômica estrutural), havendo muito a pesquisar na segunda fase, bem mais complexa, a fase funcional (genômica funcional), que é incipiente.

Como faceta positiva da submissão aos testes genéticos, há quem apresente[394] o caso concreto da "doença recessiva fenilcetonúria", em que um diagnóstico precoce, logo após o nascimento, evitará as graves seqüelas de um retardo mental, isso com administração de uma dieta especial, privada de fenilalanina.

Que tipo de seqüelas poderá sofrer uma pessoa que tiver conhecimento de uma doença que terá no futuro, especialmente se inexistir tratamento eficaz, e, mais especialmente ainda, se for jovem? Como lidar com esta informação nova? Será que esta nova medicina preditiva,[395] que emerge, não está a exigir uma capacidade acima do

---

[392] ZATZ, Mayana. Genética e Ética. Op. cit., p. 23 e ss.

[393] SILVA, Reinaldo Pereira e Silva. *Biodireito:* a Nova Fronteira dos Direitos Humanos. São Paulo: LTr, 2003, p. 42-43.

[394] LORA ALARCÓN, Pietro de Jesús. *Patrimônio Genético Humano e sua Proteção na Constituição Federal de 1988.* São Paulo: Método, 2004, p. 130. Autor apresenta o seguinte dado: 1 afetado a cada 10.000 nascimentos, de pessoas que não conseguem "metabolizar o aminoácido fenilalanina". E qual o tratamento? Uma dieta restritiva de fenilalanina".

[395] ROMEO CASABONA, Carlos Maria. *Genética y Derecho.* Buenos Aires: Astrea, 2003, p. 67-68. "Los análises genéticos presintomáticos son un útil instrumento para realizar estudios sobre

suportável? Para Andorno,[396] não há uma resposta única: para algumas pessoas tal informação será benéfica, se traduzida na possibilidade de evitar a transmissão de doenças, por exemplo; por outro lado, para outras, tal informação poderá ser insuportável. O autor afirma como razoável o reconhecimento do direito inalienável de ignorar o resultados dos testes genéticos preditivos. Nesse contexto, surgem vozes em defesa do direito de não saber,[397] ou o direito a ter um futuro aberto, notadamente em se tratando de doenças sem tratamento.

E com relação a terceiros, seria possível admitir que fosse realizada uma análise prévia do genoma do contratante ou do pretendente? Há quem sustente a inadmissibilidade dos testes genéticos prévios, com relação a terceiros, salvo em circunstâncias especiais e por motivos de segurança.[398] Há quem igualmente sustente restrições, muito embora reconhecendo que há (legítimos) interesses de terceiros (familiares biológicos), do Estado inclusive, tratando aqui especificamente a questão das políticas públicas para "prevenir enfermedades y promover una población más sana".[399] De qualquer sorte, fica o alerta de que um acesso irrestrito poderá legitimar novas formas de discriminação.[400]

---

personas o grupos de población que presentan un riesgo de desarrojar una enfermedad condicionada genéticamente o tienen, al menos, una predisposición a padecer una enfermedad, antes de que ésta haya expresado algún síntoma. Sus resultados pueden predecir la certeza del desarrollo futuro de la enfermedad (para la que puede existir o no un tratamiento efectivo), descartar por completo su aparición (no se es portador del gen deletéreo de la enfermedad estudiada, ni se transmitirá tal riesgo a la descendencia), confirmar la existencia de un riesgo superior a otras personas (p. ej. cáncer de mama) y, finalmente, que se tiene un riesgo semejante al resto de la población (...)".

[396] ANDORNO, Roberto. *La Bioéthique et la Dignité de la Personne.* Collection Médecine et Société. Paris: Presse Universitaires de France, 1997, p. 96.

[397] SILVA, Reinaldo Pereira e Silva. *Biodireito:* a Nova Fronteira dos Direitos Humanos. São Paulo: LTr, 2003, p. 34. No mesmo sentido a lição de Reinaldo Pereira e Silva, que vê mais este desafio do biodireito, especialmente se for possível predizer enfermidades de manifestação tardia mas sem terapêutica, como o mal de Alzheimer.

[398] ANDORNO, Roberto. *La Bioéthique et la Dignité de la Personne.* Op. cit., p. 97. Alguns efeitos perversos dos testes genéticos já foram observados nos Estados-Unidos: o de pessoas que recusam os testes genéticos, que poderiam trazer alguma alternativa terapêutica em seu favor, isso pelo medo de perder o seguro contratado. Apenas a título ilustrativo da problemática dos limites do direito fundamental à identidade genética, ressalta-se que o autor, tendo a segurança como parâmetro norteador, admite que a restrição aos testes genéticos comporta limites, e traz exemplos concretos: no interesse do trabalhador, admite os testes prévios se for para verificar uma maior predisposição pessoal a risco presente no ambiente de trabalho (ex: alergia a determinado produto), admitindo, ainda, como razoável o teste genético para detectar uma predisposição ao infarto de miocárdio, em se tratando da seleção de pilotos de avião.

[399] ROMEO CASABONA, Carlos Maria. *Genética y Derecho.* Op. cit., p. 11.

[400] SILVA, Reinaldo Pereira e Silva. *Biodireito.* Op. cit., p. 34. As reflexões do autor são no sentido de que dispomos de novas e sofisticadas formas de discriminação, em virtude dos testes genéticos, pré-natais ou não.

"Como discriminar, na prática, entre o uso apropriado e o uso impróprio das informações genéticas?".[401] Dworkin[402] defende o argumento de que as seguradoras iriam à bancarrota pela "seleção adversa": quem corresse maiores riscos de doenças genéticas faria seguro, enquanto quem não corresse riscos (ou corresse riscos menores) não teria motivos para fazer seguro, o que acarretaria falência dos sistemas de seguros de saúde.

No que tange ao diagnóstico pré-natal, através de testes genéticos cada vez mais freqüentes, Brandão[403] tece relevantes considerações que merecem destaque. O médico centraliza o foco da discussão no paciente: o embrião. Afirma que tais diagnósticos devem ser realizados somente em benefício do mesmo, seja para prevenir ou tratar enfermidades do embrião, e jamais para discriminá-lo, por ser portador de patologia genética. Admitir tal discriminação equivaleria, para o médico, a uma negação da própria finalidade da medicina, já que "aplicar-se-iam conhecimentos médicos, não para tratar um doente, mas para eliminá-lo por ser doente". Por outro lado, apenas para exemplificar as novas perspectivas abertas pelo desenvolvimento da biomedicina, Verreschi[404] menciona que hoje é possível prevenir a ambigüidade

---

[401] DWORKIN, Ronald. *A Virtude Soberana:* a Teoria e a Prática da Igualdade. Tradução de Jussara Simões. São Paulo: Martins Fontes, 2005, p. 619.
LEITE, Júlio César Loguercio; GIUGLIANI, Camila. Expressão Clínica das Cromossomopatias Autossômicas. In: LEITE, Júlio César Loguercio, COMUNELLO, Luciano Nardi; GIUGLIANI, Roberto (Orgs.). *Tópicos em Defeitos Congênitos.* Porto Alegre: Editora da Universidade UFRGS, 2002, p. 47 e 51. Quanto aos critérios médicos para testes genéticos pré-natais invasivos, referem os autores que as anormalidades cromossômicas podem ser estruturais e numéricas, e que o tipo mais comum é a aneuploidia ("número anormal de cromossomos devido a um exemplar extra ou inexistente"), que acarreta "mau desenvolvimento físico, mental ou ambos". A recomendação, em virtude da complexidade, dos riscos e dos custos das análises cromossômicas, é de que os exames invasivos devam ser realizados apenas após indicações clínicas gerais (histórico familiar, histórico gestacional, dentre outras) e se existirem outros marcadores (no mínimo dois) que justifiquem a invasão (amniocentese e coleta de vilosidade coriônica), a exemplo dos marcadores ultra-sonográficos (dismorfologias visíveis no sistema nervoso central, na cabeça e no pescoço – como a transluscência nucal, nos aparelhos respiratório, digestivo, cardiovascular e genitourinário), que podem confirmar algumas aneuploidias fetais (trissomia do 13, 18 e 21).

[402] DWORKIN, Ronald. *A Virtude Soberana.* Op. cit., p. 619 e ss. Discorre o autor sobre alguns efeitos nefastos no âmbito dos seguros de saúde, o que já indica a complexidade do problema, inclusive sob a perspectiva da saúde pública. Acredita ser necessário continuar elaborando critérios justos para contratações (p. 620) e preconiza que os seguros de saúde devam ser públicos (seguro básico de vida e de saúde), deixando que as seguradoras privadas tenham o direito de exigir os testes, para que ofereçam seguros extras, a preços de mercado. Afirma que os Estados Unidos ainda não aprenderam esta lição e que a pesquisa genética (com o aumento desses exames e das informações disponíveis) "pode ter o efeito inesperado mas bem-vindo, de aplicar um golpe mais geral a favor da justiça dessa maneira", em p. 621.

[403] BRANDÃO, Dernival da Silva. O Embrião e os Direitos Humanos. O aborto terapêutico. In: PENTEADO, Jaques de C.; DIP, Ricardo Henry Marques (Orgs.). *A Vida dos Direitos Humanos:* Bioética Médica e Jurídica. Porto Alegre: Sergio Fabris, 1999, p. 30.

[404] VERRESCHI, Ieda Therezinha do nascimento. As Síndromes: Matar ou Curar? In: PENTEADO, Jaques de C.; DIP, Ricardo Henry Marques (Orgs.). *A Vida dos Direitos Humanos:* Bioética Médica e Jurídica. Porto Alegre: Sergio Fabris, 1999, p. 107.

genital em meninas recém-nascidas, evitando futuras cirurgias corretivas, erros de registro civil e confusões do gênero, isso através de simples tratamento, ademais não invasivo, qual seja, o fornecimento de medicamentos à gestante (e, conseqüentemente, ao feto). Alerta, ainda, que os aspectos fascinantes e louváveis dos avanços científicos não dispensam a reflexão sobre o que deve, ou não, ser feito, e indaga-se quanto aos limites da aplicação desses conhecimentos, eis que estancar o avanço da ciência não lhe parece possível, nem razoável.

Acerca desses exames pré-natais, Dworkin[405] apresenta a posição dos anti-abortistas, que, por óbvio, rechaçam tais exames, eis que estas permissões, sob tal ótica, aumentariam o índice de abortos. Negar o acesso aos testes seria uma forma indireta de proibir o aborto? Neste contexto cabe mencionar a posição do autor: a de que não faz sentido supor que o feto, antes do desenvolvimento da sensibilidade, tenha quaisquer interesses próprios. Daí decorre sua posição liberal com relação aos testes e com relação ao aborto, não admitindo nem mesmo uma proibição do aborto somente em razão do sexo, que afirma ser repugnante, mas não um ilícito.

No que tange aos diagnósticos e prognósticos decorrentes dos testes genéticos, há que apresentar, como ponto para reflexão, a posição de Dworkin:[406] no caso de doenças diagnosticáveis e tratáveis (a exemplo da fenilcetonúria e de alguns tipos de câncer), afirma a dificuldade em imaginar um bom argumento contra estes exames. O autor admite que a disponibilidade de tais exames pode aumentar, mais ainda, as vantagens dos ricos em relação aos pobres[407] (que não teriam como custeá-los), como admite também a possibilidade de que os resultados venham a cair nas mãos de terceiros. Todavia, tais desvantagens, na sua ótica, não podem soterrar um valor: a maior expectativa de vida humana. No que tange às doenças diagnosticáveis e ainda sem tratamento, expõe o posicionamento de que se deve permitir que a pessoa julgue "se o possível alívio de um resultado negativo vale o risco de um resultado positivo e arrasador".[408]

No caso específico das crianças, o autor sustenta que às famílias deveria ser permitido fazer "exames gerais nos filhos", especialmente

---

[405] DWORKIN, Ronald. *A Virtude Soberana:* a Teoria e a Prática da Igualdade. Tradução de Jussara Simões. São Paulo: Martins Fontes, 2005, p. 614 e ss. Detalhe: o autor não vê problemas em selecionar embriões para implante de acordo com o sexo. Mas adverte: "Não estou dizendo que não haja outros motivos para não permitir que o sexo, ou algum outro atributo, seja usado como condição para a escolha", em p. 618.

[406] Idem, p. 612, 613 e ss. Especificamente com relação à seleção embrionária, Dworkin afirma que o zigoto é um "candidato a embrião". Na hipótese de que seja traçado "um abrangente perfil genético do zigoto", o autor admite o seu perecimento, sem que isso "demonstre desrespeito pela vida humana contida em um zigoto", em p. 617.

[407] Idem, p. 622 e ss. Um questionamento: deve-se "negar tal oportunidade a essas pessoas para impedir que as injustiças decorrentes da riqueza assimétrica aumentassem ainda mais?

[408] Idem, p. 613.

porque uma proibição geral traria conseqüências nefastas às pesquisas científicas, impedindo a busca de tratamento para doenças atualmente incuráveis. Ademais, indaga-se se seria justo negar à família tais informações. Em que pese não ser possível concordar com o argumento, especialmente no que tange a um alegado prejuízo à continuidade das pesquisas científicas, entendemos que os pais têm, *prima facie* (e não definitivamente), o direito de obter informações sobre a saúde dos filhos (inclusive em gestação), buscando alternativas viáveis para o tratamento de doenças.

Até aqui foram examinados alguns argumentos relativos aos testes genéticos para conhecer o genoma humano. O passo seguinte é avaliar as possíveis ações sobre o genoma humano e sua legitimidade constitucional.

5.2.4.4. Inviolabilidade da identidade genética: a problemática sob a perspectiva das terapias gênicas para intervir no genoma humano

O desenvolvimento da engenharia genética, que muito tem contribuído para a descoberta de novas técnicas terapêuticas, deixa entrever mudanças significativas no panorama até então conhecido, qual seja, o do genoma humano de cada indivíduo como fruto do acaso. Será possível, no futuro, prevenir e curar doenças, tarefas incogitáveis até o surgimento das novas técnicas de manipulação dos genes, seja adicionando ou suprimindo genes, seja modificando ou substituindo os mesmos.

Para Loureiro,[409] dentro da "trilogia conhecer, prever e mudar" o genoma humano, a questão relativa à identidade genética está focalizada na palavra mudança. Através da terapia gênica, cuja técnica consiste na modificação do ADN contido nas células do paciente, busca-se prevenir ou tratar doenças genéticas, atacando diretamente a causa. Esta técnica poderá ser efetivada em dois tipos distintos de células: as somáticas e as germinais, que se diferenciam pela capacidade destas últimas de transmitir a informação genética aos descendentes.

A terapia gênica de células somáticas tem cunho terapêutico e é realizada experimentalmente, não provocando alterações no material genético a ser transmitido aos descendentes, sendo, por tais razões, geralmente aceita. Por outro lado, a terapia gênica germinal provoca grandes controvérsias, havendo dois focos de discussão, o primeiro, centralizado nos efeitos dessas modificações nas gerações futuras,[410]

---

[409] LOUREIRO, João Carlos Gonçalves. O Direito à Identidade Genética do Ser Humano. In: *Portugal-Brasil Ano 2000.* (Edição do Boletim da Faculdade de Direito de Coimbra). Coimbra: Editora Coimbra, 1999, p. 291.

[410] BENDA, Ernesto. Dignidad Humana y Derechos de la Personalidad. In: BENDA, Ernest; MAIHOFER, Werner; VOGEL, Hans-Jochen; HESSE, Konrad; HEYDE, Wolfgang (Orgs.). *Manual de Derecho Constitucional.* 2.ed. Madrid: Marcial Pons, 2001, p. 135. Título original: [Handbuch

ainda desconhecidos, e o segundo, pelos estreitos vínculos desta técnica com o eugenismo. A polêmica se estabelece porque a manipulação de células germinativas (gametas sexuais e células totipotentes dos embriões) interfere na constituição genética individual. A problemática que a terapia gênica em células germinativas suscita é bastante complexa porque não são muito claros os limites que separam a terapia gênica do melhoramento genético.

Em que pese as facetas ambivalentes das intervenções no genoma humano, e os riscos de eugenia, isso em virtude das novas e sofisticadas técnicas, não há como abandonar o objetivo perseguido pelos homens, qual seja, o de tratar e prevenir doenças. Por outro lado, há sim que refletir sobre os possíveis efeitos negativos agregados e fomentar a discussão, no plano jurídico, acerca da necessidade concreta de "garantizar una protección especial y específica del genoma humano".[411]

Da legitimidade da medicina preventiva, que sem dúvidas tem proporcionado grandes avanços em termos de saúde, à ilegitimidade da eugenia, sem qualquer fim terapêutico,[412] é preciso definir rumos. Quanto ao tema, e oferecendo-nos um norte nesse agir humano, Loureiro[413] refere-se à proibição da "engenharia genética positiva"

des Verfassungsrechts der Bundesrepublik Deutschland]. "Cuando se consigue modificar la dotación genética interviniendo el sistema de reproducción humana, no sólo se manipula en la forma deseada a la persona directamente afectada, sino a todos sus descendientes. Y con ello se está influyendo en la misma esencia de la persona". Preocupação do autor: gerações futuras. "De ello se infiere que el mandato de respeto a la dignidad humana del individuo también protege de aquellas intervenciones planteadas en aras de un supuesto bienestar de la humanidad. Pero si se admitiera que cupiera intervenir en la propia sustancia del hombre, ello afectaría no a seres humanos vivientes pero sí al hombre concreto concebible del futuro. Es decir, no está en juego una mera imagen abstrata del hombre, sino el destino de futuras geraciones respecto del que somos responsables".

[411] ROMEO CASABONA, Carlos Maria. *Genética y Derecho*. Buenos Aires: Astrea, 2003, p. 13. Sobre a terapia gênica na linha germinal, afirma o autor que, em que pese os problemas éticos e jurídicos (especialmente as conseqüências, ainda desconhecidas, nas gerações sucessivas, e a impossibilidade, no atual momento, de controlar potenciais efeitos negativos, como anomalias e malformações graves, por exemplo), o rechaço a estas terapias (consagrado tanto na DUGHDH quanto na CDHB) deve ser repensado. "De todos modos, cuando se conozca mejor y se domine esta técnica, pudiendo descartarse sus efectos secundarios perniciosos, habrá que pensar em levantar estas prohibiciones, estableciendo al mismo tiempo unos criterios conforme a los cuales sea admisible esta forma de tratamiento y puedan controlarse, a su vez, otros usos indebidos", p. 130.

[412] LORA ALARCÓN, Pietro de Jesús. *Patrimônio Genético Humano e sua proteção na Constituição Federal de 1988*. São Paulo: Método, 2004, p. 292. Autor posiciona-se pela "constitucionalidade das terapias genéticas clínicas" e pela "inconstitucionalidade das manipulações genéticas sem finalidade terapêuticas", e pela "inconstitucionalidade das manipulações genéticas de mera experimentação" (p. 298). Afirma que "a terapia genética com finalidades de corrigir vícios genéticos não só prestigia a valoração constitucional em vigor, mas também constitui uma obrigação do Estado, decorrente dos avanços científicos neste campo". Uma advertência: "a dignidade do homem nascido não deve ser identificada com a de um nascituro; a proteção da dignidade é passível de diferenciações e ponderações", em p. 143.

[413] LOUREIRO, João Carlos Gonçalves. *O Direito à Identidade Genética do Ser Humano*. Op. cit., p. 318.

(aquela que visa o aperfeiçoamento) e permissão, respeitada a dignidade da pessoa humana, da "engenharia genética negativa" (aquela destinada a corrigir defeitos genéticos), somente em beneficio da pessoa. Ocorre que, em virtude dos diferentes conceitos de saúde e normalidade, essa delimitação de fronteiras pode ser de difícil detecção, reflexões que devem ser enfrentadas pela comunidade jurídica.[414][415]

A preocupação está também direcionada no sentido dos deveres estatais de proteção para que não sejam criados seres híbridos e quimeras. Assim, o Estado, "para cumprir a sua obrigação de tutela de um conjunto de bens fundamentais, tem de intervir antes da criação dos seres que poderão ser atingidos, no limite, privados da sua própria humanidade (hipótese de híbridos e quimeras inter-específicas)".[416]

O debate estabelecido entre Dworkin e Habermas, acerca das novas problemáticas postas pelas tecnologias da engenharia genética, merece ser examinado. Um panorama da posição liberal dworkiana já foi delineado. De outra banda, o filósofo alemão circunscreve o problema em torno se saber "si la indisponibilidad de los fundamentos biológicos de la identidad personal puede fundamentar la protección de la integridad de unas disposiciones hereditarias no manipuladas".[417] Inquieta-se,[418] apontando no sentido de uma

autoafirmación de una autocomprensión ética de la espécie de la que dependa si podemos continuar comprendiéndonos a nosotros mismos como autores indivisos de nuestra biografía y reconociéndonos los unos a los otros como personas que actúan autónomamente. En ese caso,

[414] HABERMAS, Jürgen. *El Futuro de la Naturaleza Humana. Hacia una Eugenesia Liberal?* Tradução de R. S. Carbó. Barcelona: Paidós Ibérica, 2002, p. 32 e 33. Um desafio a enfrentar: "debemos trazar e imponer fronteras precisamente allí donde éstas son fluctuantes. Este argumento sirve ya hoy dia para defender una eugenesia liberal, que no reconoce ninguna frontera entre intervención terapéutica e intervención perfeccionadora y que deja que sean las preferencias individuales de los participantes en el mercado que elijan los objetivos de la modificación de marcas características".

[415] HÄBERLE, Peter. A Dignidade como Fundamento da Comunidade Estatal. Tradução de Rita Dostal Zanini. In: SARLET, Ingo Wolfgang (Org.). *Dimensões da Dignidade:* Ensaios de Filosofia do Direito e Direito Constitucional. Porto Alegre: Livraria do Advogado, 2005, p. 146, sustentando que "uma modificação das predisposições hereditárias com efeito também para a descendência futura, bem como a duplicação por meio de clonagem, violam o art. 1º da LF porque, por meio de adulteração (no sentido de reprodução/modificação), privam os homens de seu altamente pessoal e singular *tornar-se pessoa* (*Person-Werdung*). A igual dignidade de todos os homens radica em sua natural e indivivual singularidade". Refere o art. 112 da Constituição suíça como "a categoria textual mais madura" nessa seara.

[416] LOUREIRO, João Carlos Gonçalves. Op. cit., p. 331 e 332. Adverte que o objeto de suas considerações é a produção de "novas criaturas e não a questão da introdução de alguns genes animais isolados em seres humanos". Quimeras: constituição genética de embrião ou embriões humanos (essa fusão, que pode ser inter-específica ou intra-específica, afetando a constituição genética dos embriões). Híbridos: misturam-se, *ab initio*, gametas de espécies distintas.

[417] HABERMAS, Jürgen. *El Futuro de la Naturaleza Humana.* Op. cit., p. 42. "la protección jurídica podría encontar expresión en un "derecho a una herencia genética en la que no se haya intervenido artificialmente".

[418] Idem, p. 41. Refere a necessidade que as sociedade modernas têm de "regenerar sus vínculos morales abasteciéndose de las propias existencias seculares, esto es, de los recursos comunicativos de unos mundos de la vida conscientes de la inmanencia de su autoconstrucción".

el intento de prevenir por medios jurídicos que nos acostumbremos subrepticiamente a una eugenesia liberal y de asegurar que el engendramiento, esto es, la mezcla de las secuencias cromosómicas paternas, mantenga una cierta medida de contingencia o naturalidad, no sería expresión de ninguna imprecisa resistencia antimoderna. Sería más bien un acto político de acción moral autorreferente para garantizar la existencia de unas condiciones de conservación de la autocomprensión práctica de la modernidad.

Efetivamente, Habermas[419] não compartilha o entendimento de Dworkin, de que intervenções no genoma humano possam modificar toda a estrutura da nossa experiência moral, afirmativa, aliás, demasiado forte, segundo o filósofo germânico. Radicalismos à parte (seja para considerar o embrião apenas um amontoado de células, ou para considerá-lo pessoa afetada de dignidade humana), não lhe parece razoável omitir um aspecto central: que "algo" possa ser considerado "indisponível", em que pese não ser pessoa humana titular de direitos fundamentais.

Com fundamento em uma proibição de instrumentalização, de matriz kantiana, Habermas[420] rechaça interferências eugênicas que visem o aperfeiçoamento porque, nestes casos, as ações humanas subtraem do afetado a autoria de sua própria vida (situação que inclui também o clone, como pessoa programada), admitindo-as somente para evitar alguns males muito extremos. Por derradeiro, esclarece que sua proposta de distinção entre "inviolabilidade da dignidade humana"[421] e "indisponibilidade da vida humana"[422] pode ser interpretada como uma gradual proteção da vida humana, no âmbito da legislação infraconstitucional.[423]

À guisa de uma síntese quanto ao significado e conteúdo do direito à identidade genética, enfatizamos que o significado está focalizado na acepção individual, ou seja, na identidade genética como base biológica da identidade pessoal, que, em última análise, corresponde ao genoma de cada ser humano. Quanto ao conteúdo do direito à identidade genética, cujas características mais marcantes são a irrepetibilidade e inviolabilidade, engloba o dever de respeito e de proteção

---

[419] HABERMAS, Jürgen. *El Futuro de la Naturaleza Humana*. Op. cit., p. 44. Enfatiza o aspecto de que o controle de qualidade dos embriões (testes antes da implantação, por exemplo) "pone en juego un nuevo aspecto del asunto: la instrumentalización de una vida humana engendrada con reservas por preferencias y orientaciones de valor de terceros", p. 47 a 49. Segundo Habermas, Hans Jonas faz a dialética autodestrutiva, e com dramatismo (p. 68).

[420] Idem, p. 79, 86-87, 89, 103-104. O autor vislumbra a programação genética como forma de um paternalismo peculiar, já que não mediada comunicativamente. E, ainda, que autocompreensão da pessoa programada por outrem fica comprometida (as relações entre programador e programado não são simétricas).

[421] Art. 1.1 da Lei Fundamental de Bonn.

[422] Art. 2.2 da Lei Fundamental de Bonn.

[423] KLOEPFER, Michael. Vida e Dignidade da Pessoa Humana. Tradução de Rita Dostal Zanini. In: SARLET, Ingo Wolfgang (Org.). *Dimensões da Dignidade*. Op. cit., p. 184, igualmente sustentando uma gradual proteção jurídica da vida humana pré-natal, "que se torna cada vez mais forte".

da constituição genética, única e irrepetível, de cada ser humano, isso porque é elemento que identifica e qualifica a pessoa e que dela não deve ser separado. Além dessa dimensão subjetiva, há uma dimensão objetiva e transindividual, já que a proteção da identidade genética também é uma questão da própria humanidade.

No que tange à função defensiva do direito à identidade genética, trata-se de evitar e eliminar manipulações e intervenções indevidas na identidade genética, cujos autores podem ser tanto os poderes públicos quanto particulares. Na sua dimensão prestacional, primeiramente destacou-se o dever estatal de fiscalizar as entidades dedicadas à pesquisa e manipulação de material genético e fomentar o debate, legislando sobre a matéria, estabelecendo mecanismos garantidores da identidade genética. A partir de possíveis violações concretas (na seara da biomedicina), foi delineado o conteúdo do direito à identidade genética, buscando assegurar a irrepetibilidade do genoma humano, da qual decorre uma vedação constitucional à clonagem humana reprodutiva, proteção inclusive já consagrada no ordenamento infra-constitucional. No que tange à problemática sob a perspectiva da clonagem terapêutica, dos testes genéticos para conhecer o genoma, bem como no que concerne às terapias gênicas para intervir no genoma humano, há que refletir acerca dos limites dos deveres estatais de proteção da identidade genética, questões estreitamente vinculada aos limites dos direitos fundamentais, para a qual remete-se este estudo, sendo relevante destacar que foram analisadas apenas algumas das dimensões do problema.

6. O direito fundamental à identidade genética e seus limites

6.1. TEORIA DOS LIMITES DOS DIREITOS FUNDAMENTAIS: noções gerais

Acirradas controvérsias se estabelecem quanto à existência, ou não, de princípios e direitos absolutos, ou seja, daqueles que, em nenhuma hipótese, poderiam ser afastados. Para Alexy,[424] esta aceitação modificaria toda a definição conceitual de princípio dentro do sistema jusfundamental, chegando à conclusão de que não está presente essa característica de princípio absoluto dentro de um ordenamento jurídico que reconhece direitos fundamentais, nem mesmo em se tratando do princípio da dignidade da pessoa humana. Assim sendo, o princípio da dignidade da pessoa humana pode ser realizado em diferentes graus, sem que isso signifique absolutividade, como tem sustentado a doutrina pátria.[425] A excludente da ilicitude do aborto em caso de estupro é um exemplo concreto que ilustra a admissibilidade dessa relativização,[426] muito embora não seja um tema pacífico.[427]

---

[424] ALEXY, Robert. *Teoria de los Derechos Fundamentales.* Madrid: Centro de Estudios Constitucionales, 1997, p. 105-106.

[425] SARLET, Ingo Wolfgang. *Dignidade da Pessoa Humana e Direitos Fundamentais na Constituição Federal de 1988.* 3.ed. rev. atual. ampl. Porto Alegre: Livraria do Advogado, 2004, p. 129, 130 e ss. No sentido de que a dignidade da pessoa humana é relativizável. "Com efeito, não há como deixar de reconhecer (...) que mesmo em se tendo a dignidade como valor supremo do ordenamento jurídico, daí não se segue, por si só e necessariamente, o postulado de sua absoluta intangibilidade".

[426] SAMPAIO, José Adércio Leite. *A Constituição Reinventada pela Jurisdição Constitucional.* Belo Horizonte: Del Rey, 2002, p. 722 e 728, sustentando que permitir o aborto, no caso de estupro, é forma de solucionar conflito de direitos fundamentais pela teoria dos limites, tendo a lei conduzido à prevalência de um deles.

[427] SANTOS, Fernando Ferreira dos. *Princípio Constitucional da Dignidade da Pessoa Humana.* São Paulo: Celso Bastos: Instituto Brasileiro de Direito Constitucional, 1999, p. 113. De outra banda, em sentido diametralmente oposto na discussão acerca de ser ou não absoluto o princípio da dignidade da pessoa humana, colacionamos uma das conclusões do autor, sustentando que o art. 128 do Código Penal, que admite o aborto quando a mulher é vítima de estupro, não foi recepcionado pela nossa Constituição, por infração aos dispositivos da inviolabilidade do direito à vida e da dignidade da pessoa humana.

Seguindo na linha de raciocínio de que nem mesmo os direitos fundamentais são absolutos,[428] a teoria dos limites vem em socorro de uma sociedade pluralista e solidária (ou que ao menos pretenda sê-lo), justamente para solucionar os conflitos entre os direitos fundamentais, encontrando respostas adequadas aos conflitos. A vida em sociedade, aliás, exige uma certa contenção, que, no âmbito dos direitos fundamentais, vai encontrar solução na teoria dos limites. Radicalizar não nos leva à convivência pacífica, bem ao contrário, radicalismos, com as intolerâncias daí decorrentes, levam-nos ao caos. Numa sociedade pluralista, é preciso saber conviver com as diferenças.

Quanto aos critérios metodológicos para solução de conflitos de direitos fundamentais, pela complexidade do tema, reproduz-se a síntese de Sampaio,[429] acerca de linhas gerais já traçadas pela doutrina, que aponta alguns caminhos: "pela adoção do conceito de limites imanentes ou essenciais", seja pela "exigência de justificação da restrição do direito, em que resulta, no fundo, a teoria relativa de núcleo essencial", denominadas pelo autor como soluções apriorísticas; ou, ainda, a solução casuística e posterior, mediante "uma interpretação sistemática e unitária da constituição", ou empregando "um juízo de ponderação e de adequação dos bens/valores constitucionais, conduzindo a uma 'concordância prática' (praktische Konkordanz) com outro direito ou bens jurídicos colidentes". Esclarece o autor que qualquer que seja o caminho adotado, a decisão deverá ser pautada em critérios objetivos e racionais.

Hesse[430] menciona que a solução dos problemas concretos cabe aos princípios da interpretação constitucional, dentre eles destacando o princípio da unidade da constituição, em estreita conexão com o princípio da concordância prática entre os bens constitucionalmente protegidos, de forma a viabilizar a eficácia de ambos, sem que um seja

---

[428] FREITAS, Juarez. *A Interpretação Sistemática do Direito*. 4.ed. São Paulo: Malheiros, 2004, p. 212, sustentando que "inexiste direito fundamental absoluto, (no sentido de possuir uma apriorística primazia cabal, em todos os casos), dada a intersubjetividade dos direitos, de sorte que sequer a dignidade humana pode ser vista como absoluta, porque o respeito à dignidade supõe proteção isonômica de todas as dignidades. Assim é que se deve interpretar a totalidade dos direitos fundamentais, no seio da Constituição, de maneira proporcional, respeitando a mútua e salutar relativização. Não enfraquece, mas, ao contrário, fortalece a totalidade dos direitos fundamentais o fato de serem reciprocamente complementares".

[429] SAMPAIO, José Adércio Leite. *A Constituição Reinventada pela Jurisdição Constitucional*. Belo Horizonte: Del Rey, 2002, p. 726 a 728.

[430] HESSE, Konrad. Elementos de Direito Constitucional da República Federal da Alemanha. Traduzido por Luís Afonso Heck. Porto Alegre: Sergio Antonio Fabris, 1998, p. 66-67. Tradução de: Grundzüge des Verfassungsrechts der Bundesrepublik Deutschland. Agrega, ainda, o princípio da exatidão funcional, quando ordenada uma respectiva tarefa (função estatal); o critério do efeito integrador (conservação da unidade política) e a força normativa da constituição, ínsita aos demais.

realizado às custas do outro. O autor refere que traçar limites, no caso concreto, requer um critério de proporcionalidade, não devendo ir além do necessário para produzir a concordância de ambos os bens jurídicos.

Martinez[431] sustenta que os limites dos direitos fundamentais poderão estar expressos na própria constituição, exemplificando com a possibilidade da pena de morte (em situações excepcionais, em tempos de guerra admite-se sua possibilidade, se assim dispuserem as leis penais militares). Ao que parece, são duas faces da mesma moeda: a constituição poderá permitir a limitação de direitos fundamentais, ou, ao contrário, poderá proibir tais limitações, de forma expressa, o que não exclui a possibilidade de se verificarem limites implícitos. Para este autor, poderá constar expressamente no texto constitucional a possibilidade de limitação, ou não, mas de qualquer forma adverte que deverá existir uma justificativa racional para que a lei venha traçar tais limites, bem como deverá ser respeitado o conteúdo essencial do direito fundamental.

Quanto à tipologia[432] das restrições aos direitos fundamentais, podem ser "restrições constitucionais imediatas" (diretamente estabelecidas pelas normas constitucionais), "limites ou restrições estabelecidos por lei" (quando a norma constitucional autoriza a restrição por lei, então sob "reserva da lei restritiva") e "limites constitucionais não escritos ou restrições não expressamente autorizadas pela Constituição". Acerca destas restrições não expressamente autorizadas pela Constituição (restrições não escritas), assevera o constitucionalista português que seu "reconhecimento é muito problemático, mas a sua admissibilidade é justificada, no contexto sistemático da constituição, em nome da salvaguarda de outros direitos ou bens" constitucionalmente garantidos.

Admitindo a possibilidade de restrições dos direitos fundamentais, isso ante a necessidade de solucionar colisões entre direitos fundamentais, há, ainda, que se indagar acerca do alcance dessas restrições, que igualmente comportam limites, o que será examinado a seguir.

---

[431] MARTINEZ, Gregorio Peces-Barba. *Curso de Derechos Fundamentales, Teoria General.* Madrid: Universidad Carlos III, 1995, p. 600-601. Referindo-se ao art. 15 da Constituição espanhola.

[432] CANOTILHO, José Joaquim Gomes. *Direito Constitucional e Teoria da Constituição.* 7.ed. Coimbra: Almedina, 2004, p. 1276-1277. Canotilho propõe a substituição da fórmula dos limites imanentes pela fórmula das "restrições não expressamente autorizadas pela Constituição", isso porque "a teoria dos limites imanentes anda associada à chamada teoria interna das restrições aos direitos fundamentais que aqui não é sufragada". Tece críticas à teoria dos limites imanentes de Krüger (cláusula da comunidade ou limites originários) e à teoria de Isensee (limitações horizontais).

6.2. LIMITES AOS LIMITES DOS DIREITOS FUNDAMENTAIS: a reserva legal, a proteção do núcleo essencial e o princípio da proporcionalidade

Tomando como ponto de partida a reserva legal[433] restritiva[434] e sua função de proteção dos direitos fundamentais,[435] não parece lógico extrair uma consequência oposta, qual seja, a dispensa de lei, ou a dispensa de apreciação judicial no caso concreto, em se tratando de restrições não expressamente autorizadas pela Constituição.[436]

A autorização judicial para antecipação do parto de feto anencefálico parece ser, no nosso entendimento, um exemplo adequado para análise. Em que pese não existir qualquer previsão constitucional expressa a esse respeito, a autorização com tal finalidade fundamenta-se no direito fundamental à saúde e à vida da gestante, bem como por não se enquadrar no conceito analítico de crime[437] (de ação típica, ilícita ou anti-jurídica e culpável). Todavia, e salvo engano, parece-nos que o reconhecimento expresso de uma excludente de ilicitude nesse sentido asseguraria a proteção e promoção da saúde da mulher, nesta situação concreta, de forma mais eficaz, já que há que estruturar todo o sistema único de saúde para prestar o pronto atendimento, independentemente de autorização judicial.

---

[433] Constituição Federal de 1988, art. 5°: "Todos são iguais perante a lei, sem distinção de qualquer natureza, garantindo-se aos brasileiros e aos estrangeiros residentes no País a inviolabilidade do direito à vida, à liberdade, à igualdade, à segurança e à propriedade, nos termos seguintes: Inciso II- ninguém será obrigado a fazer ou deixar de fazer alguma coisa senão em virtude de lei."

[434] CANOTILHO, José Joaquim Gomes. *Direito Constitucional e Teoria da Constituição*. 7.ed. Coimbra: Almedina, 2004, p. 1278. "Quando nos preceitos constitucionais se prevê expressamente a possibilidade de limitação dos direitos, liberdades e garantias através da lei, fala-se em direitos sujeitos a reserva de lei restritiva. Isto significa que a norma constitucional é simultaneamente: (1) uma *norma de garantia*, porque reconhece a garante um determinado âmbito de protecção ao direito fundamental; (2) uma *norma de autorização* de restrições, porque autoriza o legislador a estabelecer limites ao âmbito de protecção constitucionalmente garantido".

[435] ANDRADE, José Carlos Vieira de. *Os Direitos Fundamentais na Constituição Portuguesa de 1976*. 2.ed. Coimbra: Almedina, 2001, p. 336. Salientando que o princípio da reserva da lei foi inicialmente concebido como uma proteção institucional dos direitos dos cidadãos (já que sob a concepção liberal o Executivo "era considerado o inimigo número um da propriedade e das liberdades") e que hoje a "protecção dos direitos fundamentais em face da administração" é mais complexa, deixando de ser apenas um *limite* e passando a ser um *pressuposto* para a atividade administrativa.

[436] ALEXY, Robert. *Teoria de los Derechos Fundamentales*. Madrid: Centro de Estudios Constitucionales, 1997, p. 269-270. Sustentando que a partir da sua classificação estrutural das normas de direitos fundamentais (princípio e regras) pode-se falar em posições jurídicas *prima facie*, e não em posições jurídicas definitivas (a restrição é, então, externa, para compatibilizar com direitos de outros indivíduos, ou até mesmo com bens coletivos).

[437] TOLEDO, Francisco de Assis. *Princípios Básicos de Direito Penal*: de acordo com a Lei n. 7.209, de 11-7-1984 e com a Constituição Federal de 1988. 5.ed. São Paulo: Saraiva, 1994, p. 80 e ss.

Discorrendo acerca de possíveis colisões ou conflitos de direitos fundamentais, Andrade[438] assevera que não há uma ordem hierárquica entre valores constitucionais, impondo-se uma ponderação concreta dos bens, com "cedências mútuas", tendo sempre em vista que essa harmonização ou concordância prática não poderá afetar o conteúdo essencial de nenhum dos direitos colidentes. Alexy,[439] sob uma ótica diversa do autor português, igualmente alerta para a garantia do conteúdo essencial do direito fundamental (restrição da restrição).

Qual o significado da afirmativa de que os direitos fundamentais poderão ser restringidos ou limitados desde que não se atinja seu núcleo essencial? No ordenamento jurídico-constitucional brasileiro não há uma cláusula expressa garantindo a proteção do núcleo essencial dos direitos fundamentais, a exemplo do direito constitucional comparado alemão,[440] português[441] e espanhol.[442] Em que pese não restar expressamente consagrada uma proteção do núcleo essencial na atual Constituição Federal de 1988,[443] na medida em que pode ser compreendido, em uma acepção mais genérica, como uma barreira ao legislador ordinário, reforçando a garantia dos direitos fundamentais para preservar um "contenido mínimo",[444] barreira para além das quais configura-se violação dos direitos fundamentais,

---

[438] ANDRADE, José Carlos Vieira de. *Os Direitos Fundamentais na Constituição Portuguesa de 1976.* 2.ed. Coimbra: Almedina, 2001, p. 313-314. Entretanto advirta-se que Andrade não adota, aliás, rechaça, a concepção alexyana quanto ao caráter principiológico dos direitos fundamentais, tese que acarretaria, na sua ótica, um enfraquecimento axiológico do sistema, p. 279 e 280.

[439] ALEXY, Robert. *Teoria de los Derechos Fundamentales.* Madrid: Centro de Estudios Constitucionales, 1997, p. 267 e 286. "Del carácter de principio de las normas fundamentales resultó no sólo que, en vista de los principios opuestos, los derechos fundamentales están restringidos y son restringibles sino también que su restricción y restringibilidad son restringidas". O autor refere-se a restrições diretamente constitucionais e restrições indiretamente constitucionais.

[440] Lei Fundamental de Bonn (1949), Artigo 19.2: *En ningún caso se podrá afectar al contenido esencial de un derecho fundamental.* In: SCHWABE, Jürgen. *Cincuenta Años de Jurisprudencia del Tribunal Constitucional Federal Alemán.* Traducción de Marcela Anzola Gil. Colombia: Gustavo Ibáñez, 2003, p. 420.

[441] Constituição da República Portuguesa (1976), artigo 18.3: "As leis restritivas dos direitos, liberdades e garantias têm de revestir carácter geral e abstracto e não podem diminuir a extensão e o alcance do conteúdo essencial dos preceitos constitucionais". Constituição da República.

[442] Constituição espanhola (1978), art. 53.1: "Los derechos y libertades reconocidos en el Capítulo segundo del presente Titulo vinculan a todos los poderes públicos. Sólo por ley, que en todo caso deberá respetar su contenido esencial, podrá regularse el ejercicio de tales derechos y libertades que se tutelarán de acuerdo con lo previsto en el artículo 161, 1, *a*)."

[443] SARLET, Ingo Wolfgang. *A Eficácia dos Direitos Fundamentais.* 4.ed. rev. atual. e ampl. Porto Alegre: Livraria do Advogado, 2004, p. 199. Sustentando que se perdeu "a oportunidade ímpar de reconhecer expressamente uma garantia de proteção do núcleo essencial dos direitos fundamentais contra erosão pelo legislador ordinário (inobstante sua inovadora e salutar inclusão no rol das "cláusulas pétreas") (...) ".

[444] SANCHÍS, Luis Prieto. Los Derechos Fundamentales y el Poder Legislativo. In: *Estudios sobre Derechos Fundamentales.* Madrid: Debate, 1990, p. 140, 142 e 146. Segundo Pietro Sanchis "cada derecho encierra su propio núcleo de esencialidad; es decir, no existe un contenido esencial de la categoría derechos fundamenatles o, al menos, no resulta jurídicamente operativo."

nesta medida, seu significado pode ser reconduzido à proteção da dignidade da pessoa humana.[445]

Este significado, bem como a tentativa de delineamento do âmbito de proteção, assume relevo tanto no que se refere aos limites da liberdade de conformação do legislador no âmbito dos direitos fundamentais (um contexto mais amplo e abrangente), quanto no que diz com os limites dos limites dos direitos fundamentais, ou seja, no que se refere aos limites das leis restritivas de direitos fundamentais (um contexto mais restrito, contido no primeiro enfoque).

Segundo Mendes,[446] a proteção do conteúdo essencial dos direitos fundamentais encontra suas raízes históricas na Alemanha do segundo pós-guerra, notadamente no estabelecimento de um vínculo material do legislador com os direitos fundamentais, sob pena de esvaziamento das normas jusfundamentais. Partindo desta ótica, poderia a garantia do conteúdo essencial estar atrelada apenas à possibilidade de traçar os limites das restrições dos direitos fundamentais? Muito embora a resposta seja negativa, isso na medida em que o reconhecimento de um núcleo inviolável dos direitos fundamentais remete, inexoravelmente, à discussão acerca da eficácia dos direitos fundamentais, as reflexões aqui tecidas, advirta-se, cingem-se a breves notas acerca dos limites às restrições dos direitos fundamentais,[447] especialmente tendo em vista a amplitude e complexidade que seria agregada, bem como a fuga do objeto aqui em estudo.

Desta forma, o ponto crucial do problema consiste em saber em que medida a proteção do núcleo essencial pode proteger os direitos fundamentais na hipótese de que venham a ser restringidos por lei. Assim, cumpre examinar alguns parâmetros que têm sido apontados pela doutrina, no sentido de verificar qual a abrangência da proteção do núcleo essencial.

Enquanto Alexy[448] sustenta que o âmbito de proteção do conteúdo essencial compreende a exigência de justificação de eventual restrição

---

[445] Capítulo 3º, item 3.2.2.

[446] MENDES, Gilmar Ferreira. Os Limites dos Limites. In: MENDES, Gilmar Ferreira; COELHO, Inocêncio Mártires; BRANCO, Paulo Gustavo Gonet. *Hermenêutica Constitucional e Direitos Fundamentais*. Brasília: Brasília Jurídica, 2000, p. 242-243. O "princípio da proteção do núcleo essencial destina-se a evitar o esvaziamento do conteúdo do direito fundamental decorrente de restrições descabidas, desmesuradas ou desproporcionais".

[447] No mesmo sentido de "limites dos limites" ou "restrição da restrição".

[448] ALEXY, Robert. *Teoria de los Derechos Fundamentales*. Op. cit., p. 288-289 e 291. Segundo Alexy, "Las teorías subjetivas del contenido esencial pueden ser absolutas o relativas. Según la teoría relativa, el contenido esencial es aquello que queda después de una ponderación. Las restricciones que responden al principio de proporcionalidad no lesionam la garantía del contenido esencial aun cuando en el caso particular no dejen nada del derecho fundamental. La garantía del contenido esencial se reduce al principio de proporcionalidad. (...) En cambio, según la teoría absoluta, existe un núcleo de cada derecho fundamental que, en ningún caso, pode ser afectado". O autor faz uma advertência: quando a teoria absoluta sustenta que "hay posiciones

a direito fundamental, mediante a aplicação do princípio da proporcionalidade, no cotejo entre direitos fundamentais colidentes, Andrade[449] entende que a proteção do núcleo essencial não pode ser reduzida à idéia de proporcionalidade, tratando-se de uma "proibição absoluta, um limite fixo, um mínimo de valor inatacável", que aponta para a dignidade da pessoa humana, reafirmada.

O constitucionalista português parte de alguns exemplos no âmbito do direito penal, como o da pena de prisão, em que se admite o completo sacrifício da liberdade física dos condenados, para afirmar que o limite do núcleo essencial consiste em limite ao poder legislativo, que não poderá "atentar contra as exigências (mínimas) de valor que, por serem a projecção da ideia de dignidade humana, constituem o fundamento (a essência) de cada preceito constitucional nesta matéria".[450] De qualquer forma, adverte que, em circunstâncias excepcionais da vida dos homens, será admissível uma anulação parcial de um direito fundamental (até do direito à vida) com relação a outros direitos fundamentais, o que o leva inclusive a constatar uma possível insuficiência do núcleo essencial para proteger os direitos fundamentais em face do legislador.

De tal sorte, é imprescindível refletir acerca das razões que levam à restrição de um direito fundamental. Assim, a proteção do núcleo essencial dos direitos fundamentais (que remete à proteção da dignidade da pessoa humana) assume relevância na ordem jurídico-constitucional pátria, consistindo em fundamento que deve ser inserido na discussão em torno de possíveis restrições aos direitos fundamentais,

---

con respecto a las cuales no existe ninguna razón superior que las desplace, en cierta medida tiene razon", entretanto esse caráter "absoluto" de proteção é, na verdade, uma questão de relação entre princípios. "Sin embargo, la seguridad de protección es tan alta que, bajo las circunstancias normales, puede hablarse de una protección absoluta. Desde luego, no debe perderse de vista la fundamentación relativa de esta protección. El alcance de la protección "absoluta" depende de las relaciones entre principios. La impresión de que puede ser conocida directa o intuitivamente, sin ponderaciones, surge de la seguridad de las relaciones entre los principios". Assim, conclui que a "garantía del contenido esencial del artículo 19 párrafo 2 LF no formula frente al principio de proporcionalidad ninguna restricción adicional de la restringibilidad de derechos fundamentales. Pero, como es equivalente a una parte del principio de proporcionalidad, es una razon más en favor de la validez del principio de proporcionalidad".

[449] ANDRADE, José Carlos Vieira de. José Carlos Vieira de. *Os Direitos Fundamentais na Constituição Portuguesa de 1976*. 2.ed. Coimbra: Almedina, 2001, p. 294-295. Andrade refere teorias absolutas do conteúdo essencial (um núcleo fundamental, abstratamente determinável e intocável), bem como teorias relativas (que conduzem aos princípios da exigibilidade e da proporcionalidade", à "necessidade de harmonização de bens jurídicos, a levar a cabo com critérios de concordância prática"), afirmando que a diferença, por vezes, não tem relevo prático, notadamente "quando a posição das teorias relativas é entendida em termos de a proporcionalidade da restrição dos direitos fundamentais dever ser avaliada à luz do direito restringido e da sua garantia constitucional".

[450] Idem, p. 297, 298 e 299. Em que pese referir a proteção do núcleo essencial como um limite absoluto ao legislador, afirma que não se trata de "um limite abstracto fixo, de uma proibição absoluta, mas de uma proibição relativa, referida a um conteúdo constitucional elástico e só em concreto determinável".

notadamente no processo de ponderação de direitos, quando da aplicação do princípio da proporcionalidade em sentido estrito.

Mediante aplicação do princípio[451] [452] [453] da proporcionalidade,[454] que implica vinculação dos poderes públicos e particulares aos direitos fundamentais, noção esta adveniente do direito administrativo alemão,[455] viabiliza-se o enfrentamento do problema das limitações aos direitos nos Estados Democráticos de Direito, especialmente como "critério de controle de constitucionalidade das medidas restritivas de direitos fundamentais".[456]

---

[451] ALEXY, Robert. *Teoria de los Derechos Fundamentales*. Op. cit., p. 111-112. Esclarece, na nota de rodapé nº 84, que, embora freqüentemente denominado de "principio" da proporcionalidade, "no se trata de un principio en el sentido aquí expuesto. La adecuación, necesidad y proporcionalidad en sentido estricto no son ponderadas frente a algo diferente. No es que unas vezes tengan precedencia y otras no. Lo que se pregunta más bien es si las máximas parciales son satisfechas o no, y su no satisfacción tiene como conseqüencia la ilegalidad. Por lo tanto, las tres máximas parciales tienen que ser catalogadas como reglas".

[452] ÁVILA, Humberto Bergmann. *Teoria dos Princípios:* da Definição à Aplicação dos Princípios Jurídicos. 4.ed. São Paulo: Malheiros, 2005, p. 112-113. No sentido da aplicação do "postulado" normativo da proporcionalidade somente quando há uma relação de causalidade entre um meio e um fim, "de tal sorte que se possa proceder aos três exames fundamentais: o da adequação (o meio promove o fim?), o da necessidade (dentre os meios disponíveis e igualmente adequados para promover o fim, não há outro meio menos restritivo do (s) direito (s) fundamentais afetados?) e o da proporcionalidade em sentido estrito (as vantagens trazidas pela promoção do fim correspondem às desvantagens provocadas pela adoção do meio?) ".

[453] PULIDO, Carlos Bernal. El Principio de Proporcionalidad y los Derechos Fundamentales: el Principio de Proporcionalidad como Criterio para Determinar el Contenido de los Derechos Fundamentales Vinculante para el Legislador. Madrid: Centro de Estudios Políticos y Constitucionales, 2003, p. 533. O princípio da proporcionalidade como um "criterio estructural para la determinación del contenido de los derechos fundamentales vinculante para el Legislador".

[454] SOUZA JUNIOR, Cezar Saldanha. *A Supremacia do Direito no Estado Democrático e seus Modelos Básicos*. Porto Alegre: Nova Prata, 2002, p. 83 e 84. "Na tradição romano-germânica, preferencialmente, a razão partiu do *corpus* justinianeu, informando a lei e a doutrina com princípios gerais a serem progressivamente deduzidos no plano concreto da regulação da vida social. Na tradição do *common law*, a razão, explorando o senso natural do justo em concreto, privilegiou, por isso mesmo, o tratamento direto da realidade da vida social, ascendendo daí ao plano mais geral e abstrato da formulação de critérios e de princípios. Nos sistemas romano-germânicos, a razão prática, alimenta-se previamente nos valores constitucionais abstratos e, muitas vezes, potencialmente antagônicos. Contemplando a vida concreta, ela sopeza os dados fáticos do conflito, em busca do ponto ótimo de *concordância pratica* entre todos os princípios. Deixa-se governar pelo assim denominado *princípio* ou *máxima da proporcionalidade*, afirmado originalmente no Tribunal Constitucional Alemão. Esse é o princípio fundamental da hermenêutica de tipo continental, quando exercita a razão prática. Ajustado perfeitamente à tradição romano-germânica, vem difundindo-se entre os Estados desta família. O princípio da razoabilidade, por seu turno, também traduz exercício da razão prática. Porém, diferentemente do anterior, parte, dos dados fáticos do conflito e da experiência do justo em concreto. A tarefa do julgador é encontrar a *coisa justa*, ou seja, a solução mais equilibrada, capaz inclusive de deitar critérios aptos a servir de precedente a casos análogos futuros. É o princípio que preside a hermenêutica própria do *common law*, posto em merecido destaque pelas sucessivas gerações de juízes da Suprema Corte norte-americana".

[455] SCHOLLER, Heinrich. O Princípio da Proporcionalidade no Direito Constitucional e Administrativo da Alemanha. *Interesse Público*, São Paulo: Notadez, ano 1, n. 2, p. 93 e ss, abr.-jun. 1999.

[456] SARLET, Ingo Wolfgang. "Constituição e Proporcionalidade: o Direito Penal e os Direitos Fundamentais entre Proibição de Excesso e de Insuficiência". *Revista Brasileira de Ciências Criminais*, n. 47, p. 98, mar.-abr. 2004.

Partindo da consagrada classificação estrutural[457] das normas de direito fundamental, qual seja, a de princípios e regras como espécies do gênero norma jurídica, há que notar que a definição de princípio como "normas que ordenan que algo sea realizado en la mayor medida posible, de acuerdo con las posibilidades fácticas e jurídicas"[458] implica, necessariamente, o princípio da proporcionalidade,[459] [460] sob a perspectiva de seus três subprincípios, o da adequação (idoneidade), da necessidade e da proporcionalidade em sentido estrito.

Há quem sustente[461] uma identidade entre o princípio da proporcionalidade (em sentido amplo) e "princípio da proibição de excesso", este como uma versão mais contemporânea daquele, notadamente no âmbito do controle das restrições aos direitos fundamentais, construindo os contornos da proibição do excesso de proteção no sentido de "evitar cargas coactivas excessivas ou actos de ingerência desmedidos na esfera jurídica dos particulares".

---

[457] ALEXY, Robert. *Teoria de los Derechos Fundamentales*. Op. cit., p. 82, 86. Segundo Alexy, os princípios e as regras são espécies de normas dentro do ordenamento jurídico, cuja distinção é "uno de los pilares fundamentales del edifício de la teoria de los derechos fundamentales". Princípios e regras são espécies do gênero norma porque dizem o que deve ser. A característica diferenciadora entre ambos é qualitativa e consiste em serem os princípios mandados ou ordens de otimização, ordenando que algo seja realizado na medida do possível, dentro das possibilidades fáticas e jurídicas. Os princípios, portanto, impõem otimização de eficácia à luz das circunstâncias, sendo harmonizados, permitindo o balanceamento conforme o seu peso e ponderação com outros princípios, de forma a coexistirem, conviverem mutuamente, podendo ser cumpridos em diferentes graus. Por outro lado, as regras prescrevem exigências que se impõem, ou não, se excluindo mutuamente quando houver antinomia ou conflito entre as mesmas. O sistema constitucional é tendencialmente principialista porque este é o suporte rigoroso para solucionar a colisão de direitos fundamentais, além de permitir que o sistema respire por meio da textura aberta dos princípios.

[458] ALEXY, Robert. "Epílogo a la Teoria de los Derechos Fundamentales". *Revista Española de Derecho Constitucional*, ano 22, n. 66, p. 13 a 15 e 25, Sept.-Dic. 2002.

[459] ALEXY, Robert. *Teoria de los Derechos Fundamentales*. Madrid: Centro de Estudios Constitucionales, 1997, p. 111 e 112. "De la máxima de proporcionalidad en sentido estricto se sigue que los principios son mandatos de optimización con relación a las posibilidades jurídicas. En cambio, las máximas de la necesidad y de la adecuación se siguen del caracter de los principios como mandatos de optimización con relación a las posibiliddades fácticas". Alexy esclarece, na nota de rodapé n° 84, que embora freqüentemente denominado de "principio" da proporcionalidade, "no se trata de un principio en el sentido aquí expuesto. La adecuación, necesidad y proporcionalidad en sentido estricto no son ponderadas frente a algo diferente. No es que unas vezes tengan precedencia y otras no. Lo que se pregunta más bien es si las máximas parciales son satisfechas o no, y su no satisfacción tiene como conseqüencia la ilegalidad. Por lo tanto, las tres máximas parciales tienen que ser catalogadas como reglas".

[460] MIRANDA, Jorge. *Manual de Direito Constitucional*. 3.ed. Coimbra: Editora Coimbra, tomo IV, 2000, p. 207 e 208. Sobre a consagração expressa da "regra da proporcionalidade" na Constituição da República Portuguesa.

[461] CANOTILHO, José Joaquim Gomes. *Direito Constitucional e Teoria da Constituição*. 7.ed. Coimbra: Almedina, 2004, p. 266, 268 e 272-273. "A doutrina alemã ergue o princípio do excesso (*Übermassverbot*) a princípio constitucional e começa a controlar os actos do poder público sob o ponto de vista do princípio da proporcionalidade" (p. 268). "O sentido mais geral da proibição do excesso é, como se acaba de ver, este: evitar cargas coactivas excessivas ou actos de ingerência desmedidos na esfera jurídica dos particulares".

O subprincípio da idoneidade[462] [463] (ou da adequação entre meios e fins) destina-se a averiguar se o meio escolhido pelo legislador guarda relação de pertinência com o fim almejado, estando apto a realizá-lo.[464]

O subprincípio da necessidade[465] consubstancia uma exigência: a de que o Estado, em restringindo direitos, opte em favor do meio

[462] ALEXY, Robert. "Epílogo a la Teoria de los Derechos Fundamentales". *Revista Española de Derecho Constitucional*, ano 22, n. 66, p. 32, Sept.-Dic. 2002. O exemplo do *"peluquero"* (p. 27) e os três passos da ponderação: a) cabeleireiro colocou máquina de tabaco no estabelecimento, sem permissão expressa da Administração; b) imposição de multa (havia lei exigindo a permissão, que somente poderia ser concedida se o solicitante demonstrasse conhecimento técnico profissional para exercer tal atividade; c) Tribunal Superior (*Saarbrücken*) acolheu a pretensão do cabeleireiro, considerando inconstitucional a exigência de prova de conhecimentos técnicos comerciais para o mero ato de instalar uma máquina de tabaco; d) a questão da inconstitucionalidade foi levada ao Tribunal Constitucional – TC, que decidiu que a exigência de provar conhecimentos técnicos específicos, naquele caso, vulnera a liberdade de profissão e ofício. Agora identificando os três passos da ponderação: estão em jogo dois princípios, Liberdade de profissão e ofício (P1) e Proteção do Consumidor (P2). Qual o meio adotado (M) ? A prova de conhecimentos técnicos. O meio adotado (prova de conhecimento técnico) não está em condições de favorecer a P2 (proteção do consumidor) e mais, impede a realização de P1 (Liberdade de profissão e ofício). No caso concreto, o grau de não satisfação do Princípio afetado (liberdade de profissão e ofício) é máximo (intensidade de intervenção é máxima). Adotando M (prova de conhecimentos técnicos) há custos para P1 (liberdade de profissão e ofício) e renunciando à M (prova de conhecimentos técnicos) não haveria custos nem para P2 nem para P1. Conclusão: o meio adotado não é idôneo, ou melhor, falta idoneidade ao meio M para favorecer P2 e ainda M impede P1, ou seja, não passa na primeira fase do teste de proporcionalidade.

[463] CANOTILHO, José Joaquim Gomes. *Direito Constitucional e Teoria da Constituição*. Op. cit., p. 269-270. Segundo o princípio da adequação ou da conformidade, deve existir uma relação de adequação entre a medida adotada e o fim almejado.

[464] PULIDO, Carlos Bernal. *El Principio de Proporcionalidad y los Derechos Fundamentales:* el Principio de Proporcionalidad como Criterio para Determinar el Contenido de los Derechos Fundamentales Vinculante para el Legislador. Madrid: Centro de Estudios Políticos y Constitucionales, 2003, p. 687 e 690. Sustentando que o fim deve ser constitucionalmente legítimo (aquele fim que "no está prohibido explícita o implícitamente por la Constitución"). Quanto aos diferentes fins que podem fundamentar uma intervenção legislativa, menciona "la realización de un derecho individual, de un bien colectivo o de un bien jurídico, garantizado por un principio". Refere especificamente a decisão do Tribunal Constitucional Espanhol sobre o aborto (STC 53/1985), no sentido de que embora o nascituro não seja considerado um titular de direitos fundamentais, o Estado deve proteger a vida dos nascituros como bem jurídico fundamental, em p. 702.

[465] CANOTILHO, José Joaquim Gomes. *Direito Constitucional e Teoria da Constituição*. Op. cit., p. 270. Para Canotilho, "o princípio da exigibilidade, também conhecido como "princípio da necessidade" ou da "menor ingerência possível" coloca a tónica na ideia de que o cidadão tem direito à menor desvantagem possível"; PULIDO, Carlos Bernal. *El Principio de Proporcionalidad y los Derechos Fundamentales*. Op. cit., p. 735 e 737. O subprincípio da necessidade "implica la comparación entre la medida adoptada por el Legislador y otros medios alternativos". Quanto à escolha dos meios alternativos, "el principal criterio para seleccionar los medios alternativos consiste en que éstos revistan algún grado de idoneidad para contribuir a alcanzar el objetivo que la medida legislativa se propone", devendo ter uma idoneidade equivalente. De outra banda adverte que a "mayor idoneidad de un medio alternativo no es de por sí un dato que implique la carencia de necesidad de la medida legislativa", o que, todavia, poderá acontecer, no caso de que o meio alternativo intervenha com menor intensidade no direito fundamental (p. 741); ALEXY, Robert. "Epílogo a la Teoria de los Derechos Fundamentales". *Revista Española de Derecho Constitucional*, ano 22, n. 66, p. 32, Sept.-Dic. 2002. O exemplo dos doces e confeitos (p. 28) e os três passos da ponderação: a) Ministério proíbe a circulação de doces e confeitos de cacau em pó que contém arroz inflado; b) Tribunal Constitucional considerou que a proibição de circulação da mercadoria era medida idônea na proteção dos consumidores. Porém, tal restrição não era

menos oneroso, no caso de existirem outros meios igualmente aptos à finalidade.

O subprincípio da proporcionalidade em sentido estrito,[466] terceira e última fase da justificação de uma restrição a direito fundamental, decorre de um reconhecimento: ainda que o meio possa ser idôneo à consecução dos fins almejados (adequação), e que não se tenha eleito, dentre outros meios, o meio mais oneroso (necessidade), há que averiguar se o grau de restrição de um princípio é proporcional ao grau de realização do princípio oposto. Se ultrapassadas as duas primeiras fases do teste de proporcionalidade (adequação e necessidade), cumpre, então, averiguar se a restrição levada a cabo pelo legislador ordinário pode ser justificada na terceira e última fase do teste de proporcionalidade. Nesta fase, coteja-se o grau de afetação do direito fundamental restringido com o grau de realização do direito fundamental contraposto, situação em que será verificada, ou não, uma relação de proporcionalidade[467] entre ambos.

São três os passos da proporcionalidade em sentido estrito, ou da lei da ponderação. O primeiro passo consiste em verificar o grau de não satisfação (ou de afetação) de um dos princípios, colocando-se o seguinte questionamento: qual o grau da não satisfação do princípio afetado? No segundo passo, há que definir a importância da satisfação do princípio que joga em sentido contrário, e, por derradeiro, no terceiro passo, há que definir se a importância da satisfação do princípio contrário justifica a não satisfação do outro. Assim, reitere-se,

necessária porque existe meio igualmente idôneo e menos restritivo: etiquetar os produtos com a informação clara. Ou seja, há outra proteção eficaz e menos gravosa. Há dois princípios em jogo: P1 (Liberdade de profissão e ofício) e P2 (Proteção do Consumidor). M1 (etiquetar o produto) é o meio menos gravoso e o meio adotado M2 (retirar do mercado/proibição de circulação) foi mais gravoso. Como M1 é meio mais benigno e menos gravoso e M2 é o meio mais gravoso, adotando M2 (retirar do mercado/proibição de circulação) há grau máximo de não satisfação de P1 (Liberdade de profissão e ofício). Tanto M1 como M2 asseguram P2 (Proteção do Consumidor). P1 pode ser realizado por meio menos gravoso, qual seja, M1. Ou seja, não passa na segunda etapa do teste de proporcionalidade.

[466] ALEXY, Robert. "Epílogo a la Teoria de los Derechos Fundamentales". Op. cit., p. 32-33. O exemplo dos produtores de cigarros: "Así ocurre con el deber de los productores de tabaco de colocar en sus productos advertencias sobre el peligro para la salud que implica el fumar, lo que constituye una intervención relativamente leve en la libertad de profesión y oficio".

[467] PULIDO, Carlos Bernal. *El Principio de Proporcionalidad y los Derechos Fundamentales*. Op. cit., p. 757. "Conforme al principio de proporcionalidad en sentido estricto, la importancia de la intervención en el derecho fundamental debe estar justificada por la importancia de la realización del fin perseguido por la intervención legislativa". Relevante aportar um esclarecimento do autor, no sentido de que a doutrina, por vezes, adota um impreciso intercâmbio terminológico, como se o princípio da proporcionalidade fosse equivalente à ponderação: "Aquí hemos de defender la idea de que la ponderación se identifica con el principio de proporcionalidad en sentido estricto. En otras palabras, la ponderación debe entenderse como una parte del principio de proporcionalidad, su tercer subprincipio, que exige que las intervenciones en el derecho fundamental reporten tales ventajas al derecho o al bien constitucional que favorecen, que sean capaces de justificar las desventajas que la intervención origina al titular del derecho afectado" (p. 564).

O Direito Fundamental à Identidade Genética
na Constituição Brasileira

esta terceira etapa[468] do teste de proporcionalidade comporta alguns pontos de passagem do raciocínio: primeiramente há que verificar qual é o grau da restrição do direito fundamental; para depois determinar o grau de satisfação do direito antagônico ao direito restringido, para, ao final do teste, responder ao problema de saber se a satisfação de um direito justifica a restrição de outro direito. No que tange ao peso de cada um dos direitos fundamentais, destaque-se: "Cuantas más conexiones tenga un derecho fundamental con la dignidad humana, mayor será su peso en la ponderación".[469] Ao final, constrói-se, então, uma relação de precedência quanto aos princípios em ponderação, determinando a qual princípio deverá ser dada prioridade, precedência condicionada[470] às circunstâncias do caso concreto.[471]

Pelo exposto, não há como deixar de constatar a racionalidade do teste de proporcionalidade, se respeitadas as etapas do raciocínio: primeiro testar a adequação (ou idoneidade) da medida restritiva, para depois testar a necessidade da restrição, em havendo outros meios. Transpostas estas etapas, parte-se ao teste da proporcionalidade em sentido estrito,[472] ou a lei da ponderação.

Dessa forma, Alexy[473] rechaça as objeções à sua tese, comprovando sua racionalidade sem esvaziar a relevância da legislação ordinária

[468] ALEXY, Robert. "Epílogo a la Teoria de los Derechos Fundamentales". Op. cit., p. 32.

[469] PULIDO, Carlos Bernal. *El Principio de Proporcionalidad y los Derechos Fundamentales*. Op. cit., p. 760 e 772. Sustentando que o peso de cada um dos direitos fundamentais tem duas variáveis: peso abstrato e peso concreto. "Peso abstracto. Cuanto mayor sea la importancia material de un principio constitucional dentro del sistema de la Constitución, mayor será su peso en la ponderación". "Peso concreto. Cuanto más intensa sea la intervención en el derecho fundamental, mayor será el peso del derecho en la ponderación. Correlativamente, cuanto más intensa sea la realización del principio que fundamenta la intervención legislativa, mayor será su peso en la ponderación".

[470] ALEXY, Robert. *Teoria de los Derechos Fundamentales*. Op. cit., p. 92-93. "La determinación de la relación de precedencia condicionada consiste en que, tomando en cuenta el caso, se indican las condiciones bajo las cuales un principio precede al outro".

[471] PULIDO, Carlos Bernal. *El Principio de Proporcionalidad y los Derechos Fundamentales*. Op. cit., p. 781.

[472] CANOTILHO, José Joaquim Gomes. *Direito Constitucional e Teoria da Constituição*. Op. cit., p. 270. "Quando se chegar à conclusão da necessidade e adequação da medida coativa do poder público para alcançar determinado fim, mesmo neste caso deve perguntar-se se o resultado obtido com a intervenção é proporcional à 'carga coativa' da mesma. Está aqui em causa a princípio da proporcionalidade em sentido restrito, entendido como princípio da 'justa medida'. Meios e fins são colocados em equação mediante um juízo de ponderação, com o objectivo de se avaliar se o meio utilizado é ou não desproporcionado em relação ao fim . Trata-se, pois, de uma questão de 'medida' ou 'desmedida' para se alcançar um fim: pesar as desvantagens dos meios em relação às vantagens do fim".

[473] ALEXY, Robert. "Epílogo a la Teoria de los Derechos Fundamentales". Op. cit., p. 15-16. A tese dos mandatos (ou ordens) de otimização recebeu inúmeras objeções, que Alexy, no Epílogo, sintetiza em dois pólos opostos. A crítica de Habermas é a de que a ponderação de direitos fundamentais põe em risco, ou melhor, debilita os próprios direitos fundamentais, eis que inexistem medidas racionais para levar a cabo a ponderação (irracionalidade da ponderação). Por outro lado a crítica de Böckenförd situa-se no outro extremo: se os direitos fundamentais são princípios, então estamos caminhando em direção ao Estado Jurisdicional (Estado dos Juízes), o que significaria um esvaziamento do papel do legislador, ou seja, Alexy teria ido demasiado

no âmbito da efetiva promoção dos direitos fundamentais, não deixando de demonstrar que há empates de ponderação,[474] existindo, portanto, margem estrutural para ação, o que significa afirmar que duas soluções opostas podem ser constitucionais.

Examinadas as noções gerais da teoria dos limites dos direitos fundamentais, bem como os limites aos limites dos direitos fundamentais, especialmente a proteção do núcleo essencial e o princípio da proporcionalidade, ilustra-se a seguir esses conflitos e tensões, à guisa de uma concretização do problema.

6.3. CONCRETIZAÇÕES: o problema dos conflitos e tensões com outros bens fundamentais, à luz dos exemplos do direito à saúde, liberdade de investigação científica e do direito à propriedade industrial

Tendo em vista as perspectivas abertas pela clonagem não reprodutiva (terapêutica), pelos testes genéticos e terapias gênicas, novas terapêuticas que, aliás, poderão ser essenciais à melhoria tanto da qualidade quanto da quantidade da vida humana, cumpre examinar em que medida o direito fundamental à identidade genética pode entrar em rota de colisão com outros direitos, o que será examinado à luz dos exemplos do fundamental à saúde, da liberdade de investigação e da propriedade imaterial.

Partindo do conceito de saúde como "estado de completo bem-estar físico, mental e social",[475] e não a mera ausência de doença ou enfermidade, não há como deixar de colocar em destaque uma importante dimensão da saúde: a dimensão da qualidade de vida[476] da

---

longe (remete ao "ovo jurídico originário" de Forsthoff, que contém absolutamente tudo). Destaque-se, ainda, que Alexy complementa sua tese, agregando a fórmula do peso, para estabelecer o peso concreto de cada princípio em ponderação, com três níveis de escala: leve, média e intensa, em p. 25.

[474] ALEXY, Robert. "Epílogo a la Teoria de los Derechos Fundamentales". Op. cit., p. 48. Enfatizando que "existe un margen para la ponderación, entendido como un margen de acción estructural del Legislador y de la Jurisdicción".

[475] Declaração de Alma-Ata. Conferência Internacional sobre cuidados primários de saúde. Alma-Ata, URSS, 6-12 de setembro de 1978. Disponível em: http://www.opas.org.br/coletiva/uploadArq/Alma-Ata.pdf. Acesso em: 15 dez. 2005.

[476] O Grupo de Qualidade de Vida da Divisão de Saúde Mental da OMS definiu qualidade de vida como "a percepção do indivíduo de sua posição na vida no contexto da cultura e sistema de valores nos quais ele vive e em relação aos seus objetivos, expectativas, padrões e preocupações". Foram desenvolvidos até o momento dois instrumentos gerais para medir o índice de Qualidade de Vida da pessoa: o WHOQOL-100 e o WHOQOL BREF, ambos de propriedade da OMS (Organização Mundial da Saúde). O primeiro instrumento consta de 100 questões que avaliam 6 domínios: Físico, Psicológico, Nível de Independência, Relações sociais, Meio-ambiente e Espiritualidade/Crenças Pessoais. Já o segundo, é uma versão abreviada (26 questões e composta por 4 domínios: Físico, Psicológico, Relações Sociais e Meio ambiente). O coordenador do projeto no desenvolvimento da escala WHOQOL, para versão em português, é o Dr. Marcelo Pio de

pessoa humana, conceito que já foi acolhido inclusive na legislação infra-constitucional.[477] De tal sorte, para além dos indispensáveis cuidados médicos, há, também, que observar outras coordenadas essenciais à efetiva proteção e promoção da saúde humana, aspectos esses que abrangem a questão da renda[478] (já que a pobreza é a maior ameaça à saúde[479]), alimentação, habitação, educação, meio-ambiente ecologicamente equilibrado, dentre tantos outros, o que, por si só, já indica uma multiplicidade de fatores envolvidos.[480]

Almeida Fleck. Eis o escopo do primeiro instrumento: Domínio I (domínio físico: 1. dor e desconforto; 2. energia e fadiga; 3. sono e repouso); Domínio II (domínio psicológico: 4. sentimentos positivos; 5. pensar, aprender, memória e concentração; 6. auto-estima ; 7. imagem corporal e aparência; 8. sentimentos negativos), Domínio III (nível de Independência: 9. mobilidade; 10. atividades da vida cotidiana; 11. dependência de medicação ou de tratamentos; 12. capacidade de trabalho), Domínio IV (relações sociais: 13. relações pessoais ; 14. suporte (apoio) social; 15. atividade sexual), Domínio V (ambiente: 16. segurança física e proteção; 17. ambiente no lar; 18. recursos financeiros; 19. cuidados de saúde e sociais: disponibilidade e qualidade; 20. oportunidades de adquirir novas informações e habilidades; 21. participação em, e oportunidades de recreação/lazer; 22. ambiente físico: (poluição/ruído/trânsito/clima); 23.Transporte) e Domínio VI (aspectos espirituais/religião/crenças pessoais: 24. espiritualidade/religião/crenças pessoais). Disponível em: http://www.ufrgs.br/psiq/whoqol.html. Acesso em: 29 dez. 2005.

[477] Lei 8.080 de 19 de setembro de 1990, que dispõe sobre as condições para a promoção, proteção e recuperação da saúde, a organização e o funcionamento dos serviços correspondentes, art. 3º: A saúde tem como fatores determinantes e condicionantes, entre outros, a alimentação, a moradia, o saneamento básico, o meio ambiente, o trabalho, a renda, a educação, o transporte, o lazer e o acesso aos bens e serviços essenciais; os níveis de saúde da população expressam a organização social e econômica do País. Parágrafo único. Dizem respeito também à saúde as ações que, por força do disposto no artigo anterior, se destinam a garantir às pessoas e à coletividade condições de bem-estar físico, mental e social.

[478] Carta de Ottawa. Primeira Conferência Internacional sobre Promoção da saúde. Ottawa, novembro de 1986. Disponível em: http://www.opas.org.br/coletiva/uploadArq/ottawa.pdf. Acesso em: 15 dez. 2005. "As condições e os recursos fundamentais para a saúde são: paz, habitação, educação, alimentação, renda, ecossistema estável, recursos sustentáveis, justiça social e equidade". "A saúde é o maior recurso para o desenvolvimento social, econômico e pessoal, assim como uma importante dimensão da qualidade de vida. Fatores políticos, econômicos, sociais, culturais, ambientais, comportamentais e biológicos podem tanto favorecer como prejudicar a saúde".

[479] Declaração de Jacarta. Quarta Conferência Internacional sobre Promoção da Saúde. Jacarta, Indonésia, 21 a 25 de julho de 1997. Primeira a ter lugar em um país em desenvolvimento e a incluir o setor privado no apoio à promoção da saúde. Disponível em: http://www. opas.org.br/coletiva/uploadArq/Jacarta.pdf. Acesso em: 15 dez. 2005. "Os pré-requisitos para a saúde são: paz, abrigo, instrução, segurança social, relações sociais, alimento, renda, direito de voz das mulheres, um ecossistema estável, uso sustentável dos recursos, justiça social, respeito aos direitos humanos e eqüidade. A pobreza é, acima de tudo, a maior ameaça à saúde". "Cooperação é essencial". "Tanto o setor público quanto o privado deveriam promover a saúde (...)".

[480] Documentos referenciais que norteiam a promoção da saúde: a) Carta de Ottawa I Conferência Internacional sobre Promoção da Saúde. Ottawa, Canadá, novembro de 1986; b) Carta de São Paulo (versão preliminar) III Conferência Latino Americana de Promoção da Saúde e Educação para a Saúde. São Paulo, Brasil, 10 a 13 de novembro de 2002; c) Declaração de Adelaide Conferência de Adelaide, realizada em abril de 1988; d) Conferência Internacional sobre Cuidados Primários de Saúde. Alma-Ata, URSS, 12 de setembro de 1978; e) Declaração de Jacarta. Quarta Conferência Internacional sobre Promoção da Saúde. Jacarta, Indonésia, 21 a 25 de julho de 1997. Primeira a ter lugar em um país em desenvolvimento e a incluir o setor privado no apoio à promoção da saúde; f) Declaração de Santafé de Bogotá Colômbia, 9 a 12 novembro de 1992; g) Declaração de Sundsvall, Terceira Conferência Internacional sobre Promoção da Saúde –

Imprescindível esclarecer, em que pese os múltiplos fatores indispensáveis à saúde humana, que a abordagem aqui realizada restringe-se à concretização do problema da colisão entre direitos fundamentais, sob o específico enfoque das possibilidades abertas pelas novas terapêuticas em prol do bem estar bio-psico-social da pessoa humana, o que certamente remete ao estudo do âmbito de proteção do direito fundamental à saúde.

O direito fundamental à saúde está expressamente consagrado no ordenamento jurídico-constitucional brasileiro, seja no título que trata dos direitos e garantias fundamentais (título II), no capítulo que trata dos direitos fundamentais sociais,[481] seja no título que trata da ordem social (título VIII). Eis os termos do dispositivo constitucional, que, para além de quaisquer controvérsias em torno de seu alcance, notadamente no âmbito das prestações estatais, indubitavelmente contém normas jurídicas fundamentais:[482]

> A saúde é direito de todos e dever do Estado, garantido mediante políticas sociais e econômicas que visem à redução do risco de doenças e de outros agravos e ao acesso universal e igualitário às ações e serviços para sua promoção, proteção e recuperação.

No contexto das novas tecnologias hoje disponíveis aos homens, e a partir da já mencionada noção de multifuncionalidade dos direitos fundamentais, explicitada no capítulo 5º, cumpre analisar, ainda que brevemente, o âmbito de proteção do direito fundamental à saúde, tanto como direito de defesa quanto na sua dimensão prestacional.

O direito fundamental à saúde como direito de defesa contra o Estado, por exemplo, exige uma posição de respeito e abstenção dos poderes públicos. Neste contexto, os direitos de defesa são, em síntese, direitos à não intervenção nos direitos e liberdades fundamentais, contra o Estado (Poderes Públicos) e contra os particulares. Nessa dimensão defensiva é possível sustentar que a eficácia do direito fundamental à saúde é plena, imediata e integral, já que basta uma abstenção do destinatário.

De tal sorte, à guisa de uma concretização do problema, afirma-se que o direito fundamental à saúde pode ter um objeto que consista em uma abstenção por parte do Estado, qual seja, a de que o Estado não impeça que uma pessoa receba adequado tratamento de saúde. Sob esta ótica, proibir e tipificar criminalmente quaisquer tecnologias que

---

Ambientes Favoráveis à Saúde. Suécia, 9 a 15 junho de 1991; h) Declaração do México Quinta Conferência Internacional Sobre Promoção da Saúde Cidade do México, México de 05 a 09 de junho de 2000. Disponível em: http://www.opas.org.br/coletiva/carta.cfm?idcarta=15. Acesso em: 15 dez. 2005.

[481] Constituição Federal de 1988, art. 6º: São direitos sociais a educação, a saúde, o trabalho, o lazer, a segurança, a previdência social, a proteção à maternidade e à infância, a assistência aos desamparados, na forma desta Constituição.

[482] Constituição Federal de 1988, art. 196.

envolvam clonagem não reprodutiva (terapêutica), testes genéticos e terapias gênicas, como se o direito fundamental à identidade fosse absoluto, significaria criar óbices intransponíveis às novas terapêuticas, que não encontra respaldo na ordem jurídico-constitucional pátria. Destaque-se: a questão central aqui é a de que o direito fundamental à saúde, em determinadas situações, pode até mesmo exigir intervenções no embrião humano. Há que reiterar, então, que o direito de receber adequado tratamento de saúde (que é uma das facetas do direito à saúde) tem também uma dimensão negativa, que não depende, necessariamente, de uma prestação estatal.

De outra banda, uma função defensiva do direito fundamental à saúde não afasta, por óbvio, sua dimensão prestacional, e o exemplo da antecipação do parto de feto anencefálico[483] é paradigmático tanto acerca da compreensão da noção de multifuncionalidade do direito fundamental à saúde, quanto no que se refere às perspectivas abertas pelo diagnóstico por ecografia, na 12ª semana de gestação. Pode-se verificar, neste caso, não somente uma dimensão defensiva do direito fundamental à saúde, como direito a uma abstenção estatal, qual seja, a de que o Estado não impeça que a mulher receba tratamento de saúde (até mesmo porque diante dos fatos concretos da vida não seria possível exigir uma conduta diversa), como também o atendimento pelo sistema único de saúde (além do pedido de prestação jurisdicional), isso na sua dimensão prestacional.

O direito fundamental à saúde como direito a prestações estatais exige uma prestação positiva do Estado no que diz com proteção e promoção do direito à saúde. O objeto aqui é um fazer estatal, um direito a prestações estatais fáticas e jurídicas, que engloba uma série de complexas questões que podem ser agrupadas genericamente sob a rubrica das políticas públicas em matéria de saúde,[484] essenciais à

---

[483] ADPF 54, Argüição de Descumprimento de Preceito Fundamental, hoje sob exame do Supremo Tribunal Federal.

[484] A exemplo do PL 5822/2005, projeto de lei que institui o Programa de Hemoglobinopatias e dá outras providências, de autoria do dep. Carlos Nader (PL-RJ), apresentado em 30/08/2005, tendo sido designado relator, na Comissão de Seguridade Social e Família, o Dep. Ivan Paixão. Em síntese, institui-se o Programa de Hemoglobinopatias, para acompanhamento, aconselhamento genético preventivo e assistência médica integral às pessoas portadoras de traço falciforme e anemia falciforme, cujas despesas correrão à conta de dotações orçamentárias próprias, consignadas no Orçamento Geral da União, e alocadas no Ministério da Saúde, devendo ser especialmente previstas nos orçamentos dos futuros exercícios. Define hemoglobinopatias como doenças genéticas decorrentes de anormalidades na estrutura ou na produção da hemoglobina, molécula presente nos glóbulos vermelhos e responsável pelo transporte do oxigênio para os tecidos. O programa garantirá: o exame diagnóstico de hemoglobinopatias, nas redes hospitalares e ambulatoriais públicas e privadas, conveniadas ao Sistema Único de Saúde, como parte dos procedimentos técnicos de atendimento e assistência aos recém-nascidos; a cobertura completa do tratamento; o aconselhamento genético aos portadores da síndrome com maior probabilidade de risco; atividades de planejamento familiar e informações sobre métodos contraceptivos a casais em condições de risco; informação e orientação sobre riscos durante programas de pré-natal; acompanhamento especializado no pré-natal, à gestante portadora da síndrome, garantindo assis-

efetiva proteção e promoção da saúde humana como bem jurídico-fundamental, que vão desde as prestações fáticas (materiais) às prestações jurídicas (ou normativas), englobando um complexo de prestações estatais, a exemplo do atendimento médico,[485] do fornecimento de medicamentos, das ações de vigilância sanitária, dos aspectos nutricionais (alimentação), das condições de habitação e de educação, que, via de regra, encontram efetividade, notadamente acima de um patamar mínimo,[486] na legislação infraconstitucional que implementa políticas publicas efetivas que abarquem essa multiplicidade de fatores.

Ademais, promover políticas públicas que visem reduzir o risco de doenças e outros agravos[487] inclui, salvo engano, um fomento ativo da pesquisa científica nessa seara, no sentido de buscar novas terapêuticas, o que remete para uma série de ações estatais positivas.

De qualquer sorte, imprescindível reiterar que, para além das questões concernentes ao âmbito das liberdades básicas, como a liberdade de investigação científica,[488] o Estado tem o dever de promover e

---

tência no parto; tratamento integral às gestantes que venham a sofrer princípio de aborto durante a gestação, em decorrência da doença, dentre outros aspectos, como ações educativas de prevenção, especialmente para comunidades de ascendência negra. Justificativa: a anemia falciforme é uma das doenças genéticas mais comuns no Brasil, afetando principalmente a população negra, doença cujos sintomas aparecem já no primeiro ano de vida, existindo tratamento com drogas capazes de reduzir a falcilização das hemácias (como a hidroxiuréia) bem como tratamentos curativos (transplante de medula óssea), o que indica que em um futuro próximo será possível, ao paciente com anemia falciforme, ter uma vida com complicações menores, se diagnosticada e tratada adequadamente, até que sobrevenha tratamento definitivo para a doença.

A exemplo do "teste do dedinho", assunto que é objeto de Projeto de Lei. PL 5074/2005, Projeto de Lei que dispõe sobre a realização do exame Ultrascreen e dá outras providências, de autoria do Dep. Carlos Nader (PL-RJ), apresentado em 18/04/2005, encaminhado às Comissões de Seguridade Social e Família e Finanças e Tributação e Constituição e Justiça e de Cidadania, sob relatoria, na Comissão de Seguridade Social e Família (CSSF), do Dep. Francisco Gonçalves. Em síntese, obriga todos os Hospitais da rede pública a realizar, no próprio hospital, durante o pré-natal da gestante, o exame denominado Ultrascreen (conhecido como "teste do dedinho"), gratuitamente, em todas as gestantes, no primeiro trimestre da gravidez compreendido entre 11 semanas e 1 dia e 13 semanas e 6 dias, cujas despesas correrão à conta de dotações orçamentárias do Ministério da Saúde. Na justificativa, esclarece que o exame Ultrascreen é um protocolo de triagem pré-natal que tem por finalidade diagnosticar a síndrome de Down, a trissomia do 18 e outras anomalias cromossômicas, mediante a simples coleta de uma gota de sangue do dedo da paciente grávida, um exame de sangue que complementa o conhecido teste de translucência nucal. Muito embora o risco seja maior às parturientes com mais de 35 anos (e àquelas que já tiveram bebês com a síndrome), como a maioria dos casos acontece nas mulheres com menos de 35 anos, recomenda-se para todas as gestantes. Informa o dado de 1 (um) nascimento de bebê com síndrome de Down a cada 700 nascimentos, refere a vantagem de poder tranqüilizar a paciente mais cedo, caso seja negativo o resultado.

[485] Art. 197, 198 e 199 da CF 88, sobre a regulamentação das ações e serviços de saúde, as diretrizes do Sistema Único de Saúde e a participação da iniciativa privada na assistência à saúde, respectivamente.

[486] SARLET, Ingo Wolfgang. *A Eficácia dos Direitos Fundamentais*. Op. cit., p. 320-321.

[487] Art. 196 da CF 88.

[488] CF 88, art. 5º, inciso IX: É livre a expressão da atividade intelectual, artística, científica e de comunicação, independentemente de censura ou licença.

incentivar o desenvolvimento científico, a pesquisa[489] científica[490] e a capacitação tecnológica,[491] no que deverá dar prioridade à pesquisa científica básica,[492] tendo em vista o bem público e o progresso das ciências, devendo, ainda, apoiar e estimular investimentos privados em pesquisa.[493] Assim, inafastável a constatação de uma ligação umbilical entre direito à saúde (tanto na dimensão defensiva quanto na sua dimensão prestacional) e a liberdade de investigação científica.

A abordagem específica dos meios de direcionamento de recursos privados à pesquisa científica, para além dos recursos públicos, além das formas de "compartilhamento de receitas oriundas de atividade

---

[489] Ver projetos de pesquisa aprovados pelo CNPq, Conselho Nacional de Desenvolvimento Tecnológico (Edital CT- Biotecnologia/MCT/CNPq/MS/SCTIE/DECIT n° 024/2005) para apoio, formação e fortalecimento de grupos de pesquisa, por meio de financiamento a projetos de pesquisa básica, pré-clínica e clínica, relacionados ao desenvolvimento de procedimentos terapêuticos inovadores em terapia celular, utilizando: células-tronco embrionárias, células tronco adultas derivadas da medula óssea, células tronco derivadas do cordão umbilical e células-tronco derivadas de outros tecidos, de modo a se induzir a geração de novos conhecimentos, produtos e processos biotecnológicos, cujo potencial de aplicação se caracterize em avanços na área da saúde humana. Disponível em: http://www.cnpq.br/resultadosjulgamento/2005/editalcnpq0242005.htm. Acesso em: 26 set. 2005.

[490] Projetos de Pesquisas financiadas pelo CNPq, desenvolvidas na PUCRS, a partir de células tronco adultas do próprio paciente: 1) Transplante de células-tronco da medula óssea para tratamento do processo neurodegenerativo induzido por epilepsia temporal experimental, sob coordenação do neurologista Jaderson Costa da Costa; 2) Utilização de células-tronco adultas no tratamento de cicatrizes queloidianas e de lesões nervosas periféricas, sob coordenação do especialista em cirurgia mão e microcirurgia, professor Jefferson Luis Braga da Silva. Disponível em: http://www.pucrs.br/revista/saude.php Edição 127, novembro-dezembro de 2005. Acesso em: 15 jan. 2006.
Vale lembrar que as pesquisas de ponta realizadas no Centro de Terapia celular do Instituto de Pesquisas Biomédicas da PUCRS propiciaram a execução de um procedimento até então inédito; foi possível recuperar o movimento da mão de um paciente usando as suas próprias células-tronco, retiradas da medula óssea do paciente. Sobre a técnica utilizada pelo cirurgião Jefferson Braga da Silva: as extremidades do nervo rompido foram unidas com um tubo de silicone, e neste tubo foram injetadas células-tronco do próprio paciente, que, em contato com o nervo, transformaram-se em células nervosas, regenerando os tecidos e devolvendo movimento ao paciente.
Projetos de Pesquisas financiadas pelo CNPq, desenvolvidas em parceria com a PUCRS, a partir de células tronco adultas do próprio paciente: 1) Estudo dos mecanismos de reparação de DNA e de remodelagem de cromatina associados ao processo de transdiferenciação de células-tronco mesenquimais, em que o Professor Braga Silva e a professora Denise Cantarelli Machado, do Centro de Terapia Celular do Instituto de Pesquisas Biomédicas da PUCRS, participam da pesquisa coordenada pelo Professor João Antonio Pegas Henriques, da UFRGS; 2) Terapia celular pelo transplante autólogo de células-tronco de medula óssea em pacientes com acidente vascular cerebral (AVC) isquêmico, coordenada pela Professora Rosalia Mendez-Otero, da UFRJ, em parceria com a PUCRS (neurologista Maurício Friedrich), a UFBA e Estadual de Campinas. Disponível em: http://www.pucrs.br/revista/saude.php Edição 127, de novembro-dezembro de 2005. Acesso em: 15 jan. 2006.

[491] CF 88, art. 218. Relevante, ainda, destacar que as criações científicas, artísticas e tecnológicas são bens de natureza imaterial que constituem patrimônio cultural brasileiro, nos termos do inciso III do art 216 da CF 88.

[492] CF 88, art. 218, § 1°: A pesquisa científica básica receberá tratamento prioritário do Estado, tendo em vista o bem público e o progresso das ciências. A Lei 9.257/96 dispõe sobre o Conselho Nacional de Ciência e tecnologia.

[493] CF 88, art. 218, § 4°.

inventiva",[494] deixa entrever a magnitude do problema, não só no sentido dos possíveis riscos de carrear pesquisadores de instituições públicas para a iniciativa privada, descortinando uma realidade que não pode ser negligenciada: de que a liberdade de investigação científica e a produção intelectual humana daí decorrente engloba não somente um inventor como também um investidor.

Acerca do entrelaçamento entre "Estado-empresa-pesquisa", um motor para expansão do conhecimento científico, Aranha[495] adverte que há que considerar outros efeitos da exploração econômica da produção intelectual (notadamente a propriedade industrial, via política de patentes e de marcas), para viabilizar formas de coibir que a proteção da propriedade intelectual se converta em "mero mecanismo de *esterilização de inovações* patrocinado por empresas sem intenção de investimentos ou compromisso social com os países que as abrigam em suas fronteiras".

No caso do ordenamento jurídico-constitucional brasileiro, especificamente no que tange tutela jurídica dos direitos de propriedade intelectual, refere Scholze[496] que a solução adotada, na seara das novas

---

[494] SCHOLZE, Simone Henriqueta Cossetin. *Patentes, Transgênicos e Clonagem:* Implicações Jurídicas e Bioéticas. Brasília: Editora da Universidade de Brasília, 2002, p. 116. A autora, além da participação dos empregados nos *royalties* (ganhos econômicos resultantes da exploração da patente), refere que tais ganhos estendem-se à Administração Pública, ou seja, há um "compartilhamento de receitas oriundas de atividade inventiva".
SCHOLZE, Simone Henriqueta Cossetin. Política de patentes em face da pesquisa em saúde humana: desafios e perspectivas no Brasil. In: PICARELLI, Márcia Flávia Santini; ARANHA, Márcio Iorio (Orgs.). *Política de Patentes em Saúde Humana.* São Paulo: Atlas, 2001, p. 35. Destacando a importância da parcela do PIB aplicada em pesquisa científica e desenvolvimento tecnológico como indicador de desenvolvimento, que no Brasil têm aumentado em função das políticas públicas de fomento à pesquisa, bem como a importância do apoio de financiamentos privados, especialmente no setor das biotecnologias para a medicina que demandam elevados investimentos em pesquisa.

[495] ARANHA, Márcio Iorio. Política Pública Setorial e de Propriedade Intelectual. Op. cit., p. 20 e 22. "O que se pode esperar do estreitamento entre os objetivos do sistema econômico de planejamento e os acadêmicos? É natural que a aproximação de setores da vida acadêmica às demandas da tecnoestrutura empresarial leve a tensões internas entre os próprios acadêmicos: a tensão entre os objetivos da academia de geração e transmissão de conhecimento e os de investimentos em pesquisa; mas a prática já duradoura do modelo de aproximação entre a tecnoestrutura e o ambiente acadêmico nos EUA mostrou-se, segundo Ertzkowitz, benéfica na média, embora se possa argumentar com as eventuais perdas de pesquisadores para as empresas. Tais perdas, porém, não se consolidaram como prevalecentes. A proximidade com as empresas não prejudica a *pesquisa básica;* ela a potencializa. Graças à dinamicidade dos *grupos de pesquisa,* mesmo os *professores empresariais* não conseguem desvincular-se da universidade, pois eles precisam do *fluxo contínuo de novas idéias.* Enfim, as pesquisas e as consultorias melhoram a atividade acadêmica. Verificou-se o benefício para a academia da existência de *fontes múltiplas de idéias e conceitos.*"

[496] SCHOLZE, Simone Henriqueta Cossetin. *Patentes, Transgênicos e Clonagem.* Op. cit., p. 19, 78 e ss. A autora traça um panorama geral da evolução da proteção jurídica da propriedade intelectual no âmbito na legislação brasileira, hoje configurada nas seguintes espécies: 1) a Lei da Propriedade Industrial (Lei nº 9.279/96), a Lei de Proteção de Cultivares (Lei nº 9456/97); a Lei de Direito Autoral (Lei nº 9610/98) e a Lei de Proteção de Programas de Computador (Lei nº 9609/98), mencionando, ainda, o projeto de lei de topografia de circuitos integrados.

biotecnologias e no âmbito da Lei de Propriedade Industrial, foi cautelosa, permitindo apenas o patenteamento[497] de microorganismos geneticamente modificados.[498] Ressalta que a tutela constitucional dos direitos de propriedade industrial[499] está expressamente consagrada na Constituição Federal de 1988[500] e que houve uma atualização do conjunto da legislação brasileira relativa à proteção da propriedade intelectual, visando efetivamente assegurá-la, e, no que diz com a propriedade industrial, assegurar a proteção das invenções que forem fruto da criatividade dos pesquisadores, eliminando a apropriação de conhecimento alheio sem remuneração do inventor original.

Honnefelder[501] questiona-se a respeito desses direitos de propriedade intelectual:

> Quem é, a rigor, o proprietário do genoma individual e do genoma coletivo humano e como o conhecimento sobre o genoma humano está protegido? Será que as seqüências de genes, que não são artefatos de pessoas, podem ser objeto de patentes, que segundo a sua essência se referem a invenções e não a descobertas?

O ponto nevrálgico do problema fica em delimitar as fronteiras que separam uma invenção humana de uma descoberta humana, esta não patenteável. São três os requisitos legais para assegurar a proteção patentária de uma invenção humana: ser uma novidade, ser uma atividade inventiva do intelecto humano e ter aplicação industrial. São também patenteáveis, como modelo de utilidade, os objetos de uso prático, ou parte destes, suscetíveis de aplicação industrial, que apre-

---

[497] SCHOLZE, Simone Henriqueta Cossetin. *Patentes, Transgênicos e Clonagem*. Op. cit., p. 80. "A patente é título concedido pelo Estado, que confere ao inventor um direito exclusivo de exploração da invenção protegida. Ao inventor que oferece à sociedade um produto ou um processo novo, é reconhecido, mediante sua demanda, um direito privativo em troca da revelação dos meios de sua invenção".

[498] SILVA, Reinaldo Pereira e. *Biodireito*: a Nova Fronteira dos Direitos Humanos. São Paulo: LTr, 2003, p. 37. Silva afirma que no Brasil "não é patenteável o genoma humano", eis que não é invenção nem mesmo modelo de utilidade, não estando presentes os requisitos do art. 8º da Lei 9279/96, bem como restar excluído, isso pelo teor da norma contida no art. 10, inciso IX da referida lei.

[499] IDS – Instituto Dannemann Siemsen de Estudos de Propriedade Intelectual. Comentários à lei de propriedade industrial. Edição rev. e atual. Rio de Janeiro: Renovar 2005, p. 9. "A Propriedade Industrial é o ramo da Propriedade Intelectual que trata das criações intelectuais voltadas para as atividades de indústria, comércio e prestação de serviços e engloba a proteção das invenções, desenhos industriais, marcas, indicações geográficas, estendendo-se ainda à proteção das relações concorrenciais".

[500] CF 88, art. 5º, incisos XXII: é garantido o direito de propriedade;
CF 88, art. 5º, inciso XXIX: a lei assegurará aos autores de inventos industriais privilégio temporário para sua utilização, bem como proteção às criações industriais, à propriedade das marcas, aos nomes de empresa e a outros signos distintivos, tendo em vista o interesse social e o desenvolvimento tecnológico e econômico do País;

[501] HONNEFELDER, Ludger. Perspectivas da Tecnologia Genética: um Desafio para a Ética. Tradução de Peter Naumann. In: SOUZA, Draiton Gonzaga de.; ERDTMANN, Bernardo (Orgs.). *Ética e Genética II*. Porto Alegre: EDIPUCRS, 2003, p. 27. Título original: [Perspektiven der Gentechnik: Herausforderung der Ethik?].

sentem nova forma ou disposição, envolvendo ato inventivo, que resultem em melhoria funcional no seu uso ou em sua fabricação.[502]

Não se considera invenção, nem mesmo modelo de utilidade, estando, portanto, excluídos[503] de uma proteção por patentes, as descobertas científicas, as técnicas e métodos operatórios, bem como métodos terapêuticos ou de diagnóstico,[504] para aplicação no corpo humano ou animal, e, ainda, o todo ou parte de seres vivos naturais e materiais biológicos encontrados na natureza (ou ainda que dela isolados),[505] inclusive o genoma ou germoplasma de qualquer ser vivo natural e os processos biológicos naturais, dentre outros. Para além destes, resta também excluído[506] o que for resultante de transformação

[502] Lei da Propriedade Industrial, Lei nº 9.279/96, art. 8, 9, 11, 13 e 15.

[503] Lei da Propriedade Industrial, Lei nº 9.279/96, art. 10: Não se considera invenção nem modelo de utilidade: I – descobertas, teorias científicas e métodos matemáticos; II – concepções puramente abstratas; III – esquemas, planos, princípios ou métodos comerciais, contábeis, financeiros, educativos, publicitários, de sorteio e de fiscalização; IV – as obras literárias, arquitetônicas, artísticas e científicas ou qualquer criação estética; V – programas de computador em si; VI – apresentação de informações; VII – regras de jogo; VIII – técnicas e métodos operatórios, bem como métodos terapêuticos ou de diagnóstico, para aplicação no corpo humano ou animal; e IX – o todo ou parte de seres vivos naturais e materiais biológicos encontrados na natureza, ou ainda que dela isolados, inclusive o genoma ou germoplasma de qualquer ser vivo natural e os processos biológicos naturais.

[504] IDS – Instituto Dannemann Siemsen de Estudos de Propriedade Intelectual. *Comentários à Lei de Propriedade Industrial*. Edição rev. e atual. Rio de Janeiro: Renovar 2005, p. 24. "A exclusão a que se refere este artigo está, basicamente, em harmonia com o texto do Acordo TRIPS (art. 3a). Não é pacífico, no entanto, o entendimento de que estas matérias não constituem invenção por definição e a exclusão aqui deve ser creditada mais a um posicionamento filosófico do que conceitual, inclusive porque o Código de 1971 não excluía a patenteabilidade dos métodos de diagnóstico. Havendo a possibilidade de executar uma técnica ou método em escala, deve se considerar que o requisito de aplicabilidade industrial está presente". Acordo sobre TRIPS, "Trade-related Aspects of Intellectual Property Rights", ou Aspectos da propriedade Intelectual Relacionados ao Comércio.

[505] IDS – Instituto Dannemann Siemsen de Estudos de Propriedade Intelectual. *Comentários à Lei de Propriedade Industrial*. Edição rev. e atual. Rio de Janeiro: Renovar 2005, p. 27. "Apesar da exclusão explícita daquilo que é isolado da natureza, o processo usado para o isolamento, caso preencha os requisitos de patenteabilidade (novidade, atividade inventiva e aplicação industrial), poderá ser patenteado, uma vez que o art. 18, que trata das invenções não patenteáveis, não os exclui da proteção patentária. O mesmo se aplica aos processos biotecnológicos para obtenção de seres vivos. A Lei reconhece que seres vivos não encontrados na natureza podem constituir invenções, por definição, proibindo sua patenteabilidade no art. 18. No entanto, a expressão "isolado da natureza" já não constitui simples descoberta e resulta, eventualmente, da intervenção do homem, podendo constituir matéria privilegiável, ou seja, a obtenção de algo que não está disponível na natureza na forma em que foi isolada poderia se revestir de mérito inventivo".

[506] Lei da Propriedade Industrial, Lei nº 9.279/96, art. 18 – Não são patenteáveis: I – o que for contrário à moral, aos bons costumes e à segurança, à ordem e à saúde públicas; II – as substâncias, matérias, misturas, elementos ou produtos de qualquer espécie, bem como a modificação de suas propriedades físico-químicas e os respectivos processos de obtenção ou modificação, quando resultantes de transformação do núcleo atômico; e III – o todo ou parte dos seres vivos, exceto os microorganismos transgênicos que atendam aos três requisitos de patenteabilidade – novidade, atividade inventiva e aplicação industrial – previstos no art. 8º e que não sejam mera descoberta. Parágrafo único – Para os fins desta lei, microorganismos transgênicos são organismos, exceto o todo ou parte de plantas ou de animais, que expressem, mediante intervenção humana direta em sua composição genética, uma característica normalmente não alcançável pela espécie em condições naturais.

O Direito Fundamental à Identidade Genética
na Constituição Brasileira

do núcleo atômico, bem como os seres vivos (no todo ou parte), salvo os microorganismos transgênicos que atendam aos três requisitos de patenteabilidade (novidade, atividade inventiva e aplicação industrial) e que não sejam mera descoberta.

No que concerne à evolução do direito de propriedade industrial sobre seres vivos (patentes sobre seres vivos), é possível demarcar três fases históricas. De uma primeira fase, a do patenteamento de microorganismos,[507] migrou-se para uma segunda fase, a do patenteamento de animais transgênicos,[508] e atualmente discute-se a possibilidade de patenteamento de genes humanos.

Se, por um lado, Scholze[509] não somente coloca em realce todo o arcabouço de proteção dos direitos fundamentais nos Estados Democráticos de Direito, como também enfatiza existir um relativo consenso

IDS – Instituto Dannemann Siemsen de Estudos de Propriedade Intelectual. *Comentários à Lei de Propriedade Industrial.* Edição rev. e atual. Rio de Janeiro: Renovar 2005, p. 44. A "LPI faz distinção entre o que não se pode patentear por não ser considerado como invenção ou modelo e o que não é patenteável por ser expressamente proibido, apesar de, por definição, poder constituir numa invenção ou model". "Este artigo representa uma importante inovação em relação ao Código de 1971: nele não constam as proibições de patenteamento referentes às áreas química, farmacêutica e alimentícia (...) bem como as exclusões (...) relativas ao patenteamento de misturas e ligas metálicas".

[507] Diamond v. Chacrabarty (1980), da Suprema Corte Americana. Ananda Chacrabarty, microbiologista que posteriormente cedeu os direitos à *General Eletric*, inventou uma nova bactéria (a partir da espécie *Pseudomonas aeruginosa*), capaz de degradar derramamentos de petróleo, função até então inexistente nessas bactérias. O pedido submetido ao Escritório de Patentes dos Estados Unidos foi concedido apenas para o método de produção da bactéria, mas negado para o organismo vivo propriamente dito. O caso foi parar na Suprema Corte dos Estados Unidos que, por apertada maioria (5 a 4) declarou que um microorganismo vivo, fruto do engenho humano, é patenteável, precedente que embasou concessões posteriores, tanto para plantas quanto para animais (não humanos). SILVA, Reinaldo Pereira e. *Biodireito.* Op. cit., p. 35-36. SCHOLZE, Simone Henriqueta Cossetin. *Patentes, Transgênicos e Clonagem.* Op. cit., p. 124-126. As concessões de patentes subseqüentes foram para uma variedade de milho com nível mais elevado do aminoácido triptofano (Ex Parte Hibberd) e para um método de produção de ostras (Crassostrea gigas) comestíveis durante o todo o ano, porque estéreis, que acabaram reforçando "a tendência de que novos organismos vivos alterados geneticamente enquadravam-se na categoria de matéria patenteável".

[508] SCHOLZE, Simone Henriqueta Cossetin. *Patentes, Transgênicos e Clonagem.* Op. cit., p. 129. A patente do Rato de Harvard é de 1988: um *"oncomouse"* modificado geneticamente, contendo um gene causador de câncer, isso para fins de pesquisa e monitoramento dos mecanismos de evolução da doença, inclusive em sua progênie. Ressalta-se que este monopólio foi concedido à Universidade de Harvard por 17 anos, tanto para o rato, quanto para as suas células, quanto para todo o processo. Posteriormente, em 1992, foram concedidas outras três patentes de ratos geneticamente modificados para desenvolver determinadas doenças. No caso Red Dove (Rote Taube), um híbrido de um pombo branco que teve a cor das penas alterada, o Tribunal Constitucional da Alemanha, em 1969, reconheceu que a natureza biológica do objeto do pedido, não exclui, *a priori,* sua patenteabilidade.

[509] Idem, p. 136-137. Vide os registros de patentes para "linhagens de células derivadas de tecidos humanos utilizada em pesquisa e em processos industriais" de larga escala, a exemplo da produção industrial de algumas vacinas. A autora aporta o exemplo do patenteamento de material biológico de origem humana, material que foi "modificado bioquimicamente e transferido para organismos mais simples e utilizáveis industrialmente, como a *Escherichia coli*", para produção artificial de insulina, dentre outras patentes de DNA recombinante. Adverte a autora que os limites entre os humanos e os animais não humanos tendem a ficar mais borrados.

quanto à exclusão dos seres humanos da patenteabilidade, por outro, afirma a dificuldade, cada vez mais crescente, de advogar em prol da idéia de que o corpo humano estaria absolutamente fora do comércio, especialmente com a possibilidade de patentear seqüências de DNA humano em alguns países, como os Estados Unidos, por exemplo.[510]

Tecendo comentários acerca dos grandes desafios postos ao direito, Silva,[511] baseado na solicitação de Craig Venter (para concessão de patentes para "337 fragmentos de genes funcionais humanos e, meses após, em fevereiro de 1992, nova solicitação para mais 2.375 fragmentos") e nos fundamentos da recusa desta concessão, conclui que, se fosse indicada uma utilidade prática, teria sido concedida a patente, o que é um indicativo da possibilidade de patenteamento, isso se uma seqüência de genes puder ser integrada a um processo (como um teste de diagnóstico, por exemplo) ou a um produto (medicamentos). Assim, leciona que:[512]

---

[510] REMÉDIO MARQUES, João Paulo. *Patentes de Genes Humanos?* Coimbra: Coimbra Editora, 2001, 21-22. Enfatizando que a controvérsia doutrinária e jurisprudencial "mais acesa situa-se, actualmente, em sede de patenteabilidade das *seqüências parciais e totais de genes humanos* e dos demais *elementos* (orgãos, células, tecidos, gâmetas) e *produtos* (v.g., cabelos, sangue, leite materno, dentes, unhas, cabelos e outras secreções) do *corpo humano*. Destaca quatro tendências, quanto às patentes sobre genes humanos: 1) a recusa pura e simples do patenteamento de genes humanos (ainda que se conheça uma aplicação industrial ; 2) uma aceitação da "patenteabilidade dos genes humanos, cujas seqüências estejam completamente identificadas, contanto que também sejam conhecidas e indicadas as proteínas para que codificam e se demostre, no plano técnico, a causação de efectivas vantagens na utilização dessas substâncias químicas"; 3) a que faz a concessão dos direitos de patente depender da "descrição da seqüência completa do gene, desde que se trate de um gene funcional, independentemente de, à data do depósito, não ser conhecida a função que desempenha nos mecanismos de regulação da replicação do ADN ou codificação para proteínas"; e 4) a que "propugna a patenteabilidade das *seqüências parciais* (...) de genes, na medida em que se mostrem aptas a caracterizar o gene enquanto entidade molecular até aí desconhecida. Razão pela qual aquelas *seqüências parciais* sempre desfrutariam de uma *aplicação industrial*: exactamente na descoberta do gene a que pertençam, como sondas de nucleotídeos (no diagnóstico de doenças) e no mapeamento do genoma completo do ser humano".

[511] SILVA, Reinaldo Pereira e. *Biodireito.* Op. cit., p. 35-36. "Como não foi demonstrada a utilidade prática dos fragmentos cuja patente se solicitara, uma vez desconhecida sua funcionalidade, o Escritório de Patentes e Marcas recusou a concessão". Ademais ressalta que não somente o Escritório de Patentes e Marcas americano já concedeu, em 1995, patente para uma seqüência genética humana "extraída do sangue de um indígena da Papua-Nova Guiné", seqüência genética esta que "corresponde a uma informação sobre o vírus humano T-linfotrófico (HTLV-I)", hoje sob a titularidade do Instituto Nacional de Saúde americano (sob o rótulo comercial US.5.397.696), como também, em 2001, anunciou novas regras, esclarecendo que "um gene humano pode ser patenteado desde que tenha sido clonado (reproduzido em laboratório) e tenha função definida".

[512] SILVA, Reinaldo Pereira e. *Biodireito.* Op. cit., p. 35, 36-37. "Como não foi demonstrada a utilidade prática dos fragmentos cuja patente se solicitara, uma vez desconhecida sua funcionalidade, o Escritório de Patentes e Marcas recusou a concessão". Na nota 52 o autor menciona os três requisitos para concessão de patente para uma invenção biotecnológica, além de ser uma invenção, por óbvio: "deve ser uma novidade; não deve ser óbvia e deve ter alguma utilidade prática (aplicação e reprodução industriais)". Silva afirma que na DUGHDH não há expressa vedação ao patenteamento do material genético humano, em que pese o teor do art. 4º desta declaração internacional. No panorama europeu, a diretiva sobre biotecnologia (de 12/05/1998) "admite que um elemento isolado do corpo humano, isto é, o produto obtido mediante um

o genoma humano expressa um valor que comporta, ao mesmo tempo, a identidade genética própria de cada indivíduo humano, constituindo-se um direito personalíssimo, e, na linguagem • da Declaração Universal do Genoma Humano e dos Direitos Humanos da UNESCO, a herança comum da espécie humana (...) Nesse sentido, é absolutamente despropositado tornar as seqüências genéticas humanas objeto de apropriação privada, a exemplo do que ocorre nos Estados Unidos da América.

Um aspecto para análise mais acurada: a questão da proteção dos direitos de propriedade industrial envolve tanto os direitos do inventor quanto os direitos do investidor. Neste contexto, Castilhos[513] não somente coloca em dúvida, em certas áreas da ciência, o papel da proteção dos direitos de propriedade intelectual como incentivadores do desenvolvimento científico, como adverte que esta proteção (que tem sido concedida à indústria no âmbito da biotecnologia) já está produzindo constrangimentos à livre circulação da informação científica (imprescindível para o avanço da ciência), lançando pesquisadores e universidades na direção de pesquisas com demandas comerciais efetivas, em detrimento de outras pesquisas que poderiam ter um interesse social ou ambiental mais relevante, porém menos lucrativas. Afirma que o patenteamento de material genético humano, inadmitido no Brasil, não é uma questão meramente teórica, já que há uma tendência nos países industrializados em admiti-lo, concluindo que se deve abolir a proteção jurídica dos direitos de propriedade intelectual sobre produtos de origem biológica (especialmente o sistema de patentes), porque constitui mecanismo para dominar as pessoas.

Nessa medida, aprofunda-se a distância entre um "Norte *geneticamente pobre mas tecnologicamente rico* e o Sul *geneticamente rico mas tecnologicamente pobre*".[514] Em que pese ser uma divisão simplista, alguns experimentos que concretizaram o duplo *standard* de cuidado demonstram que a divisão Norte-Sul pode assumir contornos por vezes grotescos. O exemplo de pesquisas de campo desenvolvidas na Tailândia caracteriza bem essa divisão. O Instituto Nacional de Saúde dos Estados Unidos da América promoveu pesquisas na Tailândia com a finalidade de estudar meios de "prevenção de transmissão vertical de vírus HIV em mulheres grávidas, mantendo, para tanto, grupos de mulheres sem nenhum tipo de tratamento".[515] Resta verificar, nessa

---

procedimento técnico, incluída a seqüência parcial de um gene, possa constituir uma "invenção patenteável" (invenzione brevettabile), ainda que a estrutura desse elemento seja idêntica à estrutura de um elemento natural".

513 CASTILHO, Ela Wiecko Volkmer de. Patente de Produtos de Origem Biológica. In: PICARELLI, Márcia Flávia Santini; ARANHA, Márcio Iorio (Orgs.). *Política de Patentes em Saúde Humana*. São Paulo: Atlas, 2001, p. 78, 80-81 e 87.

514 SCHOLZE, Simone Henriqueta Cossetin. *Patentes, Transgênicos e Clonagem*. Op. cit., p. 154.

515 SILVA, Reinaldo Pereira e. *Biodireito*. Op. cit., p. 39 a 42. As experiências envolvendo seres humanos passaram a ser um "entrave ao desenvolvimento dos interesses econômicos das indústrias farmacêuticas. Em outras palavras, o duplo *standard* propõe que as obrigações de cuidado a cargo da pesquisa internacional variem de acordo com o país onde se encontra o sujeito da pesquisa". Dado apresentado: "aproximadamente 25% das crianças geradas por

distribuição do bônus e do ônus das pesquisas científicas, como ficam as pessoas que habitam os países ditos em desenvolvimento, situação que não é nada animadora, especialmente no caso brasileiro, isso pelos dados divulgados pela Anvisa, que autorizam afirmar que o Brasil é um importante laboratório humano de pesquisa.

Mathieu,[516] examinando a questão da não patrimonialização do corpo humano e a evolução do direito das patentes, afirma que o direito vai operar uma distinção entre a pessoa humana e os seus genes. Isso significa que, na medida em que se aprofunde essa dissociação, o genoma poderá ser objeto de direitos patrimoniais.

Ficam, assim, alguns pontos para reflexão, como a problemática em torno da função social da propriedade industrial[517] no âmbito do ordenamento jurídico-constitucional, questão que tem sido sustentada pela doutrina,[518] [519] e a delimitação de parâmetros mais seguros para

mulheres HIV +, que não têm oportunidade de receber tratamento preventivo anti-retroviral, nascem com AIDS". Apresenta, ainda, dados da ANVISA, Agência Nacional de Vigilância Sanitária, para demonstrar que os testes de medicamentos novos, envolvendo pacientes brasileiros, e financiados pelas indústrias farmacêuticas internacionais tiveram um expressivo aumento (887 testes em 2002; 30 testes em 1995). Constata que "nos últimos anos o Brasil tem se prestado ao papel de importante laboratório ampliado para testes de medicamentos já elaborados, uma vez que a investigação propriamente científica e a experimentação de seus primeiros resultados costumam ser realizados no país de origem da indústria farmacêutica".

[516] MATHIEU, Bertrand. *Génome Humain et Droits Fondamentaux*. Paris: Econômica, 2000, p. 36.

[517] CF 88, art. 5° inciso XXIII e art. 170, inciso III, tanto no que se refere aos direitos e garantias fundamentais quanto no que diz com a função social da propriedade como um dos princípios norteadores da ordem econômica financeira.

[518] MITTELBACH, Maria Margarida R. Algumas Considerações sobre o Sistema de Patentes e Saúde Humana. In: PICARELLI, Márcia Flávia Santini; ARANHA, Márcio Iorio (Orgs.). *Política de Patentes em Saúde Humana*. São Paulo: Atlas, 2001, p. 144 e 148, no sentido de que o Acordo Trips (no art. 8°, 30 e 31) "não deixa de reafirmar princípios e estabelecer medidas que possam minimizar os efeitos adversos que esses desvios no sistema de proteção possam acarretar para a sociedade", aspectos que constam também na Lei de proteção industrial brasileira (Lei 9279/96, artigos 68 a 71, de hipótese e fundamentos para concessão de licenças compulsórias no caso de exercício abusivo dos direitos decorrentes da patente (a exemplo de *royalties* excessivos, abuso de poder econômico por meio de patente, não exploração local do objeto da patente, salvo inviabilidade econômica quanto ao objeto da patente, comercialização insatisfatória), dependência de patentes, emergência nacional, interesse público.

[519] CAMPILONGO, Celso Fernandes. Política de Patentes e o Direito de Concorrência. In: PICARELLI, Márcia Flávia Santini; ARANHA, Márcio Iorio (Orgs.). *Política de Patentes em Saúde Humana*. São Paulo: Atlas, 2001, p. 158-159, 163, 166, 176, 181 e 189. "Em termos gerais, utilizar a propriedade industrial uma função social consiste em não permitir, ao proprietário de dado conhecimento, retê-lo apenas em proveito próprio, ou contrariamente ao interesse coletivo. O conhecimento deve estar à disposição de quem queira utilizá-lo para gerar novos conhecimentos, de forma a propiciar desenvolvimento tecnológico", mencionando o mecanismo da licença compulsória como um dos mecanismos do ordenamento jurídico brasileiro para fazer com que a propriedade industrial cumpra com a sua função social (outro instrumento mencionado: o controle do preço dos produtos, via produção de medicamentos genéricos). Destaca, neste contexto, os relevantes papéis do CADE (Conselho Administrativo de Defesa Econômica), como órgão regulador da concorrência, e da ANVISA (Agência Nacional de Vigilância Sanitária), que tem a "finalidade institucional de promover a proteção da saúde da população", preconizando que cada "país deveria adotar o sistema de patentes conveniente com sua realidade, ou seja, de acordo com o estágio de desenvolvimento tecnológico, interesses, características de mercado, aparelhamento judicial e legal, industrialização efetiva e políticas de incentivo".

restringir direitos de propriedade de bens imateriais, como a propriedade industrial, e o direito fundamental à identidade genética da pessoa humana é um desses limitadores.

Pelo exposto, acredita-se ter logrado oferecer alguns exemplos concretos de situações em que direito fundamental à identidade genética pode entrar em rota de colisão com o direito fundamental à saúde, a liberdade de investigação científica e o direito de propriedade industrial. Advirta-se que o objetivo central desta concretização, à luz dos mencionados exemplos, pretende auxiliar não só na delimitação do problema desses conflitos de direitos fundamentais, como também enriquecer o debate e fomentar o aprofundamento dos estudos, mais do que propriamente aportar soluções.

6.4. UM DILEMA: o juiz e o legislador entre o excesso e a insuficiência de proteção

Partindo dos pressupostos teóricos (e práticos) até agora lançados, notadamente o enfoque dos deveres estatais de proteção dos direitos fundamentais sob a perspectiva do princípio da proporcionalidade, descortina-se uma série de problemas acerca da proteção dos bens jurídico-fundamentais no âmbito do ordenamento jurídico.

Uma dificuldade central a enfrentar, no plano das prestações jurídicas estatais, está em proteger e promover os direitos fundamentais sem cair em excessos. Somente um debate público racional, e responsável, poderá abrir janelas para que se possa, dentro de um Estado Democrático de Direito, discutir acerca dessa margem de manobra contida entre a insuficiência de proteção dos direitos fundamentais e o excesso de proteção dos direitos fundamentais, denominada pela doutrina de "um amplo espaço de liberdade de conformação".[520]

Tendo em vista a amplitude dessas formas de proteção via legislação infraconstitucional[521] (direito civil e direito do trabalho,[522] por exemplo), analisa-se aqui, e brevemente, o enfoque da proteção jurídico-penal, sob a advertência de que o direito penal é apenas uma das formas de proteção,[523] e que há que incrementar, dentre outros, os

---

[520] CANARIS, Claus-Wilhelm. *Direitos Fundamentais e Direito Privado*. Coimbra: Almedina, 2003, p. 34, 66, 101, 119 e ss.

[521] Ver Anexo B.

[522] CANOTILHO, José Joaquim Gomes. *Direito Constitucional e Teoria da Constituição*. Op. cit., p. 1260. A "limitação do exercício de competências é um elemento básico para a protecção do direito fundamental (ex.: CRP, art. 53º – a limitação da "competência" da entidade patronal para praticar despedimentos justifica-se em nome do direito à segurança no emprego)".

[523] OTERO, Paulo. *Direito da Vida*. Relatório Sobre o Programa, Conteúdos e Métodos de Ensino. Coimbra: Almedina, 2004, p. 15, 19, 33, 87 e 106. Segundo Paulo Otero, justifica-se a inclusão de

estudos no âmbito da responsabilidade civil, que indubitavelmente desempenha relevante papel na proteção dos direitos fundamentais.

Quais as "funções e os limites do direito penal"[524] no âmbito dos deveres de proteção dos direitos fundamentais? Até que ponto "a consagração dos direitos fundamentais impõe ao legislador um dever de criminalização"?[525] Os deveres estatais de proteção da vida humana impõem a criminalização de todas as condutas lesivas à vida humana embrionária, seja intra-uterina ou extra-uterina? O direito fundamental à identidade genética da pessoa humana, na sua dimensão prestacional, impõe um dever de tipificação penal de todas as condutas potencialmente lesivas na seara das novas tecnologias?

Partindo da noção alexyana de multifuncionalidade, como desenvolvida no quinto capítulo, qual seja, a dos direitos fundamentais como direitos de defesa e como direitos a prestações, e agregando a peculiaridade da perspectiva funcional desenvolvida por Canaris,[526] dos direitos fundamentais como proibições de intervenção e como imperativos de tutela, pode-se verificar a complexidade do problema de pensar a proteção dos direitos fundamentais em um intervalo entre dois extremos. Uma insuficiente proteção de um direito fundamental, aquém do mínimo de proteção exigível, bem como uma excessiva proteção de um direito fundamental, além do máximo de proteção exigível, indicam ou uma omissão dos poderes públicos (ou atuação insuficiente) ou uma atuação excessiva dos mesmos, ambas violadoras dos direitos fundamentais.

---

uma nova disciplina nos currículos das Faculdades de Direito (pressupondo aqui um domínio da teoria dos direitos fundamentais, da teoria geral do direito civil e do direito penal), que o autor denomina de "Direito da Vida", para estudo conjunto e unitário das normas jurídicas reguladoras "da origem, do desenvolvimento e termo da vida humana". Destaca os desafios pelas novas tecnologias, enfatizando que dentre as principais questões do Direito da Vida estão os "problemas de dimensão constitucional, envolvendo conflitos e ponderações entre diferentes direitos, bens ou valores tutelados e garantidos por disposições e princípios da Constituição formal e por textos internacionais dotados de valor jurídico-constitucional". À guisa de um tratamento unitário dos "aspectos nucleares da vida humana", propõe toda a estrutura e programa da cadeira do "Direito da Vida".

[524] SARLET, Ingo Wolfgang. Constituição e Proporcionalidade: o Direito Penal e os Direitos Fundamentais entre Proibição de Excesso e de Insuficiência. *Revista Brasileira de Ciências Criminais*, n. 47, p. 79, mar.-abr. 2004.

[525] ANDRADE, José Carlos Vieira de. *Os Direitos Fundamentais na Constituição Portuguesa de 1976.* 2.ed. Coimbra: Almedina, 2001, p. 143. A respeito deste dever de proteção estatal, como exposto no Capítulo 4°, item 4.2.2. Assim leciona Andrade: "não tem de ser visto como uma proteção mínima, mas também não impõe uma proteção máxima, seja na medida em que tem de respeitar o *princípio da proporcionalidade* quando atinja outros direitos e liberdades ou valores comunitários relevantes, com relevo especial para a autonomia privada, seja na medida em que há-de respeitar a *liberdade constitutiva do legislador*, que pode e deve graduar a protecção conforme os valores ou os bens jurídicos em causa, a intensidade da ameaça e a possibilidade de autodefesa do particular", em p. 249.

[526] CANARIS, Claus-Wilhelm. *Direitos Fundamentais e Direito Privado.* Op. cit., p. 36, 56.

A lição de Canaris[527] está direcionada no sentido de uma autonomia dogmática da função de imperativo de tutela dos direitos fundamentais conjugada a uma proibição de insuficiência, alertando para uma eficácia mais tênue neste contexto e tecendo duras críticas a julgado do Tribunal Constitucional Alemão, por ter realizado a transposição, sem alterações, do princípio da proporcionalidade, como desenvolvido no âmbito da proibição de excessos, para uma concretização da proibição de insuficiência. São examinadas, neste contexto, as diversas intensidades de vinculação dos poderes públicos aos direitos fundamentais:[528]

> Trata-se (...) não apenas de uma problemática de omissão quanto ao legislador, mas também no que toca à jurisprudência. É certo que a realização de imperativos de tutela de direitos fundamentais, mediante a interpretação e o desenvolvimento integrador do direito, constitui também uma das tarefas legítimas dos órgãos jurisdicionais, mas sua competência não vai, neste aspecto, de forma alguma, além da do legislador, e depende, por isso, decisivamente, de saber se sobre este recai um correspondente dever de protecção (que a jurisprudência então realiza, em seu lugar). Acresce que a realização da função de imperativo de tutela só é, em regra, possível com os meios do direito ordinário, e que este, por sua vez, não é, de forma alguma, todo ele constitucionalmente pré-determinado, na medida em que tem como objecto a protecção dos direitos fundamentais dos cidadãos. Antes fica aqui, em regra, aberto ao legislador um amplo espaço de livre conformação.

Com efeito, os problemas suscitados e a constante busca de racionalidade durante o processo de aplicação do teste de proporcionalidade levou o Tribunal Constitucional Alemão, após a decisão de 1975 sobre a interrrupção voluntária da gravidez,[529] a acolher, no ano de 1993,

---

[527] CANARIS, Claus-Wilhelm. *Direitos Fundamentais e Direito Privado*. Op. cit., p. 59.

[528] Idem, p. 66-67. "(...) a Constituição apenas proíbe que se desça abaixo de um certo *mínimo* de protecção. Em tempo, baptizei isto como *proibição da insuficiência* – uma expressão que, entretanto, o Tribunal Constitucional Federal adoptou. Se analisarmos mais rigorosamente os problemas de direito privado em causa, deixa-se ver que a forma de argumentação é, em pontos essenciais, distinta da utilizada na aplicação dos direitos fundamentais como proibições de intervenção, em conjugação com a proibição do excesso, e que, deste modo, a função de imperativo de tutela, conjugada com a proibição de insuficiência, constitui, na verdade, uma categoria dogmática autónoma", em p. 59-60.

[529] SENTENCIA 39, 1 do Tribunal Constitucional Alemão. In: SCHWABE, Jürgen. *Cincuenta Años de Jurisprudencia del Tribunal Constitucional Federal Alemán*. Traducción de Marcela Anzola Gil. Colombia: Gustavo Ibáñez, 2003. p. 68, 69, 70 e 71. Na decisão de 25/02/1975, sobre a interrupção voluntária da gravidez, o Tribunal Constitucional alemão decidiu que o § 218 do Código Penal (Quinta Lei para reforma do Direito Penal) é incompatível com o direito à vida (art. 2.2) e dignidade da pessoa humana (art. 1.1), e, portanto, nulo, "en la medida que despenaliza la interrupción del embarazo, cuando no existe motivo – en el sentido de los fundamentos de la decisión –, que sea consistente con el orden de valores de la Ley Fundamental". Dos fundamentos da decisão destacamos: a) que o Estado tem o dever de proteger a vida de todo ser humano, e que este dever deve ser levado a sério; b) onde existe vida humana há dignidade humana; c) é indiferente saber se o portador sabe dessa dignidade ou dessa garantia; c) que não somente se proíbe as intervenções estatais na vida que está em desenvolvimento como também se ordena, ao Estado, a proteção e a garantia dessa vida, e de maneira especial frente a proteção frente a intervenções violatórias da lei por parte de outras pessoas.; d) que a vida é o pressuposto de todos os outros direitos fundamentais, e) que ao legislador cabe decidir, em primeiro lugar, quanto às medidas proteção, f) que as medidas de proteção devem ser efetivas; g) que em casos excepcionais, quando não há outros de alcançar a proteção, o legislador pode

essa outra perspectiva da proporcionalidade, a da proibição da insuficiência[530] de proteção dos direitos fundamentais.

---

estar obrigado a introduzir os instrumentos do direito penal, h) que o direito penal é, em certa medida, a *ultima ratio*, observado o princípio da proporcionalidade, i) não há um dever "absoluto" de penalizar, senão uma obrigação "relativa", ante a insuficiência de outros instrumentos, j) que , em determinadas situações, há um direito da mulher em não ser obrigada a levar a termo uma gestação, o que obriga o legislador a atuar com especial prudência, renunciando a empregar os instrumentos penais, quando a ponderação realizada pelo legislador será também constitucional.
Sentencia 39, 1 (dividida em 6 itens) : 1). "La vida que se desarrolla en el vientre materno está, como un bien jurídico autónomo, bajo la protección de la Constitución (art. 2 num. 2, frase 1; art. 1 num. 1 LF) El deber de protección del Estado no solo prohibe las intervenciones directas del Estado en la vida que se desarrolla, sino que también la ordena al Estado proteger y garantizar esa vida. 2). El deber del Estado, de proteger la vida que se está desarrollando, existe aun en contra de la madre. 3). La protección de la vida del feto prevalece durante la duración del embarazo frente al derecho de autodeterminación de la embarazada y no puede ser cuestionado durante un plazo determinado. 4). El legislador también puede expresar de otra forma la censura legal ordenada en principio para la interrupción del embarazo, como com las sanciones penales. Es decisivo el que la totalidad de las medidas, que sirven para la protección de la vida del que aún no ha nacido, garanticen la protección efectiva que corresponda con el significado del bien jurídico que se asegura. En casos excepcionales, si la protección ordenada pela Constituición, no puede ser alcanzada de ninguna otra forma, el legislador está obligado a establecer las medidas de carácter penal para asegurar la vida que se desarrolla. 5). La continuación del embarazo es inadecuada, cuando se requiere la interrupción para evitarle a la embarazada un peligro para su vida o el perigo de un detrimento grave de su estado de salud. Por añadidura, el legislador se encuentra en libertad de valorar como inadecuadas otras cargas extraordinárias para la embarazada, que en forma similar son de peso, y despenalizar en esos casos la interrupcoón del embarazo. 6). La quinta ley para reforma del derecho penal de 18 de junio de 1974 (...) no tiene el alcance que corresponde al deber constitucional de proteger la vida del que está por nacer", em p. 68.
[530] SENTENCIA 88, 203, II do Tribunal Constitucional Alemão. In SCHWABE, Jürgen. *Cincuenta Años de Jurisprudencia del Tribunal Constitucional Federal Alemán*. Traducción de Marcela Anzola Gil. Colombia: Gustavo Ibáñez, 2003. p. 71 a 73. Após reunificação da Alemanha foi editada a Lei para a proteção da vida do que está por nacer, para a promoção de uma sociedade favorável à infância, para apoio em caso de conflito durante a gravidez e para a regulamentação da interrupção voluntária da gravidez (Lei para o apoio à familia e à gravidez, de 27/06/1992), que qualificou como não ilegal a interrupção da gravidez (quando realizada por médico, precedida de assessoramento e não tendo transcorrido mais do que 12 semanas da concepção), sendo solicitada a revisão constitucional desta lei. Esta é a "Sentencia 88, 203 II" do Tribunal Constitucional alemão, de 28/05/1993, sobre a interrupção voluntária da gravidez (dividida em 17 itens):
1). "La ley fundamental obliga al Estado, a proteger la vida humana, incluso la del que está por nacer (...) La dignidad humana se atribuye también a la vida del que está por nascer (...); 2). El deber de protección para la vida del que está por nacer está vinculado a la vida individual, y no sólo a la vida humana en general; (...); 4). La interrupción del embarazo debe ser vista como ilegal durante todo la duración del embarazo, y por consiguiente como prohibida legalmente (confirmación de la BVerfGE 39,1 [44]) (...); 5) La extensión del deber de protección para la vida humana del que está por nacer, se debe determinar a la luz del significado y necesidad de protección del bien jurídico a proteger, de una parte, y de los bienes jurídicos con que colide, de la outra. (...); 6) El Estado, para cumplir con su deber de protección, debe emplear las suficientes medidas de carácter normativo y material, que lleven a alcanzar – atendiendo a la contraposición de bienes jurídicos – a una protección adecuada, y como tal efectiva (prohibición de subdimensionamiento) (...)., 7) (...) La posición de los derechos fundamentales de la mujer, llevan a aceptar en situaciones excepcionales, en aquellos casos donde sea posible permitir el no cumplimiento de esse deber legal. Es asunto del legislador determinar individualmente los elementos de hecho de tales excepciones, de acuerdo con el critério de la inexigibilidad (...). 11) Al legislador no le está prohibido constitucionalmente, en principio, hacer caso omiso del concepto de una protec-

---

O Direito Fundamental à Identidade Genética
na Constituição Brasileira

163

A tese da proibição da insuficiência tem sido acolhida em sede de doutrina. Há doutrina portuguesa[531] que segue nesta esteira, destacando tanto o controle dos excessos quanto o controle da insuficiência de proteção, esta consubstanciando uma proibição de que os poderes públicos adotem medidas insuficientes no que tange aos deveres estatais de proteção dos direitos fundamentais, deixando de satisfazer a exigência de uma proteção mínima, embora utilizando a terminologia diferenciada, a da "proibição por defeito" ou do "defeito de protecção".[532]

Trilhando o mesmo caminho, há doutrina espanhola referindo a "desproporción por protección deficiente" ou melhor, a "prohibición de protección deficiente",[533] que é definida como critério estrutural

ción de la vida del que está por nacer, permitiendo aconsejar a la mujer en la fase temprana del embarazo, en caso de conflictos con el embarazo, para que ella pueda favorecer el dar a luz a término al niño, y de este modo renunciar a una penalización, determinada mediante indicaciones, y al establecimiento por parte de terceros de elementos de hecho indicadores, 12) (...) El Estado tiene la responsabilidad total de llevar a cabo el proceso de asesoramiento., 13) El deber estatal de protección exige que la necesaria participación del médico, en interés de la mujer, genere igualmente la protección de la vida del que está por nascer. .15) Las interrupciones del embarazo, que se toman sin establecer una indicación de conformidad con las reglas para la asesoría, no pueden ser declaradas como justificadas (no violatorias de la ley) (...); 16) La Ley Fundamental no garantiza, para la realización de una interrupción del embarazo, cuya legalidad no se ha establecido, un derecho a los servicios del seguro legal de enfermedad. La garantia de la ayuda social para la interupción de los embarazos, que no se encuentra penalizada, en caso de necesidad económica, de acuerdo con el reglamento de la consejería, es considerada por consiguiente como constitucional, así como la compensación del salário (...) ".

[531] CANOTILHO, José Joaquim Gomes. *Direito Constitucional e Teoria da Constituição*. Op. cit., p. 266, 268, 272-273.

[532] SARLET, Ingo Wolfgang. "Constituição e Proporcionalidade: o Direito Penal e os Direitos Fundamentais entre Proibição de Excesso e de Insuficiência". *Revista Brasileira de Ciências Criminais*, n. 47, p. 100, mar.-abr. 2004. Criticando apenas terminologia adotada pelo constitucionalista português, porque a expressão defeito de proteção "não traduz com precisão a idéia de proteção insuficiente".

[533] PULIDO, Carlos Bernal. *El Principio de Proporcionalidad y los Derechos Fundamentales:* el Principio de Proporcionalidad como Criterio para Determinar el Contenido de los Derechos Fundamentales Vinculante para el Legislador. Madrid: Centro de Estudios Políticos y Constitucionales, 2003, p. 798, 799, 800. Oferece uma variação para o teste de proporcionalidade, admitindo que a doutrina de M. Borowski segue em sentido diametralmente oposto ao oferecido. 1) Quanto ao subprincípio da idoneidade: a) "Una abstención legislativa o una norma legal que *no proteja* un derecho fundamental de manera óptima, *vulnera* las exigencias del principio de idoneidad, cuando *no favorece* la realización de un fin legislativo que sea constitucionalmente legítimo"; b) "Una abstención legislativa o una norma legal que *proteja deficientemente* a un derecho fundamental, será *idónea, si* favorece la realización de su fin". Isto se tal carência (de uma proteção ótima) gerar "una mayor realización del fin constitucionalmente legítimo del Parlamento", explica o autor. 2) Quanto ao subprincípio da necessidade: "Una abstención legislativa o una norma legal que *no proteja* un derecho fundamental de manera óptima, *vulnera* las exigencias del principio de necesidad , *cuando* existe otra abstención u otra medida legal alternativa que favorezca la realización del fin del Parlamento por lo menos con la misma intensidad, y a la vez favorezca más la realización del derecho fundamental de protección". 3) Quanto ao subprincípio da proporcionalidade em sentido estrito: "Una abstención legislativa o una norma legal que *no proteja* un derecho fundamental de manera óptima, *vulnera* las exigencias del principio de proporcionalidad en sentido estricto, *cuando* el grado de favorecimiento del fin legislativo es inferior al grado en que no se realiza el derecho fundamental de protección". 4) Acrescenta ainda uma regra para aplicação simultânea das duas proibições (excesso e insuficiência), que não foi possível lograr a compreensão". (p. 801 e 803)

para determinar a violação de um direito fundamental, por omissão Estatal, no que tange aos seus deveres de proteção, advertindo que esta versão do princípio da proporcionalidade tem peculiaridades quanto à estrutura argumentativa do princípio da proporcionalidade, notadamente porque o objeto de controle é distinto, é ou uma omissão legislativa, ou uma proteção legal deficitária, agregando algumas propostas que deixam entrever a magnitude do problema da eficácia dos direitos fundamentais no âmbito dos deveres de proteção, que toma rumo no sentido de aprofundamento dos estudos sob a faceta da proibição de insuficiência.

Com o desenvolvimento da tese da proibição da insuficiência de proteção dos direitos fundamentais, a doutrina, então, deverá buscar traçar, no âmbito nos deveres de proteção, o seu contorno mínimo, ou seja, delinear os deveres mínimos de proteção estatal, tarefa indubitavelmente árdua, em uma sociedade tão dividida. Neste contexto, a discussão travada em torno do aborto serve como forma de ilustrar um panorama: o retrato da segmentação social no que tange à proteção jurídico-penal da vida humana embrionária intra-uterina. No caso brasileiro, alguns diversos projetos tramitam na Câmara dos Deputados (inclusive plebiscito),[534] projetos que deixam entrever a notável segmentação da sociedade, especialmente no que tange à interrupção voluntária da gravidez, entre os ultraconservadores,[535] já que não admi-

---

[534] PDL 1832/2005, Projeto de Decreto Legislativo apresentado em 23/08/2005, pelo Dep. Osmânio Pereira e outros (180 deputados), que "dispõe sobre convocação de plebiscito relativo à interrupção da gravidez até à décima segunda semana de gestação", já encaminhado às Comissões de Seguridade Social e Família e Constituição e Justiça e de Cidadania. Em 24/11/2005, o Relator na CSSF, Dep. José Linhares (PP-C), emitiu parecer favorável, pela aprovação com emenda, para realização do plebiscito pelo TSE, até outubro de 2007. A emenda da nova redação ao art. 3º do PDL 1832/2005, para que tenha a seguinte redação: "Art. 3º: O plebiscito de que trata este Decreto Legislativo consistirá na seguinte questão: A interrupção da gravidez até a décima segunda semana de gestação, ou em caso de o feto apresentar anomalia ou doença grave que o torne inviável a sobrevida, deve ser permitida?".

[535] PL 5058/2005, de autoria do Dep. Osmânio Pereira – PTB /MG, apresentado em 13/04/2005, aguardando parecer da CSSF, sob relatoria do Dep. Nilton Baiano (PP-ES), tendo sido indeferido requerimento de inclusão da Comissão de Direitos Humanos e Minorias. O referido projeto regulamenta o art. 226, § 7º, da Constituição Federal, dispondo sobre a inviolabilidade do direito à vida, definindo a eutanásia e a interrupção voluntária da gravidez como crimes hediondos, em qualquer caso (altera o Código Penal e a Lei dos Crimes Hediondos (Lei nº 8.072, de 1990). O projeto é uma pérola em matéria de proibições: proíbe a esterilização voluntária, salvo por motivos médicos; não reconhece a utilização de métodos contraceptivos como planejamento familiar se os indivíduos não estiverem incluídos no conceito de casais, veda quaisquer formas, explícitas e implícitas, de divulgação de métodos de controle de natalidade; veda a participação de governos, entidades/organizações estrangeiras ou internacionais em atividades de planejamento familiar no território nacional (a bandeira do controle de natalidade, esterilização voluntária e do aborto estará, então, proibida para estrangeiros e para nacionais).
PL 4703/98 e PL 4917/01 (tipifica o aborto como crime hediondo, dos Deps. Francisco Silva e Givaldo Garimbão), PL 7235/02 (revoga art. 128 do CP, do Dep. Severino Cavalcanti), PL 1459/03 (acrescenta parágrafo ao art. 126 do CP, do Dep. Severino Cavalcanti), PL 5166/05 (tipifica a antecipação de parto anencefálico, dispondo sobre os crimes de antecipação terapêutica de parto de feto anencefálico ou inviável, e dando outras providências, de autoria do Sr.

tem a interrupção da gravidez em hipótese alguma,[536] os moderados,[537] que admitem a interrupção da gravidez em situações justifica-

Takayama), PL 5364/05 (que dispõe sobre a punibilidade do aborto no caso de gravidez resultante de estupro, revogando os inciso II do art. 128 do CP, punindo o aborto praticado por médico se a gravidez resulta de estupro, independentemente do consentimento da gestante, ou, quando incapaz, de seu representante legal, do Dep. Luiz Bassuma e Ângela Guadagnin), todos tramitando conjuntamente, apensados ao PL 1135/91.
No parecer de 02/12/2005, a Relatora, Dep. Jandira Feghalli é pela rejeição dos Projetos de Lei: 4703/98, 4917/01, 7235/02, 1459/03, 5166/05 e 5364/05 (aqui classificados como ultra-conserva-dores) a pela aprovação dos Projetos de Lei 1135/91, 1174/91, 3280/92, 176/95, 1956/96, 2929/97, 3744/04, 4304/04, 4834/05, na forma do segundo substitutivo apresentado pela relato-ra, na referida data.

[536] PL 6150/2005, Projeto de Lei sobre Estatuto do Nascituro, de autoria do Dep. Osmânio Pereira e outros, alterando o Código Penal e a Lei dos Crimes Hediondos (ver Capítulo 4º, item 4.2.1, nota de rodapé nº 292, sobre a íntegra deste projeto). No que tange ao aborto e outros crimes, assegura que o nascituro concebido por ato de violência sexual não sofrerá qualquer discriminação ou restrição de direitos, dentre outros direitos, tipifica o aborto culposo, tipifica a conduta de anunciar processo, substância ou objeto destinado a provocar, tipifica o congelamen-to, manipulação ou utilização de nascituro como material de experimentação, tipifica a referên-cia ao nascituro com palavras ou expressões manifestamente depreciativas, tipifica a conduta de fazer publicamente apologia do aborto ou de quem o praticou, ou incitar publicamente a sua prática, tipifica o induzimento de mulher grávida a praticar aborto ou oferecer-lhe a ocasião para que o pratique. Por derradeiro, inclui o crime de aborto na Lei dos Crimes Hediondos e altera a redação dos arts. 124, 125 e 126 do Código Penal, aumentando as penas dos crimes de aborto.

[537] PL 1135/91, dos Deputados Eduardo Jorge e Sandra Starling, que suprime o artigo 124 do Código Penal. Vários outros projetos de lei foram apensados e tramitaram em apenso: PL 176/95 (que dispõe sobre a opção da interrupção da gravidez, do Dep. José Genoíno), PL 3280/92 (que autoriza a interrupção da gravidez até a 24ª semana quando o feto apresentar graves e irreversíveis anomalias, do Dep. Luiz Moreira), PL 1174/91 (que dá nova redação ao art. 128 do CP, ampliando as excludentes de ilicitude – perigo de vida ou à saúde física e psíquica da gestante; enfermidade grave e hereditária ou moléstia/intoxicação/acidente sofrido pela gestan-te que comprometa a saúde do nascituro; gestante contaminada por vírus HIV, dos Deps. Eduardo Jorge e Sandra Starling), PL 1956/96 (autorizando a interrupção da gravidez em alguns casos, em especial a impossibilidade de vida extra-uterina ou doenças degenerativas incuráveis, da Dep. Marta Suplicy), PL 2929/97 (que permite às mulheres estupradas por parentes a interromper a gravidez, Dep. Wigberto Tartuce), PL 3744/04 (dá nova redação ao art. 128 do CP, incluindo a excludente de ilicitude no caso de gravidez decorrente de estupro ou atentado violento ao pudor, do Dep. Coronel Alves), PL 4304/04 (que despenaliza a interrupção da gravidez em vários casos, como riscos à vida e à saúde da gestante, doença congênita incurável diagnosticada até a 24ª semana de gravidez, violência sexual até a 16ª semana, prevendo a objeção de consciência pelos profissionais de saúde, do Dep. Eduardo Valverde), PL 4834/05 (acrescentando inciso ao art. 129 do CP, para autorizar a antecipação de parto de feto anencefáli-co, dos Deps. Luciana Genro e Dr. Pinotti). No parecer de 02/12/2005, a Relatora, Dep. Jandira Feghalli é pela aprovação dos Projetos de Lei 1135/91, 1174/91, 3280/92, 176/95, 1956/96, 2929/97, 3744/04, 4304/04, 4834/05, na forma do substitutivo apresentado pela relatora. De outra banda, pela rejeição dos Projetos de Lei: 4703/98, 4917/01, 7235/02, 1459/03, 5166/05 e 5364/05 (tramitação em apenso).
PL 5074/2005, Projeto de Lei que dispõe sobre a realização do exame Ultrascreen e dá outras providências, de autoria do Dep. Carlos Nader (PL-RJ), apresentado em 18/04/2005, encaminha-do às Comissões de Seguridade Social e Família e Finanças e Tributação e Constituição e Justiça e de Cidadania, sob relatoria, na Comissão de Seguridade Social e Família (CSSF), do Dep. Francisco Gonçalves. Em síntese, obriga todos os Hospitais da rede pública a realizar, no próprio hospital, durante o pré-natal da gestante, o exame denominado Ultrascreen (conhecido como "teste do dedinho"), gratuitamente, em todas as gestantes, no primeiro trimestre da gravidez compreendido entre 11 semanas e 1 dia e 13 semanas e 6 dias, cujas despesas correrão à conta de dotações orçamentárias do Ministério da Saúde. Na justificativa esclarece que o exame Ultras-creen é um protocolo de triagem pré-natal que tem por finalidade diagnosticar a síndrome de

das, em geral relacionadas à saúde, e um projeto de lei que pode ser enquadrado na categoria liberal,[538] porque somente admite a criminalização da conduta quando o aborto for praticado contra a vontade da mulher. É certo que a esta classificação é pessoal e pode estar agregando alta dose de subjetividade, mas, de qualquer sorte, não invalida o objetivo, qual seja, o de retratar a flagrante segmentação e informar acerca do conteúdo dos projetos que tramitam no legislativo.

6.5. A NOVA LEI DE BIOSSEGURANÇA: alguns aspectos problemáticos

A nova lei de biossegurança,[539] que tem recebido críticas,[540] tanto pelas imprecisões terminológicas quanto no que concerne a questões de fundo (a exemplo da miscelânea de matérias que deveriam ter recebido um tratamento sistemático, e não a "colcha de retalhos" que se concretizou), veda expressamente a clonagem humana, tipificando a conduta[541] de "realizar clonagem humana" (pena: reclusão de 2 anos a 5 anos, e multa). Pergunta-se: até que ponto os deveres de proteção do Estado exigem, ou impõem, a tipificação penal de todas e quaisquer condutas potencialmente lesivas?

Primeira constatação: não consta,[542] dentre os objetivos gerais arrolados no art. 1º da Lei de Biossegurança, o objetivo de regular a

Down, a trissomia do 18 e outras anomalias cromossômicas, mediante a simples coleta de uma gota de sangue do dedo da paciente grávida, um exame de sangue que complementa o conhecido teste de translucência nucal. Muito embora o risco seja maior às parturientes com mais de 35 anos (e àquelas que já tiveram bebês com a síndrome), como a maioria dos casos acontece nas mulheres com menos de 35 anos, recomenda-se para todas as gestantes. Informa o dado de 1 (um) nascimento de bebê com síndrome de Down a cada 700 nascimentos, refere a vantagem de poder tranqüilizar a paciente mais cedo, caso seja negativo o resultado.

[538] PL 1135/91, o segundo substitutivo da Relatora, Dep. Jandira Feghalli (PCdoB/RJ), de 02/12/2005, que no seu art. 1º revoga os artigos 124, 126, 127 e 128 do CP, mantendo apenas o art. 125, que tipifica o aborto sem o consentimento da gestante, e dá outras providências (Art. 2º: O Poder Público deve assegurar nos serviços de atendimento à saúde da mulher, por meio do Sistema Único de Saúde e Centros de Referência, de forma multidisciplinar, informações e orientação referentes ao acesso aos métodos contraceptivos e de planejamento familiar e às ações de investigação de paternidade e de alimentos, bem como sobre programas de assistência social e os procedimentos e riscos para a interrupção da gravidez).

[539] Lei 11.105, de 24 de março de 2005. Especificamente quanto à temática aqui examinada, a Lei de Biossegurança aporta definições (art. 3º), regulamenta o uso de embriões excedentes da FIV para pesquisa e terapia (art.5º), delineia proibições (art. 6º, incisos II, III, IV), com seus respectivos tipos penais (art. 24, 25 e 26).

[540] MARTINS-COSTA, Judith; FERNANDES, Márcia Santana; GOLDIM, José Roberto. *Lei de Biossegurança. Medusa legislativa?* Disponível em: http:www.bioetica.ufrgs.br/ibiosseg.htm. Acesso em: 09 janeiro 2006.

[541] Lei 11.105/05, art. 26.

[542] MARTINS-COSTA, Judith *et al*. Op. cit. Os autores tecem críticas, dentre outros aspectos, tanto às imprecisões terminológicas quanto às questões de fundo (a exemplo da miscelânea de matérias que deveriam ter recebido um tratamento sistemático, e não a "colcha de retalhos" que se concretizou).

O Direito Fundamental à Identidade Genética
na Constituição Brasileira

utilização de células-tronco embrionárias. De qualquer forma, no art. 3º apresenta-se uma série de definições legais, dentre elas as definições de "ácido desoxirribonucleico", "engenharia genética", "célula germinal humana", "clonagem",[543] de "clonagem para fins reprodutivos",[544] e define-se, também, "células tronco embrionárias".[545] Adiante, no art. 5º, permite-se, para fins de pesquisa e terapia, "a utilização de células-tronco embrionárias obtidas de embriões humanos produzidos por fertilização *in vitro* e não utilizados no respectivo procedimento", se atendidas determinadas condições legais. Quais são as condições? Primeira condição: que os embriões sejam "inviáveis". Mas inviáveis para o quê? Pelo teor do *caput* do art. 5º, possivelmente sejam os embriões obtidos "por fertilização *in vitro*". Seriam então aqueles conhecidos excedentes da FIV, "inviáveis" para uma assistência médica à reprodução humana? O teor do decreto que regulamentou a Lei de Biossegurança, que aportou um critério demasiadamente técnico quanto ao que seja um embrião inviável,[546] parece demonstrar, isso sim, que uma avaliação dessa magnitude não deveria ter sido transposta para o plano jurídico. Ou, ainda, uma segunda condição: sejam "embriões congelados há mais de três (3) anos. Pergunta-se: qual foi o critério que pautou a escolha do prazo de três (3) anos de congelamento?[547] Um detalhe: a permissão legal para uso destes embriões depende do consentimento dos "genitores". De outra banda, proíbe-se a "engenharia genética com célula germinal humana, zigoto humano e embrião humano", bem como proíbe-se a clonagem humana (art. 6º, incisos III e IV), tipificando como crime as condutas de "utilizar embrião humano em desacordo com o que dispõe o art. 5º",[548] "praticar engenharia genética em célula germinal humana, zigoto humano ou embrião

---

[543] Clonagem: processo de reprodução assexuada, produzida artificialmente, baseada em um único patrimônio genético, com ou sem utilização de técnicas de engenharia genética.

[544] Clonagem para fins reprodutivos: clonagem com a finalidade de obtenção de um indivíduo. "clonagem terapêutica"
Clonagem terapêutica: clonagem com a finalidade de produção de células-tronco embrionárias para utilização terapêutica.

[545] Células-tronco embrionárias: células de embrião que apresentam a capacidade de se transformar em células de qualquer tecido de um organismo.

[546] Inciso XIII do Art. 3º do Decreto nº 5.591, de 22/11/2005, que regulamentou a Lei de Biossegurança. "Art. 3º Para os efeitos deste Decreto, considera-se: (...) XIII – embriões inviáveis: aqueles com alterações genéticas comprovadas por diagnóstico pré implantacional, conforme normas específicas estabelecidas pelo Ministério da Saúde, que tiveram seu desenvolvimento interrompido por ausência espontânea de clivagem após período superior a vinte e quatro horas a partir da fertilização in vitro, ou com alterações morfológicas que comprometam o pleno desenvolvimento do embrião; XIV – embriões congelados disponíveis: aqueles congelados até o dia 28 de março de 2005, depois de completados três anos contados a partir da data do seu congelamento".

[547] Ver projetos de lei sobre Reprodução Humana Assistida, tramitando no Congresso Nacional, no Anexo C.

[548] Art. 24 da Lei de Biossegurança: "Utilizar embrião em desacordo com o que dispõe o art. 5º desta Lei. Pena: detenção de 1 (um) a 3 (três) anos, e multa.

humano",[549] "realizar clonagem humana",[550] estabelecendo as respectivas penas. Criou-se o Conselho Nacional de Biossegurança (CNBS), estabeleceu-se sua estrutura organizacional e competências (art. 8º e 9º), que só pode manifestar seu parecer aos demais órgãos da administração pública se for favorável à realização da atividade (afinal, propaganda contra, pela regra do jogo, não vale, isso segundo os § 3º e § 4º do inciso III do art. 8º). Foi reestruturada a Comissão Técnica Nacional de Biossegurança (CTNBio, art. 10 a 15), dentre outras tantas normas relativas aos organismos geneticamente modificados, objetivo central da regulamentação legal.

De um total de 42 artigos, apenas um (1) foi destinado ao uso de células tronco embrionárias para pesquisa e terapia (art. 5º, sobre as fontes de material para pesquisa), um (1) rol de proibições (art. 6º) e crimes e penas (art. 24º, 25º e 26º)

Pelo teor da norma contida no inciso IV do art. 6º da Lei de Biossegurança,[551] como examinado, está proibida a clonagem humana, como definida na lei, proibição que abrange tanto a clonagem humana reprodutiva quanto a clonagem não reprodutiva (terapêutica). No sentido de excluir a clonagem não reprodutiva dessa proibição, está tramitando o PL 6006/2005,[552] e, apensado, está o PL 5134/2005,[553] para

---

[549] Art. 25 da Lei de Biossegurança: Praticar engenharia genética em célula germinal humana, zigoto humano ou embrião humano. Pena: reclusão de 1 (um) a 4 (quatro) anos, e multa.

[550] Art. 26 da Lei de Biossegurança: Realizar clonagem humana. Pena: reclusão de 2 (dois) a 5 (cinco) anos, e multa.

[551] Lei de Biossegurança, Lei 11.105/2005, que revogou a lei anterior, de 1995.

[552] PL 6006/2005, de autoria do Dep. Paulo Baltazar (PSB-RJ), apresentado em 05/10/2005 (apensado ao PL5134/2005), que modifica a Lei nº 11.105, de 2005, a fim de se permitir o uso de células-tronco, obtidas por meio da clonagem terapêutica, inserindo: 1º) inciso XII ao art. 3º da Lei de Biossegurança, para que conste que a clonagem humana divide-se em clonagem para fins reprodutivos e clonagem para fins terapêuticos; 2º) acrescentando o art. 5 A, de que é permitida, para fins de pesquisa e terapia, a utilização de células-tronco embrionárias obtidas por meio da técnica de clonagem terapêutica (Parágrafo único. Instituições de pesquisa e serviços de saúde que realizem pesquisa ou terapia com células-tronco embrionárias humanas obtidas por meio da técnica de clonagem terapêutica, deverão submeter seus projetos à apreciação e aprovação dos respectivos comitês de ética em pesquisa); c) alterando a redação do inciso IV do art. 6º da Lei nº 11.105/05 para "clonagem humana usada para fins reprodutivos"; d) alterando a redação do caput do art. 26 da Lei nº 11.105/05 passa a vigorar com a seguinte redação: "Art. 26. Realizar clonagem humana para fins reprodutivos (Pena de reclusão, de 2 (dois) a 5 (cinco) anos, e multa.

[553] Há projeto de Lei, PL 5134/2005, de autoria do Sr. Takayama, apresentado em 04/05/2005, encaminhado às Comissões de Seguridade Social e Família; Ciência e Tecnologia, Comunicação e Informática e Constituição e Justiça e de Cidadania, pronto para pauta, alterando a redação do art. 5º da Lei nº 11.105, de 24 de março de 2005, para tornar crime inafiançável a utilização e pesquisa com células-tronco obtidas de embrião humano (eis os termos do projeto: Art. 1º. O art. 5º da Lei nº 11.105, de 24 de março de 2005 passa a vigorar com a seguinte redação: Art. 5º. Utilizar, para fins de pesquisa e terapia, de células-tronco embrionárias obtidas de embrião humano produzido por fertilização in vitro e não utilizado no respectivo procedimento: Pena de reclusão, de 2 (dois) a 6 (seis) anos, e multa, de 150 a 300 dias-multa (§ 1º: É irrelevante, para a caracterização do crime, a inviabilidade do embrião, o consentimento dos genitores ou o tempo em que tenha permanecido congelado; § 2º: Fazer comércio do material biológico a que se refere

tornar crime inafiançável a utilização e a pesquisa com células-tronco obtidas de embrião humano, cujo relator emitiu parecer pela rejeição de ambos.

A Lei de Biossegurança, um avanço apenas no que tange à proteção jurídico-penal do bem jurídico identidade genética quando criminaliza a conduta da clonagem humana reprodutiva, consegue o absurdo, qual seja, ser excesso e insuficiência de proteção de direitos fundamentais ao mesmo tempo, senão vejamos. Insuficiência de proteção do direito à vida quando, sem maiores delongas, libera os embriões excedentes da FIV para fins de pesquisa e terapia sob a condição de serem "inviáveis" ou "congelados há mais de 3 anos" (com o consentimento dos "genitores") e insuficiência de proteção do direito à identidade genética quando tipifica, genericamente a "engenharia genética em célula germinal humana, zigoto humano e embrião humano",[554] de acordo com as definições do art. 3°, quando a preocupação deveria estar centrada diretamente nos abusos[555] em matéria de engenharia

este artigo, ou promover, intermediar, facilitar ou auferir qualquer vantagem com a transação – Pena de reclusão, de três a oito anos, e multa, de 200 a 360 dias-multa; §3°: O condenado incorre na interdição para o exercício da medicina ou da enfermagem, enquanto durarem os efeitos da condenação, sem prejuízo do disposto no art. 92 do Código Penal. O parecer do Relator na CSSF, em 07/12/2005, Dep. Dr. Francisco Gonçalves (PPS-MG) : pela rejeição do PL 5134 e rejeição do PL 6006/2005, apensado.

[554] Segundo o inciso III do art. 6° da Lei 11.105/2005, fica proibida a engenharia genética em célula germinal humana, zigoto humano e embrião humano, sob pena de reclusão de 1 (um) a 4 (quatro) anos, e multa (art. 25).

[555] SOUZA, Paulo Vinicius Sporleder de. *Bem Jurídico-Penal e Engenharia Genética Humana: Contributo para Compreensão dos Bens Jurídicos Supra-Individuais*. São Paulo: Revista dos Tribunais, 2004, p. 183, 188, 194-195, 267, 271 e ss. Tratando especificamente da engenharia genética não terapêutica, aquela que vai além do "eliminar, tratar e prevenir enfermidades genéticas", o autor centraliza o enfoque na engenharia genética seletiva e na engenharia genética (germinal) humana teratológica (aqui examinando a questão das quimeras, ou da fusão embrionária intra ou interespecífica, bem como o problema da hibridação gênica, qual seja, a transferência de determinados genes não humanos aos gametas ou aos embriões humanos, isso na fase de totipotência), conduzindo a construção da identidade genética como bem jurídico-penal a partir destes conteúdos.

SOUZA, Paulo Vinicius Sporleder de. *Crimes Genéticos, Genoma Humano e Direitos Humanos de Solidariedade.* (No prelo). "Desta forma, e visando proteger à identidade genética da humanidade, certos organismos internacionais e alguns países já se manifestaram contrariamente aos abusos da engenharia genética humana. Assim, a lei alemã de proteção de embriões (EschG) pune a formação de quimeras tanto pela fusão de uma célula com um embrião como pela fusão de embriões (§ 7, 1 e 2); o Conselho da Europa recomenda "a proibição da fusão de embriões ou qualquer outra operação que possa produzir quimeras". O Parlamento Europeu repugna a criação de quimeras. Por fim, a Associação Internacional de Direito Penal também condena esta prática exigindo a sua tipificação penal. Quanto à hibridação, a lei alemã de proteção de embriões tipifica penalmente a hibridação punindo com a mesma pena da conduta relativa à formação de quimeras (§ 7, 3). A lei inglesa também pune a expressamente a hibridação. Finalmente, o Parlamento Europeu igualmente reprova o procedimento de hibridação pedindo expressamente que se proíba a "fecundação de um óvulo humano com sêmen procedente de animais ou a fecundação de um óvulo animal com sêmen procedente de seres humanos, com o fim de obter um conjunto celular capaz de desenvolvimento" assim como todos os experimentos dirigidos a produzir quimeras e híbridos a partir de material genético humano". Aliás, a Associação Internacional de Direito Penal exige a tipificação penal desta prática. Em França "é

genética, ou seja, na tipificação penal da criação de seres híbridos (por fusão de gametas) e quimeras (por fusão de embriões), especialmente da espécie humana com outra espécies,[556] bem como a "hibridação gênica"[557] (transferência de genes não humanos aos gametas ou embriões humanos), inquietudes que têm concentrado os esforços da doutrina e cuja proteção já está consagrada, mais diretamente, por exemplo, na Lei alemã de Proteção ao Embrião.[558]

Salvo engano, pelo teor do *caput* dos artigos 24[559] e 25,[560] kafkiano, diga-se de passagem, parece mais uma simulação para se pensar que existe um tipo penal efetivamente protegendo um bem jurídico fundamental, o que pode estar indicando uma insuficiência de proteção. Acrescente-se uma incerteza: a esdrúxula descrição da conduta criminosa do art. 25° (utilizar embrião em desacordo com o art. 5°), que embora tecnicamente seja uma "norma penal em branco"[561] (que

punida com pena de 20 anos de reclusão, a aplicação de prática eugênica dirigida à organização da seleção das pessoas (art. 511.1). No Brasil, a nova lei de Biossegurança (Lei 11.105/2005) proíbe penalmente a engenharia genética germinal praticada em célula germinal humana, zigoto humano ou embrião humano, com pena de reclusão de 1 a 4 anos, e multa (Art. 25)".

[556] LOUREIRO, João Carlos Gonçalves. O Direito à Identidade Genética do Ser Humano. Op. cit., p. 331 e 332.

[557] SOUZA, Paulo Vinicius Sporleder de. *Bem Jurídico-Penal e Engenharia Genética Humana*. Op. cit., p. 267 e ss.

[558] ROMEO CASABONA, Carlos Maria (Ed.). *Código de Leyes sobre Genética*. Bilbao: Fundación BBV, 1997, p. 79-86. A Lei alemã de proteção aos embriões (13/12/1990) tipifica determinadas condutas consideradas abusivas, descortinando o tema sob vários aspectos, dos quais destacamos alguns. Na reprodução assistida (§ 1), condena a doação de óvulos, a fecundação de um óvulo com finalidade distinta da gravidez daquela mulher de que provém o óvulo, a transferência de mais de três embriões ao útero (no mesmo ciclo), a fecundação de mais de 3 óvulos na transferência intratubária, a fecundação de um número superior de óvulos do que se pretende transferir no mesmo ciclo, a maternidade de substituição e as técnicas artificiais de introdução do espermatozóide no óvulo. Igualmente tipifica condutas de utilização abusiva de embriões humanos (§ 2), proíbe a eleição de sexo (§ 3), ressalvadas determinadas enfermidades, condena a fecundação artificial *pos mortem* (§ 4).
Quanto à modificação artificial de células da via germinal humana (§ 5), condena a modificação da informação hereditária contida nas células germinais humanas e condena da mesma forma quem utilizar uma célula germinal humana geneticamente modificada para fecundação, fazendo algumas ressalvas (ex: células germinais extraídas de concebidos mortos, de um ser humano ou de uma pessoa morta, na impossibilidade de que esta célula modificada seja transferida para um embrião, feto ou ser humano).
Quanto à clonagem (§ 6), condena quem artificialmente produza a geração de um embrião humano com informação genética idêntica a de outro embrião, feto, ser humano ou pessoa morta, bem como quem transfira à mulher tal embrião. Condena a formação de híbridos e quimeras (§ 7).
À lei define (§ 8) o que entende por embrião (óvulo fecundado suscetível de desenvolvimento a partir da fusão dos núcleos, bem como qualquer célula totipotente extraída de um embrião, suscetível de desenvolvimento). A lei presume que 24 horas após a fusão dos núcleos o embrião é suscetível de desenvolvimento, salvo constatações em contrário. Por fim, estabelece uma série de reservas médicas (§ 9). Das penalidades: pena privativa de liberdade ou multa.

[559] Art. 24: Utilizar embrião humano em desacordo com o que dispõe o art. 5°; pena de detenção de 1 a 3 anos e multa.

[560] Art. 25: Praticar engenharia genética em célula germinal humana, zigoto humano e embrião humano; reclusão de 1 a 4 anos e multa.

[561] TOLEDO, Francisco de Assis. *Princípios Básicos de Direito Penal*: de acordo com a Lei n. 7.209, de 11-7-1984 e com a Constituição Federal de 1988. 5 ed. São Paulo: Saraiva, 1994, p. 42 e 43.

remete ao seu complemento, o art. 5°, que para muitos pode, inclusive, ser considerado como um elemento integrante do tipo), ainda assim, na nossa modesta opinião, paira uma incerteza quanto à tipicidade, já que a própria conduta não nos parece suficientemente descrita, o que poderia estar indicando uma atipicidade penal. Para oferecer maior certeza quanto ao modelo de ação humana proibida e permitida não seria mais seguro configurar a permissão para utilização de células-tronco embrionárias através de uma excludente de ilicitude, e não de uma norma penal em branco?

No plano das omissões estatais, o panorama também não é muito diverso: discute-se, há mais de 13 anos,[562] acerca da regulamentação legal da reprodução humana assistida. Entretanto, pelos termos do art. 5° da Lei de Biossegurança,[563] hoje sob apreciação do Supremo Tribunal Federal (Ação Direta de Inconstitucionalidade, ADI 3510),[564] permite-se a utilização de células-tronco embrionárias obtidas de embriões humanos excedentes da FIV,[565] para fins de pesquisa e terapia, sem que tenham sido apreciados os projetos de lei para regulamentação da reprodução humana assistida. Estas regulamentações legais deveriam estar assim tão dissociadas?

Frente ao fenômeno da fertilização extracorpórea, Barboza[566] constata que o "vazio jurídico tem ensejado a coisificação do embrião

"Denominam-se normas penais em branco aquelas que estabelecem a cominação legal, ou seja, a sanção penal, mas remetem a complementação da descrição da conduta proibida para outras normas legais, regulamentares ou administrativas".

562 Ver Anexo C.

563 Art. 5°. É permitida, para fins de pesquisa e terapia, a utilização de células-tronco embrionárias obtidas de embriões humanos produzidos por fertilização in vitro e não utilizados no respectivo procedimento, atendidas as seguintes condições: I – sejam embriões inviáveis; ou II – sejam embriões congelados há 3 (três) anos ou mais, na data da publicação desta Lei, ou que, já congelados na data da publicação desta Lei, depois de completarem 3 (três) anos, contados a partir da data de congelamento. § 1° Em qualquer caso, é necessário o consentimento dos genitores. § 2° Instituições de pesquisa e serviços de saúde que realizem pesquisa ou terapia com células-tronco embrionárias humanas deverão submeter seus projetos à apreciação e aprovação dos respectivos comitês de ética em pesquisa. § 3° É vedada a comercialização do material biológico a que se refere este artigo e sua prática implica o crime tipificado no art. 15 da Lei n° 9.434, de 4 de fevereiro de 1997.

564 Além da ADI 3510, questionando o uso de células-tronco retiradas de embriões humanos para fins de pesquisa e terapia, permitido pelo artigo 5° da Lei 11.105, tramita, ainda, a ADI 3526, contra vários dispositivos da Lei n° 11.105, relativamente a normas de segurança e mecanismos de fiscalização de atividades que envolvam organismos geneticamente modificados (OGMs) e seus derivados.

565 Segundo os dados divulgados pelo Jornal Nacional, nada animadores aos pesquisadores, o "estoque" de embriões congelados é muito inferior ao esperado: "juntas, as clínicas responsáveis por 90% dos prodecimentos realizados no Brasil informaram ter hoje 9.914 embriões guardados em laboratório, mas apenas 3.210 (um décimo do esperado) congelados há pelo menos 3 anos. Disponível em: http://jornalnacional.glogo.com/Jornalismo/JN/O,,AA952090-3586,00.html. Acesso em: 29 abr. 2005.

566 BARBOZA, Heloisa Helena. Proteção Jurídica do Embrião Humano. In: CASABONA, Carlos Maria Romeo; QUEIROZ, Juliane Fernandes. *Biotecnologia e suas Implicações Ético-Jurídicas.* Belo Horizonte: Del Rey, 2004, p. 248 e 252.

humano, permitindo sua utilização para experimentação em laboratório e até para fins industriais e cosméticos". Ao que tudo indica, com a nova Lei de Biossegurança tratou-se de resolver apenas dois problemas pontuais, quais sejam, proibir expressamente e tipificar quaisquer experimentos com clonagem, assegurando uma fonte de "material" para pesquisa, mas o vazio normativo permanece.

De outra banda, há que examinar a tipificação da clonagem humana não reprodutiva. Ainda que a medida legislativa (restrição do direito à saúde, mediante tipificação da clonagem, independentemente de saber se reprodutiva ou não reprodutiva) seja idônea para o fim de assegurar a identidade genética da pessoa humana, por outro lado, a medida não é necessária, exatamente porque se pode proteger o bem jurídico fundamental identidade genética tipificando apenas a clonagem reprodutiva, sem restringir o direito à saúde. A partir de uma leitura sistemática da constituição pode-se sustentar, no caso da clonagem humana, uma concordância prática entre o direito à identidade genética e o direito à saúde: a clonagem humana não reprodutiva (por transferência de núcleo, apenas para finalidade terapêutica, mediante consentimento informado e acompanhamento de um comitê multidisciplinar) como excludente de ilicitude da conduta de clonagem humana.

Do direito fundamental à identidade genética, como examinado,[567] decorre uma vedação constitucional à clonagem humana reprodutiva, proteção consagrada na Lei de Biossegurança, não isenta de críticas. Mas há outros aspectos a examinar, no que tange aos deveres estatais de legislar, estabelecendo os mecanismos garantidores do direito à identidade genética. No que tange à problemática sob a perspectiva da clonagem não reprodutiva (também denominada de terapêutica), dos testes genéticos para conhecer o genoma, bem como no que concerne às terapias gênicas para intervir no genoma humano, pelos fundamentos expostos, não se vislumbra, *a priori*, que o direito penal possa trazer respostas adequadas, salvo no que tange às terapias genéticas de células germinativas. Frise-se que o direito penal não pode fixar uma barreira intransponível às pesquisas científicas e que o direito penal não pode impedir que as pessoas recebam tratamento de saúde, sem incorrer em excessos, contexto em que juiz e legislador desempenham um papel central. O abuso do recurso ao direito penal, aliás, indica um incremento da atividade jurisdicional, para afastar os excessos. No que tange aos testes genéticos para conhecer o genoma, deverá aprofundar-se a discussão no âmbito da responsabilidade civil, o que confirma a permanente atualidade dos direitos fundamentais como direitos de defesa.

---

[567] Ver Capítulo 5.

Reitere-se: não está se afirmando uma completa exclusão da proteção jurídico-penal neste contexto. Qual o norte a seguir? E quanto a uma proibição de insuficiência de proteção dos direitos fundamentais? Do reconhecimento de que o Estado tem o dever de proteger a vida humana impõe-se a tipificação, como crime, de todas as condutas humanas que violarem o bem jurídico-fundamental "vida", inclusive no que tange à vida humana embrionária extra-uterina? Necessariamente toda violação à vida humana embrionária tem de ser criminalizada? A proteção da vida humana embrionária extra-uterina, fenômeno decorrente da FIV, é uma hipótese em que a criminalização é "constitucionalmente requerida"?[568] Se a criminalização é constitucionalmente requerida, posicionamento pessoal que se adota com relação ao aborto (já que não se vislumbra outro meio de proteção), uma descriminalização possivelmente seria constitucionalmente inadmissível. Entretanto, em se tratando da proteção da vida humana extra-uterina, há outros meios de proteção que não o direito penal. Exemplos? Legislar sobre reprodução humana assistida, restringindo o acesso a esta tecnologia, reduzindo os "estoques" de embriões congelados (via limitação da quantidade de óvulos fecundados), estabelecendo infrações administrativas, a exemplo da advertência, multa, suspensão de verbas públicas para pesquisa, suspensão de registro profissional e, até mesmo, o seu cancelamento.

No que concerne à proibição de insuficiência, há, portanto, que dar seguimento ao estudo, buscando aportar novos elementos, eis que aqui foram examinadas apenas algumas das dimensões do problema relativo à proteção do direito fundamental à identidade genética, indicando-se, por ora, um campo aberto para novo desenvolvimento da pesquisa, questões para as quais foram aportados alguns fundamentos para serem inseridos no debate, na certeza de que é possível enfrentar os novos desafios postos aos homens, buscando respostas no âmbito do ordenamento jurídico-constitucional brasileiro.

---

[568] STRECK, Lenio Luiz. "Da Proibição de Excesso (*Übermassverbot*) à Proibição de Proteção Deficiente (*Untermassverbot*) : de como não há Blindagem Contra Normas Penais Inconstitucionais". *Revista do Instituto de Hermenêutica Jurídica*, Porto Alegre: Instituto de Hermenêutica Jurídica, v. I, n. 2, 2004, p. 280. Lenio Streck afirma que a liberdade de conformação do legislador, inclusive no campo do direito penal, não se norteia mais pelo paradigma liberal-iluminista, isso no sentido de que a "cláusula de proibição de proteção deficiente" coloca em "xeque a liberdade de conformação legislativa em sentido contrário", sendo imprescindível enxergar esse duplo viés do controle de constitucionalidade das normas penais, seja em relação aos excessos legislativos, seja em relação à insuficiência de proteção. No que tange à insuficiência de proteção, analisa os exemplos: a) da extinção da punibilidade dos crimes sexuais, pelo casamento da vítima com terceiro; b) da categoria dos crimes de "menor potencial ofensivo" nos Juizados Especiais Criminais, baseada apenas no critério quantitativo da pena, examinando aqui uma norma do Estatuto do Idoso; c) da extinção da punibilidade dos crimes em matéria tributária pelo pagamento antes do recebimento da denúncia. A preocupação central do autor, no que concerne a estes casos, é com a onda do abolicionismo e com a banalização da transação penal. Analisa, ainda, alguns casos de inconstitucionalidade por excesso de proteção, em p. 254 e ss.

Considerações Finais

O genoma humano é todo o conjunto do material genético contido nos cromossomos de uma célula, conjunto este que identifica as pessoas, já que estas são geneticamente distintas umas das outras. Há que considerar que o significado do termo identidade genética da pessoa humana está focalizado no indivíduo, na identidade genética do indivíduo como base biológica de sua identidade pessoal. Nesse sentido, e no quadro fático das principais tecnologias atualmente disponíveis, busca-se, através da proteção jurídica da identidade genética da pessoa humana, justamente evitar uma leitura reducionista do ser humano, já que o pleno conhecimento do genoma humano de cada indivíduo não é um espelho da realidade e do destino de cada pessoa.

No que tange à evolução da proteção jurídica do genoma humano no plano internacional e no direito constitucional comparado, emerge um traço comum de todos os instrumentos colacionados: o de que a comunidade internacional compartilha severas preocupações com os avanços decorrentes da genética aplicada às ciências da vida, e, por isso, caminha na direção de uma definição de normas que estejam em consonância com o respeito aos direitos humanos fundamentais e à dignidade da pessoa humana.

No intuito de trazer algumas luzes à discussão travada no plano jurídico, foram examinadas, na continuidade do estudo, algumas concepções filosóficas de dignidade da pessoa humana, destacando as suas relações de complementaridade, e não de exclusão. Apontou-se inclusive no sentido de ser possível um reconhecimento, ao embrião humano proveniente da fecundação dos gametas, de sua dignidade, considerando-o merecedor da tutela jurídica da pessoa humana. Em se tratando das problemáticas postas pelas novas tecnologias é essencial buscarmos um diálogo entre essas concepções, evitando leituras reducionistas e unilaterais da dignidade, afastando radicalismos, o que é imprescindível para a compreensão da dignidade da pessoa humana como conceito jurídico.

A Constituição Federal de 1988 consagrou expressamente o princípio da dignidade da pessoa humana como um dos fundamentos do Estado Democrático de Direito, princípio jurídico que visa proteger a pessoa humana na sua própria essência, confirmando-a como fundamento e fim da sociedade e do Estado brasileiro. Além de informar todo o ordenamento jurídico, o princípio da dignidade da pessoa humana é fundamento para a maioria dos direitos elencados no catálogo de direitos fundamentais, conferindo, de tal sorte, unidade de sentido ao sistema de direitos fundamentais.

Assim, através da atividade hermenêutica e à luz da ordem jurídica, a Identidade Genética, por sua relevância e conteúdo, foi elevada à posição de direito fundamental. Com fundamento no princípio da dignidade da pessoa humana e no direito fundamental à vida (agregando, ainda, em reforço à fundamentação, o dever estatal de preservar a diversidade e a integridade do patrimônio genético e fiscalizar as entidades dedicadas à pesquisa e manipulação de material genético) guindou-se o direito à identidade genética à posição de direito fundamental implícito na ordem constitucional pátria. Isto, evidentemente, no âmbito de um conceito materialmente aberto de direitos fundamentais, como cláusula geral implícita de tutela de todas as manifestações essenciais da personalidade humana. Ainda que se tenha adotado, neste estudo, a doutrina concepcionista (no sentido de que a personalidade inicia a partir da concepção) afirmou-se que independentemente de saber se a noção de dignidade humana pode ser aplicada ao embrião, a salvaguarda do direito à vida dá-se desde a concepção, uma vez que a vida humana é um bem jurídico fundamental na nossa Constituição Federal.

No que concerne à titularidade do direito fundamental à entidade genética, a dimensão aqui analisada restringiu-se a assegurar a proteção da identidade genética da pessoa humana (o seu patrimônio genético individual), colocando em destaque que o embrião humano também é titular do direito fundamental à identidade genética, já que se busca proteger uma das manifestações essenciais da personalidade humana das agressões que poderá sofrer ao longo da sua existência, em todo o seu ciclo vital, da concepção à morte.

Quanto ao significado do direito fundamental à identidade genética, está focalizado na acepção individual, ou seja, na identidade genética como base biológica da identidade pessoal, que, em última análise, corresponde ao genoma de cada ser humano, individualmente considerado. A identidade genética é um bem jurídico fundamental a ser preservado, como uma das manifestações essenciais da personalidade humana, o que não significa estar a identidade pessoal reduzida à identidade genética. Ora, a identidade pessoal é noção bem mais complexa e abrangente, com dois componentes, um referencial biológico (o código genético de cada indivíduo, sua identidade genética) e um referencial social. Com efeito, quando a doutrina faz referência ao direito fundamental à identidade genética, busca salvaguardar a constituição genética individual, a identidade genética única e irrepetível de cada ser humano, justamente para evitar leituras reducionistas, notadamente à luz dos novos conhecimentos científicos. Aliás, somente uma proteção jurídica reforçada poderá evitar visões reducionistas do ser humano.

Na esteira do que foi visto, percebe-se que o direito à identidade genética é um direito fundamental como um todo, consubstanciando, então, um complexo de posições jurídicas fundamentais. Partindo da noção de multifuncionalidade dos direitos fundamentais, delineamos, na função defensiva do direito à identidade genética, os seguintes conteúdos: o direito de não ser um clone humano (e o direito de não ser clonado para fins reprodutivos), o direito de não ter a identidade genética revelada através de testes genéticos, salvo em benefício à saúde da pessoa testada, o direito de não ser discriminado por características genéticas, o direito de não ter a identidade genética alterada por terapias gênicas, salvo em benefício da saúde da pessoa tratada. Neste contexto, também importa frisar que estes foram os conteúdos aqui delineados, o que não exclui a possibilidade de se delinearem outros conteúdos. Não há como olvidar, ainda, que o direito à identidade genética como direito de defesa deixa um campo aberto para o aprofundamento dos estudos no âmbito da responsabilidade civil, contratual e extracontratual, a exemplo das intervenções indevidas de terceiros, notadamente no que se refere aos testes genéticos e terapias gênicas. Até mesmo porque a abordagem aqui realizada não autoriza uma proibição geral e legal dos mesmos, o que evidencia, nestes casos específicos, pelo menos, uma predominância da função defensiva.

Na dimensão das prestações estatais fáticas, além do dever de fiscalizar as atividades que envolvam qualquer manipulação de células germinativas ou de embriões humanos (lembrando que uma efetiva fiscalização levada a cabo pelo Estado poderá evitar intervenções e manipulações indevidas no genoma de cada ser humano) e do fornecimento de uma gama de serviços médicos, urge que seja promovido debate público responsável, na direção de efetivas soluções na esfera jurídica.

Também no que concerne à dimensão prestacional do direito à identidade genética, aquela que requer uma intervenção positiva do Estado, na forma de uma prestação jurídica, é dever do Estado legislar sobre a matéria, estabelecendo os mecanismos garantidores da identidade genética do ser humano, via legislação infraconstitucional. Deverão ser concebidos os mecanismos legais para o aperfeiçoamento da proteção jurídica da identidade genética, e, atualmente, há o recente exemplo na nova Lei de Biossegurança. Este diploma legal explicitou não somente a proibição constitucional (implícita) de clonagem humana reprodutiva, como também tipificou como crime qualquer clonagem humana, independentemente de saber se reprodutiva ou não.

O primeiro conteúdo que se extrai do direito fundamental à identidade genética é o direito de não ser clone, exatamente porque clonagem humana reprodutiva viola bem jurídico-fundamental da pessoa humana, sua identidade genética. O rechaço à prática da clonagem humana reprodutiva, ainda que não unânime, é praticamente total. Assim, a comunidade científica, nas suas mais diversas áreas, tem sustentado que configura atentado à identidade de uma pessoa criar, deliberadamente, uma outra pessoa geneticamente idêntica. Pelos fundamentos expostos, o direito fundamental à identidade genética é barreira que não admite o uso da tecnologia de clonagem humana reprodutiva, eis que comporta violação ao dever de respeito e de proteção da constituição genética, única e irrepetível, de cada ser humano, como elemento que qualifica a pessoa e que dela não deve ser separado.

Já no que diz respeito à clonagem humana não reprodutiva (terapêutica), tendo em vista tanto o direito fundamental à saúde quanto a liberdade de investigação científica, não há como oferecer, de plano, uma resposta denegatória e proibitiva. Nessa seara, foi proposta a seguinte reflexão: será que um embrião humano que foi produzido pelo homem, *in vitro*, por um processo artificial inventado pelo homem, qual seja, a tecnologia da clonagem humana por transferência de núcleo, deve ter a sua vida assegurada pelo direito com o mesmo *status* jurídico do embrião humano proveniente da fecundação dos gametas, portador de uma identidade genética própria? Aqui há que se refletir até que ponto a clonagem humana não reprodutiva deixa de ser um problema para transformar-se, talvez, em solução para a continuidade das pesquisas científicas com células-tronco de embriões humanos clonados (imunologicamente idênticos ao paciente).

Ainda na dimensão defensiva do direito à identidade genética, no que tange aos testes genéticos para conhecer o genoma humano, o norte orientador indica o seguinte sentido: estes testes somente deverão ser utilizados em matéria de saúde e em benefício do paciente. Em alguns casos, inclusive, é possível sustentar a obrigatoriedade destes testes (fenilcetonúria é um exemplo clássico). De qualquer forma, a medicina preditiva que emerge está a exigir um aconselhamento genético adequado, o que não afasta o direito de ignorar o resultado dos testes genéticos preditivos, notadamente em se tratando de doenças sem tratamento.

Relativamente às terapias gênicas para alterar o genoma humano, a questão nuclear está focalizada na palavra mudança: prevenir ou tratar doenças, atacando diretamente a causa. O problema aqui assume contornos distintos. Enquanto a terapia gênica de células somáticas (ainda experimental) não é alvo de maiores celeumas, a terapia gênica de células germinais (gametas sexuais e células totipotentes dos embriões) é um palco de acirradas controvérsias, seja pelos desconhecidos efeitos dessas modificações nas gerações futuras, seja pelos riscos de eugenia, problemática complexa que desnuda as fronteiras, por vezes não muito claras, que separam a terapia gênica do melhoramento genético. Ainda que tais facetas sejam ambivalentes, não se pode, contudo, abandonar o objetivo permanentemente perseguido pelos homens: prevenção e tratamento de enfermidades. Este deve ser o critério norteador da ação humana, proibindo apenas engenharia genética que vise ao aperfeiçoamento, admitindo a engenharia genética destinada a corrigir defeitos genéticos, somente em beneficio da pessoa. Impõe-se, todavia, a criminalização de alguns flagrantes abusos, como a formação de híbridos e quimeras.

Partindo da idéia de que não há direitos absolutos, em que pese estarem sempre protegidos, imperioso desenvolver uma adequada teoria dos limites do direito à identidade genética, até mesmo porque não é razoável fixar barreiras instransponíveis às pesquisas científicas e aos novos tratamentos de saúde, uma vez que existem outros direitos a preservar. Aliás, no complexo contexto apresentado, é imprescindível fazer um juízo de ponderação entre o direito à identidade genética quando em rota de colisão com outros direitos fundamentais. O panorama ilustrativo desses conflitos esteve centralizado nos exemplos do direito fundamental à saúde, nas suas dimensões negativa e positiva (já que as perspectivas abertas para novas terapêuticas serão essenciais à melhoria da qualidade de vida humana), na liberdade de investigação científica e no dever estatal de proteger e incentivar o desenvolvimento científico, bem como os conflitos no âmbito dos direitos de propriedade industrial. Como critérios para controlabilidade de possíveis restrições, há que observar a função de proteção da reserva legal, a proteção do núcleo essencial e o princípio da proporcionalidade. Assim, a proteção do núcleo essencial dos direitos fundamentais, que remete à proteção da dignidade da pessoa humana, assume relevância na ordem jurídico-constitucional pátria, consistindo em fundamento que deve ser inserido na discussão em torno de possíveis restrições aos direitos fundamentais, notadamente no processo de ponderação de direitos, quando da aplicação do princípio da proporcionalidade em sentido estrito.

Descortinam-se, ao juiz e ao legislador, uma série de problemas acerca da proteção dos bens jurídico-fundamentais, constatando a complexidade do problema de pensar a proteção dos direitos fundamentais em um intervalo entre dois extremos: uma insuficiente proteção de um direito fundamental, aquém do mínimo de proteção exigível, bem como uma excessiva proteção de um direito fundamental, além do máximo de proteção exigível, situações que indicam ou uma omissão dos poderes públicos (ou atuação insuficiente) ou uma atuação excessiva dos mesmos, ambas violadoras dos direitos fundamentais. Neste contexto, além das críticas à nova Lei de Biossegurança, constatou-se uma omissão estatal no que tange à regulamentação da reprodução humana assistida, o que tem ensejado a coisificação do embrião humano.

Um Estado amigo dos direitos fundamentais não pode recorrer somente ao direito penal como uma barreira intransponível às pesquisas científicas: o direito penal não pode impedir que as pessoas recebam tratamento de saúde, sem incorrer em excessos, contexto em que juiz e legislador desempenham um papel central. De outra banda, no que concerne à proibição de insuficiência de proteção do direito à identidade genética, há que dar seguimento ao estudo, buscando aportar novos elementos, uma vez que aqui foram abordadas apenas algumas facetas do problema relativo à proteção do direito fundamental à identidade genética, indicando-se, por ora, um campo aberto para novo desenvolvimento da pesquisa. De qualquer sorte, nos deparamos com uma questão de extrema relevância e complexidade: a necessidade de uma visão mais sistemática do problema, inclusive no âmbito do direito penal, no título dos crimes contra a pessoa e contra vida.

Com o reconhecimento de um direito à identidade genética pela ordem jurídica e com a delimitação de seu objeto e suas funções, viabiliza-se a busca de efetivas soluções na esfera jurídica, no que diz com a proteção e promoção deste novo bem fundamental, bem como se impõe o incremento dos estudos e da produção científica nessa seara. A reflexão e estudo realizados levam a concluir pela plena justificativa da consagração da identidade genética da pessoa humana como bem jurídico fundamental e quem sabe sua futura inclusão expressa na ordem constitucional pátria.

Obras consultadas

ALEXY, Robert. *Teoria de los Derechos Fundamentales*. Madrid: Centro de Estudios Constitucionales, 1997.

———. "Epílogo a la Teoria de los Derechos Fundamentales". *Revista Española de Derecho Constitucional*, ano 22, n. 66, p. 13-64, Sept.-Dic. 2002.

ANDORNO, Roberto. *La Bioéthique et la Dignité de la Personne*. Collection Médecine et Société. Paris: Presse Universitaires de France, 1997.

ANDRADE, José Carlos Vieira de. *Os Direitos Fundamentais na Constituição Portuguesa de 1976*. 2. ed. Coimbra: Almedina, 2001.

ANNAS, George J. O Projeto de Genoma Humano em Perspectiva: Enfrentar o Passado para Proteger o Futuro. In: CAPLAN, Arthur L. *Quando a Medicina Enlouqueceu. A Bioética e o Holocausto*. Tradução de Zaira Miranda. Lisboa: Instituto Piaget, 1997. Título original: *[When Medicine Went Mad]*.

ARANHA, Márcio Iorio. Política Pública Setorial e de Propriedade Intelectual. In: PICARELLI, Márcia Flávia Santini; ARANHA; Márcio Iorio (Orgs.). *Política de Patentes em Saúde Humana*. São Paulo: Atlas, 2001.

ÁVILA, Humberto Bergmann. *Teoria dos Princípios:* da Definição à Aplicação dos Princípios Jurídicos. 4. ed. São Paulo: Malheiros, 2003.

BALDASSO, Elisa. Dismorfologia: Termos e Conceitos. In: LEITE, Júlio César Loguercio; COMUNELLO, Luciane Nardi; GIUGLIANI, Roberto (Orgs.). *Tópicos em Defeitos Congênitos*. Porto Alegre: Editora da Universidade UFRGS, 2002.

BARBAS, Stela Marcos de Almeida Neves. *Direito ao Patrimônio Genético*. Coimbra: Almedina, 1998.

BARBOZA, Heloisa Helena. Proteção Jurídica do Embrião Humano. In: CASABONA, Carlos Maria Romeo; QUEIROZ, Juliane Fernandes. *Biotecnologia e suas Implicações Ético-Jurídicas*. Belo Horizonte: Del Rey, 2004.

BENDA, Ernesto. Dignidad Humana y Derechos de la Personalidad. In: BENDA, Ernest; MAIHOFER, Werner; VOGEL, Hans-Jochen; HESSE, Konrad; HEYDE, Wolfgang (Orgs.). *Manual de Derecho Constitucional*. 2. ed. Madrid: Marcial Pons, 2001.

BERGEL, Salvador Darío. Titular da Cátedra UNESCO de Bioética, da Universidade de Buenos Aires, no prólogo da obra CASABONA, Carlos Maria. *Genética y Derecho*. Buenos Aires: Astrea, 2003.

BRANDÃO, Dernival da Silva. O Embrião e os Direitos Humanos. O Aborto Terapêutico. In: PENTEADO, Jaques de C.; DIP, Ricardo Henry Marques (Orgs.). *A Vida dos Direitos Humanos:* Bioética Médica e Jurídica. Porto Alegre: Sergio Fabris, 1999.

BRAUNER, Maria Claudia Crespo. *Direito, Sexualidade e Reprodução Humana:* Conquistas Médicas e o Debate Bioético. Rio de Janeiro: Renovar, 2003.

CAMPILONGO, Celso Fernandes. Política de Patentes e o Direito de Concorrência. In: PICARELLI, Márcia Flávia Santini; ARANHA, Márcio Iorio (Orgs.). *Política de Patentes em Saúde Humana*. São Paulo: Atlas, 2001.

CANARIS, Claus-Wilhelm. *Direitos Fundamentais e Direito Privado.* Tradução de Ingo Wolfgang Sarlet e Paulo Mota Pinto. Coimbra: Almedina, 2003.

CANOTILHO, Joaquim José Gomes. Tomemos a Sério os Direitos Econômicos Sociais e Culturais. In: *Estudos sobre Direitos Fundamentais.* Coimbra: Editora Coimbra, 2004.

————. *Direito constitucional e Teoria da Constituição.* 7. ed. Coimbra: Almedina, 2004.

Carta de Ottawa. *Primeira Conferência Internacional sobre Promoção da saúde.* Ottawa, novembro de 1986. Disponível em: http://www.opas.org.br/coletiva/uploadArq/ottawa.pdf. Acesso em: 15 dez. 2005.

CASSIERS, Léon. "La Dignité de L'Embryon Humain". *Revue Trimestrielle des Droits de l'Homme,* Bruxelles: Bruylant, v. 54, p. 403-420, 2003.

CASTILHO, Ela Wiecko Volkmer de. Patente de Produtos de Origem Biológica. In: PICARELLI, Márcia Flávia Santini; ARANHA, Márcio Iorio (Orgs.). *Política de Patentes em Saúde Humana.* São Paulo: Atlas, 2001.

CLOTET, Joaquim. Bioética com Ética Aplicada e Genética. In: *Bioética,* v. 5, n. 2, p. 173-183, 1997.

CNPq, Conselho Nacional de Desenvolvimento Tecnológico. Edital CT- Biotecnologia/MCT/CNPq/MS/SCTIE/DECIT n° 024/2005. *Resultado dos julgamentos.* Disponível em: http://www.cnpq.br/resultadosjulgamento/2005/editalcnpq0242005.htm Acesso em: 26 set. 2005.

COMUNIDADE EUROPÉIA: *Sexto Programa Marco.* Disponível em: http://europa.eu.int/scadplus/leg/es/lvb/i23012.htm. Acesso em: 12 ago. 2005.

Constituição Européia. Disponível em: http://www.europarl.eu.int/news/public/focus Acesso em: 10 out. 2005.

Convenção sobre os Direitos do Homem e da Biomedicina e Protocolos Adicionais (CDHB-1997). Disponível em: http://conventions.coe.int Acesso em: out. 2005.

Declaração de Alma-Ata. *Conferência Internacional sobre cuidados primários de saúde.* Alma-Ata, URSS, 6-12 de setembro de 1978. Disponível em: http://www.opas.org.br/coletiva/uploadArq/Alma-Ata.pdf. Acesso em: 15 dez. 2005.

Declaração de Jacarta. *Quarta Conferência Internacional sobre Promoção da Saúde.* Jacarta, Indonésia, 21 a 25 de julho de 1997. Primeira a ter lugar em um país em desenvolvimento e a incluir o setor privado no apoio à promoção da saúde. Disponível em: http://www.opas.org.br/coletiva/uploadArq/Jacarta.pdf Acesso em: 15 dez. 2005.

DWORKIN, Ronald. *El Dominio de la Vida. Una Discusión Acerca del Aborto, la Eutanasia y la Libertad Individual.* Tradução de Ricardo Caracciolo e Victor Ferreres. 1ª reimp. Barcelona: Ariel, 1998.

————. *A Virtude Soberana:* a Teoria e a Prática da Igualdade. Tradução de Jussara Simões. São Paulo: Martins Fontes, 2005.

FRANÇA, Genival Veloso de. Intervenções Fetais: Uma Visão Bioética. In: BARBOZA, Heloísa Helena; BARRETTO, Vicente de Paulo. *Novos Temas de Biodireito e Bioética.* Rio de Janeiro: Renovar, 2003.

FREITAS, Juarez. *A Interpretação Sistemática do Direito.* 4. ed. São Paulo: Malheiros, 2004.

GIUGLIANI, Roberto. A Importância da Genética Médica e do Estudo de Defeitos Congênitos. In: LEITE, Júlio César Loguercio; COMUNELLO, Luciane Nardi; GIUGLIANI, Roberto (Orgs.) *Tópicos em Defeitos Congênitos.* Porto Alegre: Editora da Universidade UFRGS, 2002.

GOUVEIA, Jorge Bacelar. *Os Direitos Fundamentais Atípicos.* Lisboa: Aequitas, 1995.

GOLDIM, José Roberto. *Clonagem:* Aspectos Biológicos e Éticos. Disponível em: http://www.ufrgs.br/HCPA/gppg/clone.htm. Acesso em: 15 out. 2002.

HÄBERLE, Peter. A Dignidade como Fundamento da Comunidade Estatal. Tradução de Rita Dostal Zanini. In: SARLET, Ingo Wolfgang (Org.). *Dimensões da Dignidade:* Ensaios de Filosofia do Direito e Direito Constitucional. Porto Alegre: Livraria do Advogado, 2005.

HABERMAS, Jurgen. *Comentários à Ética do Discurso.* Lisboa: Piaget, 2001.

————. *El Futuro de la Naturaleza Humana. Hacia una Eugenesia Liberal?* Tradução de R. S. Carbó. Barcelona: Paidós Ibérica, 2002.

HARICHAUX, Michèle. *La Protection des Libertés et Droits Corporels.* Paris: Montchrestien, 1997.

HEGEL, Georg Wilhelm Friedrich. *Fenomenologia do Espírito; Estética:* a Idéia e o Ideal; *Estética:* o Belo Artístico e o Ideal; *Introdução à História da Filosofia.* Traduções de Henrique Cláudio de Lima Vaz, Orlando Vitorino, Antônio Pinto de Carvalho. São Paulo: Abril Cultural, 1980. (Os Pensadores). Títulos originais: [Die Phaenomenologie des Geistes; Vorlesungen ueber die Aesthetik; Vorlesungen ueber die Geschichte der Philosophie].

————. *Princípios da Filosofia do Direito.* Tradução de Orlando Vitorino. São Paulo: Martins Fontes, 1997. Título original: [Grundlinien der Philosophie der Rechts].

HESSE, Konrad. *Elementos de Direito Constitucional da República Federal da Alemanha.* Tradução de Luís Afonso Heck. Porto Alegre: Sergio Antônio Fabris, 1998.

HOLM, Soren. Os Benefícios da Reprodução Humana. In: Clonagem Humana: Questões Jurídicas, *Revista CEJ,* Brasília, n. 16, p. 14-18, mar. 2002.

HONNEFELDER, Ludger. Perspectivas da Tecnologia Genética: um Desafio para a Ética. Tradução de Peter Naumann. In: SOUZA, Draiton Gonzaga de; ERDTMANN, Bernardo (Orgs.). *Ética e Genética II.* Porto Alegre: EDIPUCRS, 2003. Título original: [Perspektiven der Gentechnik: Herausforderung der Ethik?].

INSTITUTO DANNEMANN SIEMSEN DE ESTUDOS DE PROPRIEDADE INTELECTUAL (IDS). *Comentários à Lei de Propriedade Industrial.* Edição rev. e atual. Rio de Janeiro: Renovar, 2005.

JONAS, Hans. *Técnica, Medicina y Ética. Sobre la Práctica del Principio de Responsabilidad.* Traducción de Carlos Fortea Gil. Barcelona: Paidós, 1997. Título original: [Technik, Medizin und Ethik. Zur Praxis des Prinzips Verantwortung].

KANT, Immanuel. *Fundamentação da Metafísica dos Costumes.* Lisboa: Edições 70, 1986.

KLOEPFER, Michael. Vida e Dignidade da Pessoa Humana. Tradução de Rita Dostal Zanini. In: SARLET, Ingo Wolfgang (Org.). *Dimensões da Dignidade:* Ensaios de Filosofia do Direito e Direito Constitucional. Porto Alegre: Livraria do Advogado, 2005.

LEBRETON, Gilles. *Libertes Publiques & Droits de L'Homme.* 5. ed. Paris: Dalloz, 2001.

LEITE, Eduardo de Oliveira. *Procriações Artificiais e o Direito:* Aspectos Médicos, Religiosos, Psicológicos, Éticos e Jurídicos. São Paulo: Revista dos Tribunais, 1995.

LEITE, Júlio César Loguercio. Programa de Monitoramento de Defeitos Congênitos. In: LEITE, Júlio César Loguercio; COMUNELLO, Luciane Nardi; GIUGLIANI, Roberto (Orgs.) *Tópicos em Defeitos Congênitos.* Porto Alegre: Editora da Universidade UFRGS, 2002.

————; GIUGLIANI, Camila. Expressão Clínica das Cromossomopatias Autossômicas. In: LEITE, Júlio César Loguercio; COMUNELLO, Luciane Nardi; GIUGLIANI, Roberto (Orgs.). *Tópicos em Defeitos Congênitos.* Porto Alegre: Editora da Universidade UFRGS, 2002.

LORA ALARCÓN, Pietro de Jesús. *Patrimônio Genético Humano e sua Proteção na Constituição Federal de 1988.* São Paulo: Método, 2004.

LOUREIRO, João Carlos Gonçalves. O Direito à Identidade Genética do Ser Humano. In: *Portugal-Brasil Ano 2000.* (Edição do Boletim da Faculdade de Direito de Coimbra). Coimbra: Editora Coimbra, 1999.

MARTINEZ, Gregorio Peces-Barba. *Curso de Derechos Fundamentales, Teoria General.* Madrid: Universidad Carlos III, 1995.

MARTINEZ, Stella Maris. *Manipulación Genética y Derecho Penal.* Buenos Aires: Editorial Universidad, 1994.

MARTINS, Ives Gandra da Silva. O Direito Constitucional Comparado e a Inviolabilidade da Vida Humana. In: *A Vida dos Direitos Humanos, Bioética Médica e Jurídica.* Porto Alegre: Sérgio Fabris, 1999.

MARTINS-COSTA, Judith; FERNANDES, Márcia Santana; GOLDIM, José Roberto. *Lei de Biossegurança. Medusa legislativa?* Disponível em: http:www.bioetica.ufrgs.br/ibiosseg.htm. Acesso em: 09 janeiro 2006.

MATHIEU, Bertrand. *Génome Humain et Droits Fondamentaux.* Paris: Econômica, 2000.

MAURER, Béatrice. Notes sur les respect de la dignité humaine (...) ou petite fugue inachevée autor d'un thème central, In: *Le Droit, la Médecine et L'Être Humain, Propôs Hétérodoxes sur quelques Enjeux Vitaux du XXIème Siècle.* Presse Universitaires d'Aix-Marseille, 1996. (Collection du Laboratoire de Théorie Juridique, v. 9).

MEIRELLES, Jussara Maria Leal de. *A Vida Humana Embrionária e sua Proteção Jurídica.* Rio de Janeiro: Renovar, 2000.

————. Os Embriões Humanos Mantidos em Laboratório e a Proteção da Pessoa: o Novo Código Civil Brasileiro e o Texto Constitucional. In: BARBOZA, Heloísa Helena; BARRETTO, Vicente de Paulo. *Novos Temas de Direito e Bioética.* Rio de Janeiro: Renovar, 2003.

MENDES, Gilmar Ferreira. Os Limites dos Limites. In: MENDES, Gilmar Ferreira; COELHO, Inocêncio Mártires; BRANCO, Paulo Gustavo Gonet. *Hermenêutica Constitucional e Direitos Fundamentais.* Brasília: Brasília Jurídica, 2000.

MERKEL, Reinhard. Rechte für Embryonen: In: GEYER, Christian (Org.). *Biopolitik. Die Positionen.* Frankfurt am Main: Edition Suhrkamp, 2001. Baseada em tradução não publicada de Rita Dostal Zanini, da mestranda em Instituições de Direito do Estado, da Pontifícia Universidade Católica do Rio Grande do Sul.

————. Direitos Fundamentais para Mórula? Fundamentos Normativos do Diagnóstico de Pré-Implantação e da Pesquisa de Células-Tronco de Embriões. In: SOUZA, Draiton Gonzaga de.; ERDTMANN, Bernardo (Orgs.). *Ética e Genética II.* Porto Alegre: EDIPUCRS, 2003. Título original: [Grundrechte für frühe embryonen? Normative grundlagen der präinplantationsdiagnostik und der forschung na embryonalen stammzellen].

MIRANDA, Jorge. *Manual de Direito Constitucional.* 3. ed. Coimbra: Editora Coimbra, 2000. Tomo IV.

MITTELBACH, Maria Margarida R. Algumas Considerações sobre o Sistema de Patentes e Saúde Humana. In: PICARELLI, Márcia Flávia Santini; ARANHA, Márcio Iorio (Orgs.). *Política de Patentes em Saúde Humana.* São Paulo: Atlas, 2001.

MORAES, Maria Celina Bodin de. *Danos à Pessoa Humana:* uma Leitura Civil-Constitucional dos Danos Morais. Rio de Janeiro: Renovar, 2003.

NALINI, José Renato. A Evolução Protetiva da Vida na Constituição Brasileira. In: *A Vida dos Direitos Humanos, Bioética Médica e Jurídica.* Porto Alegre: Sérgio Fabris, 1999.

NARDI, Nance Beyer. Terapia Gênica: Princípios. In: SOUZA, Draiton Gonzaga de; ERDTMANN, Bernardo (Orgs.). *Ética e Genética II.* Porto Alegre: EDIPUCRS, 2003.

OMS - WHOQOL-100 http://www.ufrgs.br/psiq/whoqol-100.html e WHOQOL BREF http://www.ufrgs.br/psiq/whoqol84.html. *Instrumentos para medir o índice de Qualidade de Vida da Pessoa.* Disponível em: http://www.ufrgs.br/psiq/whoqol.html. Acesso em: 29 dez. 2005.

ONU. *Declaração das Nações Unidas sobre a Clonagem Humana (DNUCH-2005).* Disponível em: http://0-www.un.org.portia.nesl.edu/Depts/dhl/resguide/r59sp.htm. Acesso em: 15 jan. 2006.

————. Votos favoráveis, contrários e abstenções. Disponível em: http://documents-dds-ny.un.org/doc/UNDOC/GEN/N05/249/43/pdf/N0524943.pdf?OpenElement. Acesso em: 15 jan. 2006.

OTERO, Paulo. *Personalidade e Identidade Pessoal e Genética do ser Humano:* um Perfil Constitucional da Bioética. Coimbra: Almedina, 1999.

————. *Direito da Vida.* Relatório Sobre o Programa, Conteúdos e Métodos de Ensino. Coimbra: Almedina, 2004.

PAREJA, Enrique Iáñez. *Qué es la Clonación?* Disponível em: http://www.ugr/~eianez/Biotecnologia/biotecno.htm. Acesso em: 26 set. 2002.

PASSOS-BUENO, Maria Rita. O Projeto Genoma Humano. In: *Bioética,* v. 5, n. 2, p. 145-155, 1997.

PUCRS. *Projetos de Pesquisas financiadas pelo CNPq,* a partir de células tronco adultas do próprio paciente, desenvolvidas na PUCRS e em parceria. Disponível em: http://www.pucrs.br/revista/saude.php Edição 127, novembro-dezembro de 2005. Acesso em: 15 jan. 2006.

PULIDO, Carlos Bernal. *El Principio de Proporcionalidad y los Derechos Fundamentales:* el Principio de Proporcionalidad como Criterio para Determinar el Contenido de los Derechos Fundamentales Vinculante para el Legislador. Madrid: Centro de Estudios Políticos y Constitucionales, 2003.

REHBINDER, Manfred. *Sociologia del Derecho. La Sociología del Derecho como Ciencia de la Sociedad.* Madrid: Pirâmide, 1981.

REMÉDIO MARQUES, João Paulo. *Patentes de Genes Humanos?* Coimbra: Coimbra Editora, 2001.

ROCHA, Cármen Lúcia Antunes. "O Princípio da Dignidade da Pessoa Humana e a Exclusão Social". *Revista Interesse Público,* n. 4, p. 23-48, 1999.

ROMEO CASABONA, Carlos Maria. *Código de Leyes sobre Genética.* Bilbao: Fundación BBV, 1997.

————. (Ed.) *Genética y Derecho.* Buenos Aires: Astrea, 2003.

SAMPAIO, José Adércio Leite. *A Constituição Reinventada pela Jurisdição Constitucional.* Belo Horizonte: Del Rey, 2002.

SANCHÍS, Luis Prieto. Los Derechos Fundamentales y el Poder Legislativo. In: *Estudios sobre Derechos Fundamentales.* Madrid: Debate, 1990.

SANTOS, Fernando Ferreira dos. *Princípio Constitucional da Dignidade da Pessoa Humana.* São Paulo: Celso Bastos: Instituto Brasileiro de Direito Constitucional, 1999.

SARLET. Ingo Wolfgang. *Os Direitos Fundamentais, a Reforma do Judiciário e os Tratados Internacionais de Direitos Humanos.* (No Prelo). Publicação prevista em estudos a Celso de Albuquerque Mello.

————. Constituição e Proporcionalidade: o Direito Penal e os Direitos Fundamentais entre Proibição de Excesso e de Insuficiência". *Revista Brasileira de Ciências Criminais,* n. 47, p. 60-122, mar.-abr. 2004.

————. *Dignidade da Pessoa Humana e Direitos Fundamentais na Constituição Federal de 1988.* 3. ed. rev. Atual. Ampl. Porto Alegre: Livraria do Advogado, 2004.

––––––. *A Eficácia dos Direitos Fundamentais.* 4. ed. rev. atual. e ampl. Porto Alegre: Livraria do Advogado, 2004.

––––––. As Dimensões da Dignidade da Pessoa Humana: Construindo uma Compreensão Jurídico-Constitucional Necessária e Possível. In: SARLET, Ingo Wolfgang (Org.). *Dimensões da Dignidade:* Ensaios de Filosofia do Direito e Direito Constitucional. Porto Alegre: Livraria do Advogado, 2005.

SCHOLLER, Heinrich. O Princípio da Proporcionalidade no Direito Constitucional e Administrativo da Alemanha. *Interesse Público*, São Paulo: Notadez, ano 1, n. 2, p. 93-107, 1999.

SCHOLZE, Simone Henriqueta Cossetin. Política de patentes em face da pesquisa em saúde humana: desafios e perspectivas no Brasil. In: PICARELLI, Márcia Flávia Santini; ARANHA, Márcio Iorio (Orgs.). *Política de Patentes em Saúde Humana*. São Paulo: Atlas, 2001.

––––––. *Patentes, Transgênicos e Clonagem:* Implicações Jurídicas e Bioéticas. Brasília: Editora da Universidade de Brasília, 2002.

SCHOOYANS, Michel. *Dominando a Vida, Manipulando os Homens.* Tradução de Augusta Garcia Dorea. 2. ed. São Paulo: IBRASA, 1993. Título original: [*Maîtrise de la Vie, Domination des Hommes*].

SCHWABE, Jürgen. *Cincuenta Años de Jurisprudencia del Tribunal Constitucional Federal Alemán.* Traducción de Marcela Anzola Gil. Colombia: Gustavo Ibáñez, 2003.

SEELMAN, Kurt. Pessoa e Dignidade da Pessoa Humana na filosofia de HEGEL. Tradução de Rita Dostal Zanini. In: SARLET, Ingo Wolfgang (Org.). *Dimensões da Dignidade:* Ensaios de Filosofia do Direito e Direito Constitucional. Porto Alegre: Livraria do Advogado, 2005.

SILVA, José Afonso da. *Curso de Direito Constitucional Positivo.* 9. ed. São Paulo: Malheiros, 1992.

––––––. A Dignidade da Pessoa Humana como Valor Supremo da Democracia. *Revista de Direito Administrativo*, n. 212, p. 89-94, abr.-jun. 1998.

SILVA, Paula Martinho da. *Convenção dos Direitos do Homem e da Biomedicina (Anotada).* Lisboa: Cosmos, 1997.

SILVA, Reinaldo Pereira e. *Introdução ao Biodireito:* Investigações Político-Jurídicas sobre o Estatuto da Concepção Humana. São Paulo: LTr, 2002.

––––––. *Biodireito:* a Nova Fronteira dos Direitos Humanos. São Paulo: LTr, 2003.

SOUZA JUNIOR, Cezar Saldanha. *A Supremacia do Direito no Estado Democrático e seus modelos básicos.* Porto Alegre: Nova Prata, 2002.

SOUZA, Paulo Vinicius Sporleder de. Bem Jurídico-Penal e Engenharia Genética Humana: Contributo para Compreensão dos Bens Jurídicos Supra-Individuais. São Paulo: Revista dos Tribunais, 2004.

––––––. *Crimes Genéticos, Genoma Humano e Direitos Humanos de Solidariedade.* (No prelo).

STANSFIELD, William D. *Genética, Resumo da Teoria e 500 Problemas Resolvidos.* Tradução de Orlando Águeda. São Paulo: McGraw-Hill do Brasil, 1974. Título original: [Schaum's Outline of Theory and Problems of GENETICS].

STARCK, Christian. El Estatuto Moral del Embrión. *Revista Derecho y Genoma Humano*, n. 15, p.139-149, 2001.

STRECK, Lenio Luiz. "Da Proibição de Excesso (Übermassverbot) à Proibição de Proteção Deficiente (Untermassverbot): de Como não há Blindagem Contra Normas Penais Inconstitucionais". *Revista do Instituto de Hermenêutica Jurídica*, Porto Alegre: Instituto de Hermenêutica Jurídica, v. 1, n. 2, p. 243-284, 2004.

TAKIMI, Lúcia Naomi. Prevenção Primária dos Defeitos Congênitos. In: LEITE, Júlio César Loguercio; COMUNELLO, Luciane Nardi; GIUGLIANI, Roberto (Orgs.). *Tópicos em Defeitos Congênitos*. Porto Alegre: Editora da Universidade UFRGS, 2002.

TOLEDO, Francisco de Assis. *Princípios Básicos de Direito Penal*: de acordo com a Lei n. 7.209, de 11-7-1984 e com a Constituição Federal de 1988. 5. ed. São Paulo: Saraiva, 1994.

UNESCO. *Declaração Universal de Bioética e Direitos Humanos* (DUBDH-2005). Disponível em: http://www.sbbioetica.org.br/dub/Declaração%20Universal%20Bioética%20Agosto.doc. Acesso em: 20 dez. 2005.

VERRESCHI, Ieda Therezinha do Nascimento. As Síndromes: Matar ou Curar? In: PENTEADO, Jaques de C.; DIP, Ricardo Henry Marques (Orgs.). *A Vida dos Direitos Humanos*: Bioética Médica e Jurídica. Porto Alegre: Sergio Fabris, 1999.

WEBER, Thadeu. *Ética e Filosofia Política*: Hegel e o Formalismo Kantiano. Porto Alegre: EDIPUCRS, 1999.

ZATZ, Mayana. Genética e Ética. In: Clonagem Humana: Questões Jurídicas, *Revista CEJ*, Brasília, n. 16, p. 23-25, mar. 2002.

Anexos

Anexo A - Tabela de assinaturas e ratificações
Convenção sobre os Direitos do Homem e da Biomedicina (CDHB) e Protocolos Adicionais

País	Convenção de Direitos do Homem e da Biomedicina Oviedo 4/4/1997 Entrada Vigor - 1/12/1999			1.º protocolo adicional - Proibição de Clonagem de Seres Humanos Paris 12/1/1998 Entrada Vigor - 1/3/2001			2.º protocolo adicional - Transplantes de Órgãos e Tecidos Humanos Estrasburgo 24/1/2002			3.º protocolo adicional - Pesquisas em Biomedicina Estrasburgo 25/1/2005		
	Assinatura	Ratificação	Entrada em vigor	Assinatura	Ratificação	Entrada em vigor	Assinatura	Ratificação	Entrada em vigor	Assinatura	Ratific.	Entrada vigor
Países membros do Conselho Europeu												
Albânia												
Andorra												
Armênia												
Áustria												
Azerbaijão												
Bélgica												
Bosnia e Herzergovina												
Bulgária	31/5/2001	1/8/2003	1/8/2003	23/9/2005			23/9/2005			23/9/2005		
Croácia	7/5/1999	1/3/2004	1/3/2004	7/5/1999	28/11/2003	1/3/2004	29/10/2003	28/11/2003				
Cyprus	30/9/1998	1/7/2002	1/7/2002	30/9/1998	20/3/2002	1/7/2002						
República Tcheca	24/6/1998	1/10/2001	1/10/2001	24/6/1998	22/6/2001	1/10/2001						
Dinamarca	4/4/1007	1/12/1999	1/12/1999	12/1/1998						25/1/2005		
Estônia	4/4/1997	1/6/2002	1/6/2002	12/1/1998	8/2/2002	1/6/2002	24/1/2002	17/9/2003				
Finlândia	4/4/1997			12/1/1998								
França	4/4/1997			12/1/1998								
Georgia	11/5/2000	22/11/2000	1/3/2001	11/5/2000	22/11/2000	1/3/2001	25/3/2002	18/12/2002		21/2/2005		
Alemanha												
Grécia	4/4/1997	6/10/1998	1/12/1999	12/1/1998	22/12/1998	1/3/2001	24/1/2002			25/1/2005		
Hungria	7/5/1999	9/1/2002	1/5/2002	7/5/1999	9/1/2002	1/5/2002	4/5/2005			28/9/2005		
Islândia	4/4/1997	12/10/2004	1/2/2005	12/1/1998	12/10/2004	1/2/2005	24/1/2002	12/10/2004		25/1/2005		
Irlanda												
Itália	4/4/1997			12/1/1998			28/2/2002					
Latvia	4/4/1997			12/1/1998								
Liechtenstein												
Lituânia	4/4/1997	17/10/2002	1/2/2003	25/3/1998	17/10/2002	1/2/2003				7/3/2005		
Luxemburgo	4/4/1997			12/1/1998			24/1/2002			25/1/2005		
Malta												
Moldavia	6/5/1997	26/11/2002	1/3/2003	12/1/1998	26/11/2002	1/3/2003				25/1/2005		
Mônaco												
Holanda	4/4/1997			4/5/1998			4/2/2002					
Noruega	4/4/1997			12/1/1998						25/1/2005		
Polônia	7/5/1999			7/5/1999								
Portugal	4/4/1997	13/8/2001	1/12/2000	12/1/1998	13/8/2001	1/12/2001	21/2/2002			4/2/2005		
Romênia	4/4/1997	24/4/2001	1/8/2001	12/1/1998	24/4/2001	1/8/2001						
Rússia												
San Marino	4/4/1997	20/3/1998	1/12/1999	12/1/1998								
Sérvia e Montenegro	9/2/2005						9/2/2005			9/2/2005		
Eslovákia	4/4/1997	15/1/1998	1/12/1999	31/3/1998	22/10/1998	1/3/2001				25/1/2005	23/9/05	
Eslovênia	4/4/1997	5/11/1998	1/12/1999	12/1/1998	5/11/1998	1/3/2001	24/1/2002			25/1/2005		
Espanha	4/4/1997	1/9/1999	1/1/2000	12/1/1998	24/1/2000	1/3/2001						
Suécia	4/4/1997			12/1/1998						25/1/2005		
Suiça	7/5/1999			7/5/1999			11/7/2002					
Iuguslávia e Macedònia	4/4/1997			12/1/1998			15/3/2002					
Turquia	4/4/1997	2/7/2004	1/11/2004	12/1/1998						25/1/2005		
Ucrânia	22/3/2002											
Reino Unido												
Países não membros do Conselho Europeu												
Austrália												
Canada												
Santa Sé												
Japão												
México												
Estados Unidos												
Organizações Internacionais												
Comunidade Européia												
Total	**32**	**19**	**19**	**30**	**15**	**15**	**15**	**4**	**0**	**16**	**1**	**0**

Condição para vigência : 5 ratificações (4 de Estados Membros)
Fonte : http://www.conventions.coe.int/Treaty/Commun/ListeTraites.asp?CM=8&CL=ENG. Acesso em 14/10/2005

Anexo B - Projetos de Lei - Congresso Nacional

Proposição	Origem	Ementa	Apenso
PL 5520/05	CD	Dep. Félix Mendonça (PFL/BA). Inclui o mapeamento genético (DNA) na Carteira de Identidade, trocando o papel por plástico rígido. Com relatório do Dep. Raul Jungman em 14/09/2005, pela rejeição, e em 23/11/2005 pela aprovação, após voto em separado do Cabo Júlio, de que o Relator extrapolou a competência da Comissão. CSPCCO/CCJC	
PL 4097/04	CD	Dep. Zenaldo Coutinho (PSDB/PA). Dispõe sobre as condições para a realização e análise de exames genéticos em seres humanos. Aguardando parecer. CSSF/CCJC	
PL 6096/02	CD	Dep. Feu Rosa. Altera a Lei nº 8.069, de 13 de julho de 1990, que "Dispõe sobre o Estatuto da Criança e do Adolescente, e dá outras providências". Explicação da Ementa: Exigindo que seja mantido no prontuário do recém-nascido amostra de sangue para exame de DNA. Parecer na CSSF pela aprovação com emenda do 6096/02 e rejeição do 6610/02. Parecer na CCJC pela constitucionalidade, juridicidade e técnica legislativa (05/10/2005) do 6096/2002 e do 6610/2002, com substitutivo. CSSF/CCJC	PL 6610/02
PL 6610/02	CD	Dep. Ricardo Izar (PTB/ SP). Dispõe sobre a criação do Banco Estadual do DNA, com a finalidade exclusiva de realizar o registro inicial de identificação do recém-nascido.	PL 6096/02
PL 4661/01	CD	Dep. Lamartine Posella (PMDB/SP). Dispõe sobre a proteção ao código genético de cada ser humano e dá outras providências. À CSSF em 13/06/2001.	PL 4610/98 (PLS 149/97)
PLS 149/97	SF	Sen. Lúcio Alcântara (PSDB/ CE). Define os crimes resultantes de discriminação genética. Remetido à Câmara dos Deputados em junho de 1998. Ofício de maio/2005, solicitando informações sobre a tramitação da matéria. Outros números: na Câmara dos Deputados sob o número PL 4610/98.	

Constituição e Justiça e de Cidadania - CCJC
Seguridade Social e Família - CSSF
Segurança Pública e Combate ao Crime Organizado - CSPCCO

Fonte: http://www.senado.gov.br/sf/ e http://www2.camara.gov.br/. Acesso dez 2005.

Anexo C – Projetos de Lei Sobre Reprodução Humana Assistida
Congresso Nacional

Proposição	Autor	Origem	Ementa
Projeto de Lei n.º 5624/05	Neucimar Fraga -PL/ES	CD	Cria Programa de Reprodução Assistida no Sistema Único de Saúde e dá outras providências.
Projeto de Lei n.º 4889/05	Salvador Zimbaldi -PTB SP	CD	Estabelece normas e critérios para o funcionamento de Clínicas de Reprodução Humana.
Projeto de Lei n.º 4686/04	José Carlos Araújo PFL/ BA	CD	Introduz art. 1.597-A à Lei nº 10.406, de 10 de janeiro de 2002, que institui o Código Civil, assegurando o direito ao conhecimento da origem genética do ser gerado a partir de reprodução assistida, disciplina a sucessão e o vínculo parental, nas condições que menciona.
Projeto de Lei n.º 4555/04	Henrique Fontana PT/ RS	CD	Dispõe sobre a obrigatoriedade da Natureza Pública dos Bancos de Cordão Umbilical e Placentário e do Armazenamento de Embriões resultantes da Fertilização Assistida e dá outras providências.
Projeto de Lei n.º 2.061/03	Maninha PT/ DF	CD	Disciplina o uso de técnicas de Reprodução Humana Assistida como um dos componentes auxiliares no processo de procriação, em serviços de saúde, estabelece penalidades e dá outras providências.
Projeto de Lei n.º 1.184/03	Senado Federal	SF	Dispõe sobre a Reprodução Assistida. O Substitutivo do Senador Tião Viana foi aprovado na Comissão de Assuntos Sociais e remetido à Câmara dos Deputados, onde tramita sob o nº PL 01184/2003.
Projeto de Lei n.º 1.135/03	Dr. Pinotti - PMDB/ SP	CD	Dispõe sobre a reprodução humana assistida, definindo normas para realização de inseminação artificial, fertilização "in vitro", barriga de aluguel (gestação de substituição ou doação temporária do útero), e criopreservação de gametas e pré - embriões.
Projeto de Lei n.º 120/03	Roberto Pessoa- PFL/ CE	CD	Dispõe sobre a investigação de paternidade de pessoas nascidas de técnicas de reprodução assistida, permitindo à pessoa nascida de técnica de reprodução assistida saber a identidade de seu pai ou mãe biológicos.
Projeto de Lei n.º 4.665/01	Lamartine Posella PMDB/ SP	CD	Dispõe sobre a autorização da fertilização humana "in vitro" para os casais comprovadamente incapazes de gerar filhos pelo processo natural de fertilização e dá outras providências.
Projeto de Lei n.º 90/01-Subst.	Lúcio Alcântara	SF	Dispõe sobre a reprodução assistida.
Projeto de Lei n.º 90/99-Subst.	Lúcio Alcântara	SF	Dispõe sobre a Procriação Medicamente Assistida
Projeto de Lei n.º 90/99	Lúcio Alcântara PSDB/ CE	SF	Dispõe sobre a reprodução assistida.
Projeto de Lei n.º 2.855/97	Confúncio Moura PMDB - RO	CD	Dispõe sobre a utilização de técnicas de reprodução humana assistida e dá outras providências.
Projeto de Lei n.º 3.638/93	Luiz Moreira PTB - BA	CD	Institui normas para a utilização de técnicas de reprodução assistida.

Disponível em: http://www.ghente.org/doc_juridicos/#reproducao. Acesso em 02 jan. 2006.

Anexo D: Cariótipo Humano

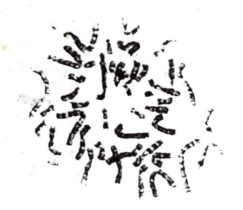

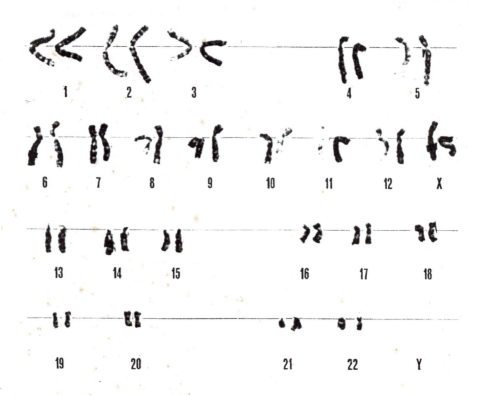